미술치료에 기초한 아동미술

김병태

창지사

머리말

아동미술교육과 아동미술치료는 그 목적과 방법을 볼 때 분명 다른 분야라 말할 수 있다. 그러나 의사실기 이전의 아동에서는 이러한 구별에 별반 차이가 없다. 그 이유는 같은 창의성과 창의적 문제해결 능력으로써 교육적 목적과 치료적 목적을 달성하기 때문이다. 이는 미술치료는 해석이 아니라 자기표현과 승화작용을 함으로써 자아가 성숙하는 데 있다고 보아 미술 그 자체를 중시한 미술치료의 선구자인 크레이머(Kramer)의 관점과 같다고 할 수 있을 것이다.

뇌 발달과 신체발달의 적정기이자 사람이 살아가는 데 필요한 기초 능력이 결정되는, 사람의 인생에서 가장 중요한 시기인 아동기에 아동미술은 너무나 중요하다. 아동기는 자신의 경험과 자극을 통해 지각하고 인지한 것을 자유롭게 창의적으로 표현하고자 하는 의욕이 가장 왕성한 시기로서 이때 자발성을 바탕으로 한 창의성과 창의적 문제해결에 의한 바른 아동미술은 미적 능력과 조형 능력을 함양하고 인지, 언어, 정서, 사회, 신체발달과 같은 아동의 전인적 발달을 이루는 것은 물론 자존감을 향상하고 문제행동을 수정하며 자아를 성장하게 한다.

본 교재는 크게 '이론'과 '실기'로 구성되어 있으며 이론 편은 네 개의 챕터로 구성하였다.

chapter Ⅰ에서는 미술치료에 기초한 아동미술교육의 방향성과 필요성에 관하여 설명하였다.

chapter Ⅱ에서는 아동미술교육에 대하여 이론적으로 고찰하고 참고사진과 참고표를 수록하여 이해하기 쉽게 설명하였다.

chapter Ⅲ에서는 아동미술치료에 대하여 이론적으로 고찰함과 동시에 미술치료를 위한 아동심리 진단을 그림에 의한 심리 분석뿐만 아니라 행동에 의한 심리 분석, 그 원인과 문제해결 방법까지 깊이 있게 통합적으로 진단할 수 있도록 구성하였으며 사례를 들어 쉽게 이해할 수 있도록 하였다.

chapter Ⅳ에서는 미술치료에 기초한 아동미술이 되어야 함을 논리적으로 고찰하고 이에 접목되는 상담심리학적 이론에 대하여 살펴보았다. 또한 아동의 미술행위에 따른 교육적·치료적 효과에 대하여 상세히 기술함과 동시에 그 효과를 적용하는 방법과 그 효과를 적용한 실제 사례를 실어 이를 쉽게 이해하고 활용할 수 있도록 하였다. 그리고 이러한 미술교육이 교육현장에서 일반화될 수 있도록 교사의 실천이론을 폭넓게 제시하였다.

본 교재의 실기 편에서는 철저히 아동중심의 순수 창작 미술작업으로 구성하였다.

chapter Ⅰ에서는 미술치료에 기초한 아동미술의 프로그램 개발 사례를 이미지와 함께 체계적이고 구체적으로 제시하였으며 이와 함께 실제 그 프로그램의 효과성을 입증하였다.

chapter Ⅱ에서는 미술치료에 기초한 아동미술교육의 수업진행 과정을 이미지와 함께 상세히 설명하여 쉽게 이해할 수 있도록 구성하였다.

chapter Ⅲ에서는 개인작품과 협동작품의 사례를 나이별로 이미지를 싣되 다양한 기법 위주로 하여 아동의 작품에 대해 폭넓게 이해할 수 있도록 하였다. 또한 작품마다 작품에 대한 설명과 함께 교육적·치료적 효과에 대해 이해할 수 있도록 하였으며 필요에 따라서는 부가 설명을 더하였다.

오랜 기간 아동미술을 지도하고 강의하면서 느끼고 깨달은 내용과 창작 작품 활동을 하는 작가의 시각에서 아동미술치료를 연구한 내용, 이 둘을 바탕으로 서술한 본 저서는 아동미술교육과 아동미술치료를 공부하고자 하는 학습자에게는 훌륭한 교과서이자 길잡이가 될 것이다. 아동미술교육을 하는 미술교사에게는 자신이 지도하고 있는 아동들의 다양한 창작활동이 얼마나 많은 발달적·치료적 효과를 가져다주는지를 쉽게 이해할 수 있도록 하였다. 또한 아동미술치료를 하는 치료사에게는 다양한 창작활동에 도움을 주는 아동미술교육이 지식의 밑바탕에 자리 잡을 수 있도록 구성함과 동시에 아동미술치료에서 아동중심 순수 창작활동이 얼마나 중요한지를 알 수 있도록 하였다.

본 저서가 아동의 미적·조형적 능력 향상과 전인적 발달을 추구하는 아동미술교육 사조에 새로운 패러다임을 제공하고, 아동의 자존감 향상을 통해 문제행동이 수정되고 자아를 성장시켜 보다 행복하게 생활할 수 있도록 하는 아동의 심리치료에 훌륭한 지침서가 되기를 바란다.

또한, 본 저서를 위해 아낌없이 도움을 주신 웨스트민스터신학대학원대학교 미술치료 교육학 최인혁 교수님에게 이 자리를 빌려 진심으로 감사의 말을 전한다.

2018년 9월

저자 올림

목차

실기편 • 201

이론편

Ⅰ. 미술치료에 기초한 아동미술의 방향성과 필요성

제목: 자발성 존중
사용재료: 켄트지 위에 크레파스(크레파스 가루를 다리미로 다리거나, 식용우로 누드럽게 문지름)

사람은 성공하는 삶에 있어서 가장 중요한 요소인 자발성을 본능으로 가지고 태어난다. 그러나 많은 부모와 교사는 아이가 아직 어리다고 이를 존중해 주지 못하고 아동의 일을 도와주려 하거나 대신해 주려 한다. 아동발달의 근본은 행위의 주체자가 움직이고 작용하는 자발성 운동에 있으며 이러한 스스로의 자발적 행동은 창의성을 자극하고 이러한 창의성은 미술교육과 미술치료의 목적을 달성할 수 있도록 하는 가장 중요한 원천적 요소로서의 역할을 한다.
강아지의 자발적 행동에 흐뭇해하며 격려하고 칭찬해 주는 듯한 저기 저 어미개의 모습을 보라. 우리에게 자발성 존중이라는 큰 가르침을 주는 것 같지 않은가?

1. 미술치료에 기초한 아동미술의 방향성

사람은 태어날 때 울면서 태어난다. 그래야만 엄마의 모성보호 본능을 자극하여 생존에 필요한 도움을 받을 수 있기 때문이다. 아동은 무기력하게 누워 지낼 수밖에 없는 신생아기에서부터 걸을 수 있게 되기까지 주 양육자(이하 엄마 또는 부모라 칭함)의 도움 없이는 생존할 수 없는 절대적 의존기를 거쳐야 함에도 신생아기의 반사작용이나 뛰어난 인지 능력 등 스스로 생존할 수 있는 많은 방법을 본능적으로 가지고 있다. 그리고 그것을 자발적으로 활용하고 창의적으로 사고하면서 스스로 일어서게 된다.

1) 생후 1년의 방법으로 육아한다

아기는 수많은 경험을 하며 발달하고 성장해 나가면서 혼자의 힘으로 세상을 헤쳐 나갈 수 있는 능력과 그 능력을 환경에 맞춰 발전시켜 나가는 적응력을 갖추고 있다(EBS 아기 성장보고서 제작팀, 2009). 이는 너무나 놀라운 사실이다. 만약 신(神)이 있다면 말없이 '생후 1년 동안의 이러한 놀라운 사실을 바탕으로 육아하면 된다.'고 미리 가르쳐 준 것이며, 진화론적 관점에서 보면 인간의 이러한 문제해결 능력과 환경에의 적응 능력이 유전되어 아기가 본능적으로 가지고 태어나니 이러한 사실을 바탕으로 육아하라고 가르쳐 주는 것이 된다. 그런데도 많은 부모는 아기가 걸어 다니면서부터 보호하려 하고 아기의 일에 개입하여 문제를 해결해 주려 하며 말을 조금씩 알아들으면서부터 부모(교사)의 생각대로 아이를 당기려 한다. 이는 아동발달을 가로막는 요소이자 성공의 길로 가고자 하는 아동의 욕구를 방해하는 결과를 가져다준다. 만약, 부모와 교사들이 아기의 생후 1년 동안의 방식대로 육아하고 교육한다면 아동은 더욱 즐거운 가운데 성공의 길을 걸어갈 수 있을 것이다.

그 이유는 다음과 같다.

첫째, 아기가 몸을 뒤집기 하면서부터 걸어갈 때까지 당면한 문제를 해결하면서 스스로 발달을 보일 때 부모는 얼마나 기뻐하고 좋아하며 칭찬하였는가? 따라서 부모(교사)는 아동이 스스로 문제를 해결하기 위해 노력하거나 작은 성취경험이라도 일어났다면 이를 놓치지 않고 칭찬을 아끼지 않는 육아를 하여야 한다.

① 자녀(아동)는 스스로 발달을 보이므로 자신의 일을 주도하여 문제를 해결할 수 있도록 바탕을 마련해 준다.
② 자녀(아동)가 스스로 노력을 보일 땐 잘할 수 있다고 격려하고 성취하였을 때 기쁨으로 칭찬한다.

둘째, 아기가 옹알이할 때 부모는 아기의 말을 귀담아들으려 노력하고 그 마음을 알고자 얼마나 노력하였는가? 따라서 부모(교사)의 생각을 강요하거나 부모(교사)의 생각대로 아동이 행하게 하기보다는 아동의 생각과 표현을 존중하는 육아를 하여야 한다.

① 자녀(아동)의 말을 귀담아 들어 주고 수용하며 공감하려 노력한다.
② 자녀(아동)의 마음을 이해하고자 노력한다.

셋째, 아기가 뒤집기를 할 때부터 스스로 발달을 보이며 세상에 우뚝 서고 걸을 수 있게 되기까지 부모는 아기를 얼마나 지지하고 기다려 주고 믿어 주었는가? 부모가 아기를 많이 가르쳐 주고 전문가가 잘 지도해 주어서 걸어간 것이 아닌 것과 같이 자녀 스스로 발달을 이루어 갈 수 있도록 바탕을 마련해 주고 믿어 주는 육아를 하여야 한다.

① 자녀(아동)에게 가르쳐 주고 문제를 해결해 주기보다 스스로 성취할 수 있는 환경과 바탕을 마련해 주어야 한다.
② 잘할 수 있다고 자녀(아동)를 지지해 주고 기다려 주며 항상 믿어 주어야 한다.

넷째, 아기가 뒤집기에서 시작하여 하나씩 발달을 보이며 일어서서 걸어간다는 것은 많은 탐색과 실험을 통해 문제를 해결하면서 환경에 적응해 나가는 내적 발달을 스스로 이루어 나간 것이다. 따라서 부모(교사)는 아동을 육아할 때 다음과 같은 태도를 보여야 한다.

① 자녀(아동)는 탐색과 실험이라는 많은 경험과 자극에 의해 문제를 해결하면서 내적 발달을 스스로 이루어 나가므로 부모(교사)는 아동의 이러한 내적 발달을 위한 노력을 지지하고 존중하여야 한다.

② 자녀(아동)가 스스로의 노력으로 성공의 경험을 가지게 되면 만족감과 함께 자신감이라는 피드백이 따라가고 이러한 성공의 경험이 반복되면서 자존감이 상승하게 된다. 따라서 자녀가 한 노력은 스스로 문제를 해결하여 거둔 또 하나의 성공 경험이 되어야 한다.

2) 생후 1년의 방법으로 미술치료에 기초한 아동미술을 하여야 한다

미술치료에 기초한 아동미술도 이와 같이 스스로 세상을 헤쳐 나가 문제를 해결하면서 환경에 적응해 나가는 인간의 본능적 욕구를 존중하는 생후 1년의 방법을 바탕으로 하여야 한다. 따라서 미술치료에 기초한 아동미술교육의 방향은 다음과 같다.

첫째, 아동중심이어야 한다.

아기가 태어나서 일어서기까지 스스로 모든 것을 이루어 나가며 발달하였듯이 아동 스스로 탐색하고 창의하여 주도하는 아동중심의 미술이어야 한다.

둘째, 자발성을 바탕으로 자신의 생각을 마음껏 표현하여야 한다.

뒤집기에서 일어서기까지 아기가 마음껏 탐색하고 연구하면서 스스로 발달할 수 있었던 것처럼 아동의 무한한 가능성을 믿고 자신의 생각을 마음껏 펼칠 수 있는 미술이어야 한다.

셋째, 몰입하여 부딪치는 문제를 스스로 해결하여야 한다.

아기가 뒤집기에서 일어서기까지 끊임없이 물체를 탐색하고 실험하면서 몰입하여 성취해 나간 것처럼 몰입으로 부딪치는 문제를 해결하면서 완성하는 창작 중심의 미술이어야 한다.

넷째, 내적 계단식 발달이 이루어져야 한다.

아기는 끊임없는 탐색과 세상에 대한 탐험으로 스스로 내적 발달을 이루어 가면서 스스로 일어서서 걸어가듯이, 아동 스스로의 성취경험과 깨달음으로 내적 계단식 발달을 이루어 나가는 미술이어야 한다.

다섯째, 자신의 작품에 대해 마음껏 말하고 표현할 수 있어야 한다.

아기가 옹알이하면서 자기표현을 할 때마다 부모가 그 말을 귀담아들으려 하고 그 마음을 알고자 노력한 것처럼 아동이 자기 작품에 대해서 말할 기회를 가지고 완성된 작품에 대해서 대화나 놀이를 하면서 자기표현의 시간을 가져야 한다. 이때 아동의 말은 존중받고 공감받아 그 말에 위력을 가지게 되어 자기표현을 마음껏 할 수 있는 미술이어야 한다.

따라서 교사와 치료사는 미술치료에 기초한 아동미술을 지도할 때 다음과 같이 해야 한다.

첫째, 아기가 걷기까지 부모는 아동이 스스로 성취할 수 있는 바탕을 마련해 준 것처럼, 교사는 아동 스스로 탐색하고 창의하여 성취할 수 있도록 그 바탕을 마련해 주어야 한다.

둘째, 아기의 옹알이에 부모가 귀 기울여 들으려 하고 그 말을 이해하려 하며 그 마음과 함께하려 한 것처럼 교사는 아동의 말을 들어 주고 수용하며 공감해 주면서 아동의 마음과 조율할 수 있어야 한다.

셋째, 부모는 아기의 다음 발달단계의 방향성을 알고 그 환경과 바탕을 마련해 주면서 기다려 주었듯이, 교사는 아동의 작업에 방향성을 정해 주면서 염려나 생각을 전달하되 그 결정권을 아동에게 양보하고 작품이 완성될 때까지 끝까지 기다려 주어야 한다.

넷째, 아기가 발달단계를 보일 때마다 부모는 기뻐하고 즐거워하며 칭찬하였듯이, 교사는 아동이 작품 제작과정에서 잘한 일이나 스스로의 성취경험이 일어났을 때 끊임없이 격려하며 기뻐하고 칭찬해 주어야 한다.

다섯째, 아기가 다음 발달단계로 넘어가고자 하지만 잘 안 되어 스스로 실험하고 있을 때 부모는 잘할 수 있다고 격려하고 방법을 행동으로 가르쳐 주면서 스스로 해낼 때까지 믿고 기다려 주었듯이, 교사는 아동에게 잘할 수 있다고 격려하고 못하는 부분에 방법을 가르쳐 주면서 아동이 스스로 깨달아 할 수 있을 때까지 아동을 믿고 기다려 주어야 한다.

2. 미술치료에 기초한 아동미술의 필요성과 목적

사람은 본능적으로 무언가를 그리고 만들어서 자기를 표현하고자 하는 욕구가 있다. 아동의 미술활동은 자신의 생활에서 경험하고 느낀 것을 상징적 형태로 표현하는 자기표현으로서 아동의 욕구이고 아동 생활의 표현이 된다. 이러한 미술활동은 아동의 다른 발달영역과 밀접하게 관련되어 있어 아동을 이해하는 데 중요한 통로가 되며, 다른 발달영역과 통합을 이룰 수 있다(이혜숙, 2011). 아동미술교육은 아동이 성인처럼 잘 표현하지 못하므로 아직 미발달된 존재로 여겨 단지 아름답게 그리거나 멋있게 잘 만드는 미술의 기능적인 측면을 강조하는 것이 아니라, 창작활동이라는 자기표현을 통해 창의적 문제해결 능력 향상과 아동의 전인적 발달을 담당하며, 창의적이고 정서적 균형감각을 유입시켜 바람직한 인간육성을 내용으로 한다(최윤철, 2004). 또한 미술과 심리치료 결합으로서의 미술치료는 창조적 미술활동을 통해 개인의 갈등을 조정하고 자기표현과 승화작용 과정을 통해 자아성장을 촉진시키는 역할을 하며(김향숙, 2010) 정서 능력의 신장으로 심리적인 안정감을 얻고 인성을 계발한다.

창의성은 자신의 독창적 생각과 사고로 기존에 존재하는 것을 새롭게 수정하거나 존재하지 않는 것을 새롭게 만들어 내는 것으로 이러한 창의적 사고의 증진은 직면하는 여러 문제를 해결하고 목표 상태에 도달하려는 방법을 찾아내는 창의적 문제해결(creative problem solving) 능력을 향상시킨다. 이는 일상생활에서 생기는 문제들을 쉬우면서도 효과적으로 해결할 수 있는 능력을 갖추게 하며 다양한 분야에서 높은 성취 능력을 발휘할 수 있게 한다. 미술의 특성인 조형활동을 통해서 창의적인 표현 능력을 신장하며, 창의적인 문제해결에 의한 창작 작품의 완성으로서 치료적 효과를 나타내고 있다.

따라서 아동미술교육과 아동미술치료는 공통으로 추구하는 목표인 '창의성의 함양'이 전제되어 있으며 창조적 문제해결 과정이 주된 내용이 된다(남주영 · 김향미, 2012). 이러한 창의적 표현은 창의적 문제해결 능력에 의해 작품 완성이라는 성공의 경험을 안겨 주며 이는 곧 스스로의 자발적 창의성과 창의적 문제해결에 의해 교육적 목적과 치료적 목적을 달성하게 되는 것이다. 이러한 효과가 나타나는 이유는 창의성은 기존의 질서와 규칙의 한계를 뛰어넘는 새로운 시각과 관점을 갖게 하여 자신의 문제에 대한 새로운 인식과 통찰에 의해 개인의 성장과 변화를 가져다주기 때문이며(최재영, 2004) 창작 작품의 완성은 아동의 전인적 발달과 함께 자존감 및 개인의 성장을 촉진하기 때문이다.

이와 같이 치료의 과정과 창작의 과정 간에는 많은 유사점이 있어서 서로 소통할 수 있지만, 미술교육과 미술치료가 다르다는 것이 중론이다. 그러나 성인과는 달리 아동을 대상으로 한 미술교육과 미술치료에서는 '치료로서의 미술(art as therapy)'을 강조하는 크레이머(Edith Kramer, 1916~2014)의 관점이 포괄적으로 적용될 수 있어 아동미술치료와 아동미술교육은 큰 차이가 없음을 알 수 있다. 만약, 교사가 아동미술치료와 아동미술교육을 접목한 '미술치료에 기초한 아동미술교육'을 실시한다면, 미술표현에 어떤 일정한 방법이나 법칙만을 가르치려고 한 표현기능 중심 미술교육(education of art)이나 교사의 방임으로 흐를 수 있는 창의성 중심 미술교육, 미술이라는 교과의 특성을 고려하지 않은 채 지식 전달 위주의 수업이 될 수 있는 학문에 기초한 미술교육(Discipline-Based Art Education: DBAE) 등 지금까지 행해진 미술사조보다 더욱 창의적 문제해결 능력을 향상해 가며 전인적 발달과 자아성장을 이룰 것이다. 또한 치료적 목적을 달성하기 위해 치료사가 구조화한 지시적 미술치료 기법을 적용하는 것보다 더욱 자유로운 분위기에서 자발성과 자율성이 존중받고 자신의 생각을 마음껏 창의적으로 표현하면서 미술치료의 목적을 달성할 수 있다. 이에 대하여 젠킨스(Jenkins, 1980)는 "지시적 미술 지도법에 따른 학습 경험을 지닌 대부분 아동은 구상을 위한 자발적 자극이 결여되고 자신의 사고나 감정을 표출할 기회를 상실하게 되어 아동의 창의적 표현에 방해가 된다."라고 하였으며, 이연기는 "치료에 적합하게 의도화한 구조화와는 달리 비구조적이란 집단원들이 서로 의논을 통해서 미술매체와 작업활동을 선택하여 진행하는 방식을 말하며 이는 아동의 자발성을 최대한 존중해 주면서 동시에 물리적·심리적인 면에서 안전함과 편안함을 느낄 수 있도록 한다."고 하였다(이연기, 2009). 이처럼 비지시적 비구조적일 때 아동은 재료 및 조형방법에 선택의 자유를 부여받게 되어 아동 스스로 결정하고 생각하면서 자발성과 긍정적인 상호작용이 높아지고 문제해결의 기회가 많아지게 된다(차미성, 2005). 따라서 미술치료에 기초한 아동미술교육은 비지시적, 비구조화의 오픈식 방법을 근본으로 하여 아동의 자발적 욕구와 창의적 표현을 존중하고 보장하며, 자기와의 끊임없는 대화로 몰입하여 부딪치는 많은 문제를 창의적으로 해결하면서 깨달음의 '아하경험'을 하게 되며 작품 완성이라는 '성공의 경험'과 높은 만족의 '절정경험'을 누릴 수 있게 된다.

이제까지 살펴본 바와 같이 기존의 미술교육 사조인 표현기능 중심 미술교육이나 창의성 중심 미술교육, 학문에 기초한 미술교육으로는 현대 아동미술교육의 목적을 달성하기에는 부족함이 있었다. 그 이유는, 현대 사회가 필요로 하는 미술에 대한 새로운 역할 즉, 미술의 창작과정에서 발생하는 심리적·정서적 변화에 대한 인식을 통해 인간적 성장을 가능케 한다는 치유적인 기능이 강화된 (최재영, 2004) 현대 아동미술교육의 중요성에 따른 목적의 달성에는 브족함이 있기 때문이다. 또한 치료사가 치료의 목적에 맞게 구조화한 지시적인 미술치료는 아동의 자발성과 창의성을 온전히 존중하지 못하여 창의적 문제해결 능력 향상에 부족함이 있게 된다. 따라서 아동미술교육과 아동미술치료와의 만남인 미술치료에 기초한 아동미술이 되었을 때 이러한 현대 아동미술교육의 교육적 목적과 아동미술치료의 치료적 목적을 보다 자유로운 가운데 훌륭히 달성할 수 있게 된다.

II. 아동미술교육

제목: 차이점
사용재료: 청색색지 위에 크레파스
(크레파스로 칠하거나 칠한 부분을 식용유로 부드럽게 문지름)

어떤 아동은 성공의 길로 걸어가는가 하면 어떤 아동은 좌절에서 헤어나지 못한다. 어떤 아동은 자기 일에 책임을 지고 스스로 해내는가 하면 어떤 아동은 자기 일을 부모에 의존한다. 왜 이러한 차이가 있는 걸까? 중요한 것은 이러한 사고와 행동은 아동기를 지나면서 그 사람의 인격으로 자리 잡으며 이후 삶에 지속해서 영향을 준다는 것이다.

본 작품에서, 무거운 큰 바위를 아래에서 받쳐 들고 있는 아동과 큰 바위 위에서 손만 올려놓은 아동이 있다. 큰 바위를 고난과 스트레스라고 본다면 그것을 떠받쳐 들어 올린 아동은 너무나 힘들 텐데도 불구하고 웃음을 잃지 않고 스스로 일을 헤쳐 나간다. 그러나 큰 바위 위에 손만 올려놓은 아동은 어려움과 고난이 그다지 힘겹지 않을 것임에도 불구하고 힘들어하고 있다. 이러한 차이점은 어디에서 오는 것일까? 분명한 것은 아동은 태어나면서부터 '어떠한 행동을 보고 모방하였느냐'와 '아동 행동의 영향권자가 아동을 어떻게 대했느냐', '아동을 둘러싼 주변 환경과 사회적 어압이 어떠했느냐'에 따라 크게 달라진다는 것이다.

1. 아동미술교육

1) 아동미술교육의 이해

발달 심리학적으로 아동기는 12~13세 미만의 연령층을 통틀어서 이야기하며, 세분할 필요성이 있을 경우 일반적으로 0~2세까지를 영아기, 3~5세까지를 유아기, 그리고 6~13세까지를 아동기로 지칭한다. '아동'이란 말은 영·유아와 소년을 아우르는 말이다. 따라서 아동미술에서 지칭하는 아동이란 난화가 나타나기 시작하는 유아기부터 초등학교 저학년까지를 가리킨다 할 수 있을 것이다. 본 연구에서의 아동은 로웬펠드(Viktor Lowenfeld, 1903~1960)의 분류에 따른 의사실기(the pseudo naturalistic stage) 이전으로 또래집단기(the gang age)인 10세까지를 두고 말한다. 그 이유는 의사실기부터는 단순한 형태에서 복잡한 형태로 발전하고 사실적으로 표현하려고 애쓰며 과정보다 완성된 작품에 의미를 두는 시기이다. 지나치게 사실적 기교 중심의 리얼리티로 '그림이 완전히 모델과 같은가, 같지 않은가'를 스스로 평가한다. 또한 미술치료에서도 창작 작품이라는 행위 중심의 치료뿐만 아니라 과거가 현재의 정신적 활동에 지배적이고 영속적인 영향을 주기 때문에(Corsini & Wedding, 2007) 정신 분석, 인지 왜곡, 내면 탐색, 합리적 가치, 미완성 과제 등 다원화된 치료적 관계 형성이 필요하기 때문이다.

아동은 태어나면서부터 오감을 통하여 끊임없이 자신과 주변 환경을 탐색하고 조작하며 반응한다. 이 과정을 통하여 수많은 감각과 접하며, 수많은 감각의 통합적 과정을 거쳐 외부세계에 대한 지각의 범위를 넓혀 나가 주변 환경과의 관계를 배운다(조영지, 2002). 또한 아동은 본능적으로 무엇을 그리거나 만들고 싶어 하는 욕구가 있으며 무엇을 그리고 표현한다는 것은 아동의 무한한 가능성을 나타내는 것이 된다. 아동에게 미술은 그들의 모든 감각을 이용하여 표현하는 것으로서 아동이 경험하고 느낀 다양한 삶의 모습을 표현하는 한 매개체가 되며 자신의 내면세계를 표현하려는 본능이 담겨져 있다. 따라서 아동미술교육은 아동기의 어떠한 교육보다도 뛰어난 발달적, 정신적, 심리적 효과를 가져다준다.

그러나 현실교육은 그렇지 못한 경우가 많다. 아동에 대한 인식 부족과 아동미술에 대한 지식 부족으로 인해 '아동은 아직 미발달되어 어리니까 어른처럼 잘 그리고 아름답게 표현하면 된다.'라고 생각하거나, 표현적 기교가 뛰어난 그림을 모방하여 모방 자체가 목적이 되게 하거나, 인쇄된 형태에 색칠하게 하는 등의 개념적 표현을 하기 때문이다. 또한 미술대회나 과제 평가를 위해 그림을 서열화하는 과정에서 보여 주고자 하는 기능에 얽매이기 때문이다.

아동미술교육에는 다음의 두 가지 중요한 사실이 있다.

첫째, 아동들이 표현한 이미지 속에는 아동의 인지적 발달 정도와 정서적 특징, 지각발달 능력과 자신의 미술작업에 대한 태도 등 아동들의 모든 것이 담겨 있다는 점이다. 그래서 아동화는 아동들의 세계를 들여다볼 수 있는 창문이라고도 한다(최윤철, 2004).

둘째, 미술활동을 지지하는 것은 창의적 문제해결 능력 향상과 함께 성취감과 자신감을 부여하는 것으로 미술작업 과정 자체가 교육이고 치료라는 것이다.

만약 아동들의 교육이 아동의 특정한 소질이나 기능만을 가르치는 교육으로 전락한다면 아동에게 내재된 무한한 가능성과 창의성은 계발될 수 없을 것이다. 그러므로 진정한 의미의 바람직한 아동미술활동은 아동들이 일상생활 속에서 호기심을 갖고 탐색하며 창의적인 표현을 경험해 볼 수 있는 활동 가운데 통합적으로 이루어져야 할 것이다(오정현, 1989). 아동미술은 아동들이 경험하고 느끼며 사고한 것을 시각적 표현을 통하여 조형의 세계로 창조하고 발전시키는 예술의 한 영역이라고 볼 수 있다. 따라서 아동미술은 아동의 내면세계를 이해할 수 있는 중요한 수단이 되며 전인적 발달에 도움을 주어 아동을 보다 행복하게 생활할 수 있도록 하는 아동의 건강한 발달이자 미술교육이며 심리치료의 한 영역이 된다.

2) 현대 아동미술교육의 중요성

아동기는 뇌 발달과 신체발달의 적절기이자 사람 인격의 기초가 형성되는 시기이며 아동의 인지, 정서, 사회 신체 등의 전인적 발달에 있어서 급격한 변화가 일어나는 시기이다(임유경 외, 2009). 이처럼 사람의 인생에 있어서 가장 중요한 시기에 아동의 전인적 발달에 도움을 주고 창의적 인재의 밑거름을 형성할 수 있는 바른 아동미술교육은 아동기의 어떠한 교육보다 중요하다 할 것이다. 아동미술은 아동의 생각과 사고, 감정에 의한 내면의 표현이자, 의사소통의 도구이다. 또한 아동에게서 미술은 창의성과 창의적 문제해결 능력 향상은 물론 아동의 전인적 발달과 자아성장, 부정적 감정을 순화하고 정서를 발달시키는 중요한 역할을 한다. 따라서 아동미술교육의 목표는 훌륭한 미술적 능력을 갖춘 기능인이나 미술인을 양성하는 것이 아니라, 아동들이 심신의 건강으로 자신을 성장하고 자아를 실현하는 건강한 인격체로서 보다 행복한 가운데 무한한 가능성이 마음껏 펼쳐질 수 있도록 돕는 것이다.

지금까지 연구된 현대 아동미술교육의 중요성을 살펴보면 열 가지로 다음과 같다.

(1) 미적 안목을 육성하고 조형 능력을 함양한다

미적 안목은 대상에게 아름다움을 느끼고 이해하는 것뿐만 아니라 세상을 미적으로 바라보고 이해하는 식견까지를 포함한다. 현대 사회 속에서 홍수처럼 쏟아지는 많은 정보 중에 생활 속 가치 있는 환경을 선택하고 보다 질적인 삶을 영위할 수 있는 안목을 길러 주는 것은 중요하다. 따라서 미적 안목의 육성은 수 없이 많은 정보 중에서 자신에게 필요하고, 즐길 수 있는 정보와 문화를 선택하는 안목을 길러 주는 것으로 선택과 분별의 능력은 현대인에게 가장 요구되는 가치일 것이다(최윤철, 2004). 형상을 표현할 수 있는 힘을 조형 능력이라 하며 조형 능력의 신장란 자신의 내면세계를 눈에 보이는 형상으로 표현하는 능력을 말한다. 그것은 단순히 기술을 가르치는 게 아니라 다양한 재료와 기법을 활용하여 자유롭게 탐색하고 창의적으로 문제를 해결하면서 길러져야 하는 것이다. 이러한 상징물을 제작하는 과정에서의 기쁨은 승화작용으로 나타나며 상징물의 완성은 칭찬이라는 강화물과 만났을 때 만족감과 자신감으로 이어진다.

(2) 창의성을 계발하고 창의적 문제해결 능력을 향상한다

창의성이란 남과 다른 자신만의 독창적인 결과물이나 해결책을 만들어 내는 능력이자 모든 인간에게 주어진 잠재능력으로서 지적인 능력을 기초로 하여 당면한 문제들에 대해 대안적 해결을 생각하고 친숙한 문제를 새로운 방식으로 생각하며 색다른 개념을 만들어 내는 능력을 말한다(홍창호, 2004). 미술에 의한 창의성의 계발과 창의적 문제해결 능력의 향상은 아동미술교육에 있어서 가장 중요한 가치이다. 아동기는 무의식적으로 본능적인 행위를 즐기면서 호기심과 흥미를 발산하는 시기이며 이것을 통해 새로운 도전이나 생각, 기발한 아이디어가 활발한 시기이다. 이런 면에서 아동기의 미술교육은 창의성 능력을 자극하고 격려하며 육성할 수 있는 매우 효율적인 시기이다. 이를 위하여 자신의 생각과 사고, 감정이 마음껏 표현되는 창의적 미술활동이 되도록 개입하거나 간섭하는 외부적 요소는 최소화하고 자율성을 최대한 보장하여야 한다. 그 이유는 미술활동은 인간이 지닌 창조성의 표현이므로 아동 자신이 스스로 창조하는 능력을 개발시켜 나가야 하기 때문이다. 아동은 미술활동과정에서 주제, 재료, 표현방법, 크기, 색깔, 질감 등을 선택하거나 제작하면서 다양한 문제와 부딪치게 되며 이러한 직면하는 문제를 스스로 해결해 나가면서 창의적 문제해결 능력이 길러진다(황현영, 2007).

(3) 감정표출에 의한 정서 순화로 긍정적인 정서발달을 가져온다

미술활동으로 자신의 생각과 느낌을 마음껏 표현한다는 것은 아동에게는 그 자체가 기쁨과 즐거움이 되어 일상생활에서의 긴장을 완화하고 부정적 감정을 해소한다. 또한 아동은 미술활동을 통하여 즐거움과 만족감을 느끼며 자신이 창조한 것에 대해 자신감을 갖게 된다. 이러한 즐거움, 성취감, 만족감, 자신감은 아동의 긍정적인 자아개념 형성을 도와주며 정서발달을 가져온다(이혜숙, 2011). 이러한 미술활동을 통한 정서발달은 자신의 감정과 느낌을 작품에 표현하는 과정에서 감정이 재정립되고 내면적인 정서 함양이 이루어지며 아동의 인지적 사고와 행동적 변화에 영향을 주어 아동의 긍정적 행동 변화와 발달을 가져다준다.

(4) 탐구력이나 주의집중력, 상상력, 사고 능력의 향상 등 인지 능력이 발달한다

아동은 자신의 생각을 외부로 표현하기 위해 주제, 표현방법, 재료와 용구, 조형요소와 원리 등 스스로가 체계적으로 탐색하는 과정을 겪어야 자기 주도적인 표현 활동이 되므로 탐구 능력을 향상하게 된다. 무엇을 어떻게 그려 내고 만들 것인지에 대한 목표를 세우고, 이에 대해 사고하고 탐색하며 그리고 만드는 일련의 과정을 통해 아동은 지속적인 주의집중의 과정을 경험하게 된다. 이러한 주의집중력의 몰입은 아동의 창의적 문제해결 능력을 향상시키고 많은 일의 성패를 좌우하는 요소가 된다. 풍부한 상상력이 발휘될 수 있는 폭넓은 자유 창작 활동을 통하여 자신과 자신, 자신과 타인, 자신과 주변 환경에 대한 이해력을 확장시켜 나가며 인과관계에 대한 이해와 다양한 문제해결의 인지 능력이 증진된다. 보다 새롭게 가치 있는 것을 자기 나름대로 찾고 만들어 낼 수 있는 능력은 개인의 자아실현뿐 아니라 한 사회의 발전과 시민의 복지에 크게 이바지하는 것이 된다(백은경, 2007).

(5) 다양한 어휘의 사용과 표현기회를 통해 언어발달이 증진되며 자기표현 능력이 향상된다

자신의 작품에 대한 의미를 설명하고 무엇을 표현하였는지 이야기하는 과정에서 다양한 색채와 크기, 모양, 공간, 방향 등에 대한 어휘를 사용하게 되면서 형용사와 수식어의 표현이 정교해지며 언어적 표현력이 발달하게 된다(송연숙 외, 2007). 또한 아동이 작품을 제작하는 과정에서 재료를 서로 빌리고 사용하면서 나누는 대화와 자신의 창의적 작품에 대해서 말하는 것 또는 스토리텔링이나 역할놀이, 상상활동 등을 할 때 언어적 표현 능력과 함께 자기표현 능력이 향상된다.

(6) 규칙과 질서를 지키는 가운데 함께 협력하여 어우러지는 사회관계성이 발달한다

미술활동은 친구의 말에 귀 기울일 줄 알게 하고, 타인의 물건에 대한 권리를 존중할 줄 알게 한다. 또한 물건을 사용할 때는 나눠 사용하거나 순서를 지킬 줄 알게 하고, 인내심을 갖고 기다릴 줄 알게 하며, 사용했던 재료와 도구들을 스스로 잘 정리함으로써 자율성과 책임감을 키우게 한다(이미옥, 2010). 그리고 서로 함께하며 도와주는 집단 공동작품을 제작하면서 타인을 이해하고 배려하는 상호관계성이 향상되며 사회적 상호작용을 경험하게 된다. 공동작품의 완성은 함께하는 성공의 경험에 의해 자신감과 함께 집단 소속감을 높여 바른 인성과 함께 긍정적 사회성을 형성하게 된다.

(7) 다양한 감각기관의 발달과 신체발달을 이룬다

아동은 가위로 종이를 오리고 풀칠하여 붙인 후 색연필로 세부적으로 그리거나 크고 넓은 화지에 큼직하게 붓으로 물감칠을 하거나, 정원을 색 셀로판지나 페트병으로 꾸미는 등 다양한 미술매체를 유용성 있게 사용하면서 자연스럽게 미세한 소근육과 대근육 발달이 이루어지게 된다. 따라서 시각예술인 미술활동은 대부분 시각과 뇌와 손의 협응에 의해 이루어지므로 뇌 발달과 신체발달을 이룰 수 있다.

(8) 자신감이 강화되며 책임감이 증진된다

아동의 미술활동은 다양한 재료의 선택과 창의적 표현방법으로 진행되기 때문에 그 과정에서 주제, 재료, 표현방법, 크기, 색상, 질감 등을 스스로 선택하는 의사결정의 기회를 제공받으며 다양한 문제와 부딪치게 된다. 아동은 창의적 표현에서 만나는 이러한 다양한 문제의 해결을 통해서 자기 주도적 문제해결 능력이 길러지며 자신감이 상승된다. 이러한 자신감은 다른 활동으로 전이되어 책임감을 증진한다. 자발적 선택과 창의적 표현, 자기가 주도한 창의적 문제해결 능력은 스스로 책임을 완수하려 하기 때문이다.

(9) 자존감을 상승시켜 문제행동의 수정과 자아 성장을 촉진한다

아동은 내적 동기를 바탕으로 작품 제작에 몰입하면서 스스로 직면하는 문제를 해결하여 작품을 완성해 나간다. 이러한 작품 완성이라는 성공의 경험은 아동에게 만족감과 함께 자신감을 심어 주게 된다. 이것은 동기부여의 강화로서 계속적인 성공의 경험을 하도록 자극을 하게 되고 이러한 성공의 경험 반복에 따른 자신감의 반복은 스스로 선택한 일은 스스로 해낼 수 있다는 아동의 자존감으로 굳건하게 자리 잡게 된다. 이러한 자존감 상승은 아동의 전인적 발달과 함께 문제행동을 수정하고 자아를 성장하는 미술 교육적 목표달성과 미술 치료적 효과 모두를 얻을 수 있다.

(10) 전인교육을 실현하며 즐거움과 만족감에 의해 행복감이 증진된다

아동의 미술활동은 미술적 재능을 길러 주거나 미적 기능을 키워 주기 위한 것이라기보다 다양한 미적 자극과 신체적 자극을 경험하게 하며 문제해결을 통하여 인지 발달, 정서발달, 신체발달, 사회발달, 자존감의 향상 등이 통합적으로 발달할 수 있도록 도와주는 전인교육을 실현하는 것이다. 또한 다양한 미술활동의 경험은 일상생활에서의 긴장을 해소시키며, 여러 갈등을 정화시켜 심리적 안정을 꾀하며 정신건강에도 도움을 주게 된다. 아동은 그들의 잠재력과 욕구의 표출인 미술활동을 통하여 창조의 즐거움을 느끼며, 창조의 결과를 통하여 자신의 작품에 대하여 성취감, 만족감, 자부심을 느껴 행복감이 증진된다(황현영, 2007).

이상으로 정신적이고 심리적인 요소가 강화된 현대 아동미술교육의 중요성 열 가지를 살펴보았다. 이러한 교육적 목적 달성은 자유로운 학습자 중심의 환경에서 내적 동기를 바탕으로 미술작업에 몰입하고, 창의적으로 문제를 해결하면서 완성한 창작 작품일 때 가능하다. 이때 교사는 가장 가까운 조력자이자 촉진자 역할을 하면서 아동의 창작과정을 돕는 제3의 손의 역할을 하였을 때 보다 나은 교육적 효과를 기대할 수 있게 된다.

3) 현대 아동미술교육의 흐름

아동미술교육은 '미술교육의 목적을 어디에 두었느냐'에 따라서 크게 세 가지로 분류할 수 있다.

① 표현기능을 향상시켜 미술가나 디자이너를 기르고자 하는 표현기능 중심 미술교육

② 미술을 통해 인간의 잠재력을 기르고자 하는 창의성 미술교육

③ 미적 감수성과 미술을 이해시키고자 하는 학문에 기초한 미술교육

각각의 분류에 따른 특징과 시사점, 단점 등을 살펴보면 다음과 같이 설명할 수 있다.

(1) 표현기능 중심 미술교육

표현기능 중심 미술교육은 16~19세기까지의 조형활동으로서 '미술의 교육(art of education)'이라고 할 수 있다. 교육에서 미술을 가르쳐 우리 생활에 필요한 물건이나 미술작품을 만들 수 있는 표현기능을 향상시키는 것이다.

가. 특징

① 전문적인 미술 인력의 양성: 산업사회에 필요한 미술가나 건축가, 디자이너, 공예가 등을 양성하기 위한 교육으로서 표현기능 향상에 중점을 두었다.

② 반복적인 훈련을 통한 교육: 미술의 기본 요소와 체계적인 구조를 반복적으로 훈련하여 미술적인 능력과 기능을 향상하는 데 중점을 두었다.

나. 시사점

미술교육이 사회의 요구를 반영하여 체계적이고 합리적으로 지도하려 하였다.

다. 단점

학습자의 입장에 대한 고려가 충분치 않아 학생들을 미술작품의 생산을 위한 도구적 입장에서 바라보았으며, 미술표현에 어떤 일정한 방법이나 법칙이 있음을 강조하여 그 방법만을 가르치려고 하였다(황규호, 2005).

(2) 창의성 중심 미술교육

창의성(creativity) 중심 미술교육은 20세기 중반까지 아동의 창의성을 계발하는 데 그 목적을 두었다. 창의성 중심의 미술교육은 19세기 말 '미술교육은 어린이들이 자기표현을 마음껏 하도록 돕는 것이다.'라고 주장한 치젝(Cizek)에 의해 전 세계에 급속히 보급된 미술교육으로서 로웬펠드(Lowenfeld)에 이르러 미술교육에서 하나의 목표가 된 사조이다.

가. 특징

① 자유로운 자기표현: 자유로운 자발적 자기표현은 아동의 미술이 어른의 미술과는 다르다는 데서 출발한다. 아동의 미술은 자유로운 자기표현의 보장으로서 자신을 드러내는 하나의 자기표현방법이 되며 어른들의 관점에서 바라보는 간섭을 배제한 것이다.

② 미술을 통한 창의성 계발: 미술을 창의적인 잠재력을 개발시켜 인간의 조화로운 성장을 돕는 도구라고 생각하였다.

③ 표현과정의 중시: 자유로운 자기표현은 작품 완성이라는 표현결과물에 중점을 두는 것이 아니라 작품이 완성되는 과정에서 경험할 수 있는 긍정적이고 창의적인 표현 과정을 더 중요시하였다.

나. 시사점

이러한 창의성 중심의 조형교육의 개념은 지금도 세계적으로 가장 광범위하게 퍼져 있는 흐름으로 미술교육의 무게를 아동에게로 옮겨 놓았다는 데에 그 의의가 있다. 또한 미술이 인간에게 중요한 것이며 교육에서도 없어서는 안 되는 것이라는 인식을 확신시키는 데 큰 역할을 하였다.

다. 단점

학습자의 특성만을 강조한 나머지 교사의 역할이 동기부여에 한정되어 자칫 미술교육이 방임으로 흐를 수 있는 여지를 두었다. 다시 말해 아동의 창의성은 백지상태에서 혼자 힘으로 발달하는 것이 아니라 다른 창의적인 아동이나 작품을 보고 교사의 적극적인 지도를 받으면서 보다 효율적으로 발달할 수 있다는 측면을 간과했다고 볼 수 있다(박정애, 2004).

(3) 학문에 기초한 미술교육

학문에 기초한 미술교육(Discipline-Based Art Education: DBAE)은 1960년대 창의성 중심의 표현주의 미술교육에 대한 문제점을 해결할 수 있는 대안으로 정립되었다.

가. 특징

① 미술의 이해와 감상 강조: 미술교육에서 이해와 감상활동을 중요시하여 미술의 교과내용을 네 개 영역 미술사(art history), 미술비평(art criticism), 미

학(aesthetics), 미술제작(art production)으로 구별하여 통합된 교육으로써 모두 교육하게 하였다.

② 미술교과의 독자성 강조: 이해와 감상활동을 중요시한 학문 중심 미술교육은 학생들을 성장시키는 데 공헌할 수 있는 요소를 가지고 있어 다른 과목의 목표보다 미술교과의 가치가 중요하다고 보았다. 이러한 미술교육은 독립된 교과로서의 위상을 높이는 데 기여하게 되었다.

③ 교육과정과 교사의 중시: 학생들에게 네 개 영역의 교육적 경험을 제공하기 위해 교육과정과 교사의 적극성과 체계적인 지도를 매우 중요하게 여겼다.

나. 시사점

독립된 교과로서 미술교육의 위상을 높이고 학문적 체계를 확고히 하였다.

다. 단점

미술이라는 교과의 특수성이 고려되지 않은 채 다른 학과와 같은 체계화에 의해 교육현장에서의 적용 가능성이 적어 지식 전달 위주의 수업이 될 가능성이 높다(이분숙, 2006).

2. 아동미술교육과 창의성

1) 창의성

21세기 다원화된 지식·정보화 사회에서는 창의적 사고력, 통합적 사고력, 창의적 문제해결 능력과 같은 고등 사고력을 지닌 인적 자원이 사회의 리더가 되고 국가 경쟁력을 지닐 수 있다는 생각에 의해 창의성의 관심이 날로 증대되고 있다. 이에 대해 다비스(Davis, 1998)는 "창의성은 개인의 삶의 질을 한층 높일 뿐만 아니라 현재와 미래사회에 직면하게 될 많은 문제와 위험 상황에 잘 대처할 수 있는 능력으로 간주하기 때문이다."라고 하였다. 창조는 어원적으로 기존의 것을 새롭게 수정하거나 기존에 존재하지 않았던 것을 새로이 만든다는 공통적인 의미를 담고 있으며, 창의성은 독특하고 질적으로 매우 가치가 있는 아이디어를 생각해 낼 수 있는 개인의 능력으로 정의할 수 있다(최재영, 2004). 그리고 창조적 사고란 타성에 젖어 습관적으로 사고하는 것이 아닌 새로운 시각으로 바라보면서 자신만의 독창적인 해결방법을 찾는 것이다.

무엇인가에 몰두하다 보니 기대하지 않았던 뜻밖의 성취가 이루어지던 그 환희의 순간처럼 우리는 누구든지 창의적인 순간을 한 번쯤은 경험해 본 바 있다. 미국의 심리학자 칙센트미하이(Csikszentmihalyi, 1996)는 창의성의 과정을 몰입(flow)의 개념으로 설명하면서 "몰입을 통해 학생들의 잠재력을 개발할 수 있으며 몰입할 때 예기치 않은 기대 이상의 창의성이 일어난다."라고 하였다.

보든(Boden, 1991)은 심리학적인 면에서 새로움의 범주를 두 가지로 나누어 정리하였는데 "개인적인 마음에 의해 근본적으로 새로운 것, 즉 그 이전에 다른 사람이 같은 생각을 했는지에 상관없이, 자기가 전에 해 보지 않은 새로운 생각을 했을 때 그 생각은 개인적 창의성이며, 역사적인 면에서, 인류 역사 전체를 고려하여 근본적으로 독창적인 것, 즉 전에 어느 누구도 같은 생각을 하지 않았으면 그 생각은 역사적 창의성이라 할 수 있다."라고 하였다. 이는 개인에게서 새로운 아이디어는 작은 창의성, 인간의 부분집합 안에서의 독창적인 것은 큰 창의성으로 나눌 수 있는 것이다. 여기서 역사적 창의성은 지금까지 없었던 새로운 것, 새롭다는 의미뿐만 아니라 가치 있고 유용하다는 의미를 포함한다고 할 수 있다.

박은숙(2009)의 연구에 의하면 창의성은 다음의 기본적인 원리에 기반을 둔다.

첫째, 모든 사람은 창의성을 가지고 있으며 무한한 방법으로 창의성을 표현한다.

둘째, 창의성은 개인의 흥미와 선호도에 따라 다르게 표현되며 각 개인의 중요도와 자신의 선호도의 차이에 따라 다르게 접근된다.

셋째, 모든 사람은 창의적 잠재력을 가지고 있으며 훈련과 교육을 통해 발달

될 수 있다.

2) 아동미술교육에서의 창의성

창의성은 우리가 태어날 때부터 가지고 있는 것이며 모든 사람이 지니고 있는 본능이다. 우리가 최초로 삶의 문제들을 표현하고 해결하기 위해서 사용하는 것이 바로 이 본능이다. 따라서 아동들은 비록 그것을 배우지 않았다 하더라도 그 자신을 표현하기 위하여 창의성을 사용하게 된다. 그러나 부모와 교사들은 많은 질문을 하거나 이상하고도 엉뚱한 의견을 표명하는 창의력이 높은 아동을 대부분 성가시게 여기게 되거나, 변덕스러우면서도 고집이 세 불편하게 만드는 존재로 받아들인다. 이는 아동의 창의성을 주장하면서 수렴적이지 못하고 일괄적인 교육방식이라는 문제점을 드러내고 있다.

아동의 미술수업은 아동들이 자발적이며 창의적인 활동에 가담하도록 하고 이 과정에서 창조적인 활동이 형성되기를 기대하는 접근으로서 스스로를 드러내는 적극적인 자기표현 활동이 된다. 따라서 미술교육이야말로 창의성을 계발하는 데 적합한 교과라고 볼 수 있으며, 미술활동에서 일어나는 창조의 과정은 아동에 의해 왕성하게 이루어질 수 있다.

창의성은 한순간에 습득되는 것이 아니라 태어나면서부터 오감(五感)을 통하여 끊임없이 자신과 주변 환경을 탐색하고 조작해 보며 반응을 하여 자신과 타인, 주변 환경과의 관계를 배우면서 발달하게 된다. 로웬펠드(Lowenfeld, 1993)는 "스스로 생각하는 아동은 머리에 떠오르는 어떤 것이든 표현할 수 있을 뿐 아니라 생활에서 만나게 되는 어떤 정서적, 지적 문제도 직접 대면하여 해결하려고 하며, 표현은 정서적 배출구 역할을 하게 되고 이 배출구를 정서의 배출구로써 창조적 활동을 이용하는 아동은 불필요한 긴장에서 해방되어 자유와 융통성을 얻게 된다."고 하였다.

프랭크 바론(Frank Barron, 1968)은 "우리는 자신에 관하여 깊이 생각해 보는 능력을 가지고 있기 때문에, 싫든 좋든 각자가 지닌 고유한 성격이라는 창조물

안에서 미술적인 기획을 하게 된다."라고 하였다. 창의성은 미술과 같지 않아서 누구나 훌륭한 미술가가 될 수 있는 것은 아니지만 모든 사람은 창의적이어서 지속적으로 창의적인 진취성을 발휘하게 된다. 따라서 창의성을 바탕으로 표현하는 창작과정에는 심신의 안녕을 위한 치료적 기능을 가진 미술활동도 포함된다. 그 이유는 아동미술교육과 아동미술치료는 동일하게 창작활동을 근본으로 삼기 때문이다.

창의적 미술활동에 접근하려면 통제적이고 권위적이기보다 자발적으로 행동하고 창의적으로 사고할 수 있어 창작을 불러일으킬 수 있는 환경조성과 흥미와 호기심의 내적 동기유발, 감정적 물질적으로 안전하여 자유로움을 줄 수 있는 분위기 조성은 창작 작업에 있어 중요하다. 아동은 흥미와 호기심의 내적 동기에 의해 자기 주도성으로써 다양한 매체를 탐색하고 선택하며 자신만의 사고에 의한 창의적 자기표현의 작품 제작에 임한다. 이러한 작품 제작은 자신과의 대화로 이어지면서 작업에 몰입하게 되고 이러한 몰입은 작품 제작과정에서 직면하는 심리적 갈등과 부딪치는 문제를 창의적으로 해결하려 하고 이러한 창의적 문제해결에 의해 창작 작품을 완성하게 되는 것이다.

3. 아동미술교육의 실제

1) 아동 그림의 특징

(1) 난화적 표현(18개월~4세경)

아무런 의도성이나 목적 없이 선으로 마구 그린 그림을 난화라고 하며 벽, 방바닥, 종이 등 어디에나 그리기 시작한다. 이러한 난화는 그리고 싶은 욕구 그 자체가 흥미가 되어 마구 그리게 되는 것으로 신체적 욕구에 의한 본능적 움직임에 따라 표현된다. 난화는 표현 능력을 발달시키는 하나의 과정으로 보아야 하므로 유아가 언제든 즐겁게 그릴 수 있도록 바탕을 마련해 주고 긍정적인 관심으로 격려해 주어야 한다.

(2) 원의 표현(4~5세)

무질서한 난화와 조절된 난화를 지나 회전을 주로 하는 운동을 거치면서 점차 원을 그리게 된다. 이러한 원을 동심원이라고 하는데 이는 사람의 얼굴을 그리고자 하는 잠재적 표현이라 할 수 있다. 이러한 동심원은 점차 얼굴을 그리려는 의지로 발전되어 간다.

회전을 주로 그린 그림

(3) 두족인 표현(5~6세)

아동의 초기 인물 그림은 몸이 없이 큰 얼굴에서 직접 팔과 다리가 나오는 형태로 표현한다. 이를 두족인 또는 태양과 같다고 해서 태양인이라고 부르며 대부분의 아동은 이런 과정을 거쳐 점차 사실적인 인물표현으로 들어간다.

큰 얼굴에서 팔과 다리가 나옴

(4) 열거식 표현

사물과의 관계 판단이 부족하여 전체의 통일성이나 구성력에 상관없이 관심을 갖고 있거나 자기가 경험한 것 등을 생각하는 대로 하나하나 그려 열거하여 나타낸 것을 말한다. 개별 사물의 표현에는 구체성을 보이지만 공간 구성에는 주관성을 보이는 것이 특징이다.

글자와 숫자 그리고 하트와 사람들을 열거하여 그림

(5) 미분화 표현

미분화는 사람과 사물과의 관계, 사물과 사물과의 관계 판단이 부족하여 여러 갈래로 나누어져 분화가 완전히 되지 않은 상태를 말한다. 아동이 개별적으로는 사물에 대해 잘 인식하나 여러 가지 사물 간의 관계성을 이해하지 못하여 서로 관련짓는 능력이 미숙하거나 구성 능력이 발달하지 못하여 나타난다. 예를 들어, 흐르는 냇물에 고래를 그리거나, 사람보다 작은 코끼리를 타고 간다.

사과나무, 꽃(냇가)/고래(바다)의 표현에서 미분화가 나타나고 있음을 알 수 있다.

(6) 투시적 표현

보이지 않는 물고기를 투시하여 그림

눈에 보이지 않는 곳을 보이는 것처럼 투시하여 그린 것을 말한다. 이를 엑스레이(X-Ray) 화법이라고도 하는데 이는 아동이 보이는 것을 그리기보다는 알고 있는 것을 관념적으로 그린다는 것의 증명이 된다. 예를 들어, 자동차 속의 사람을 그리는데 보이지 않는 다리까지 그린다. 또는 이불을 덮고 자는 사람의 신체를 그린다.

(7) 동시성의 표현

하나의 평면상에 아동이 표현하고자 하는 대상을 아동의 평상시 경험에 의해 지각되고 인지된 것을 동시에 표현한 것을 말한다. 이는 아동이 현재 보고 있는 것을 한 시점에서 하나하나 그려 동시에 표현한 것이 아니라(아동에게 있어 사물 전체를 한 번에 한 시점에서 그리기가 어렵다.) 물체 하나하나를 그릴 때 아동 자신의 시각을 이동해서 평상시 본 현상에서 그리기 쉬운 방향이나 지각되고 인지된 것을 동시에 표현한 것이다.

동시성의 표현

동시성의 표현 ➡ 한 시점에서의 표현

(8) 기저선의 표현

자기 방식의 표현이 생기는 도식기부터는 기저선을 긋고 하늘과 땅이라는 공간을 구분하게 된다. 땅 위에는 집, 나무, 사람, 꽃 등 땅에서 볼 수 있는 사물을 그리고 하늘에는 구름, 태양, 새, 비행기 등 하늘에서 볼 수 있는 사물을 그린다. 이와 같은 공간의 구분을 기저선이라고 한다.

이렇게 그려진 기저선은 사물들과 공간의 관계성을 인식하여 공간에 대한 개념이 생겼다는 것을 말하며 최초의 공간 도식화라고 할 수 있다.

기저선에는 꽃과 나무, 차들이 있고 하늘에는 새와 구름이 있다.

(9) 연속성의 표현

동화나 애니메이션(animation)처럼 이야기의 연속성을 시간의 흐름으로 한 장의 화지에 동시에 표현하는 것을 말한다.

놀이기구를 타기 위해 기다리는 아동에서 나와 친구들이 있고, 놀이기구를 타는 아동에서도 나와 친구들이 있다.

예 있었던 일: 아동은 할머니 댁에서 강아지와 신나게 놀다가 어두워지자 가족이랑 차를 타고 집으로 돌아왔다.
- 그려진 그림: 그림의 아랫부분에 아동이랑 강아지가 노는 그림을 그리고 윗부분에 아동이랑 가족이 차를 타고 집으로 돌아가는 그림을 그렸다.

(10) 자기중심적 표현

자기중심적 표현에는 그림의 주제를 자기중심적으로만 표현하는 것과 그림의 표현에서 자신의 감정대로 과장하여 주관적으로 표현하는 것 두 가지로 나누어 볼 수 있다.

자기를 중심으로 그림을 그렸다.

첫째, 어떤 그림을 그리더라도 그림의 주제가 자신과 밀접한 관계를 맺으며 자기를 중심으로 그리려는 특성이 나타나는 것을 말한다. 그림 속에 '나'를 표현해야 욕구가 충족되며 이러한 욕구가 충족되면서 점차 타인으로 표현방향을 바꾸게 된다. 이는 자기 자신에 대해 충분히 안 다음에 다른 사람에 대해 관심을 가지는 것과 같다.

둘째, 아동이 그림을 그릴 때 객관적 시각의 사실적 표현이나 실제와 유사하게 표현하기보다는 아동의 경험과 상상을 바탕으로 자기 생각이나 감정을 주관적으로 표현한 것을 말한다. 따라서 자신이 중요시 여기거나 중요하다고 생각하는 부분, 심리적으로 가까운 부분은 크게 또는 특징 있는 묘사로서 표현하나 자신에게 관심이 없거나 필요성을 못 느끼는 부분은 작게 또는 생략하여 자신의 심리적 정서를 표현한다. 이것은 곧 대상의 크고 작음 등의 실제 특징과 상징의 객관적 표현, 원근 등의 사실성을 무시하는 것이 되어 자기중심적 표현이 된다.

씨름을 하는 중요한 사람을 과장하여 특징 있는 묘사로서 표현하였다.

2) 아동미술의 그리기 발달단계

아동화의 발달 연구는 여러 학자에 의해서 연구되었으며 학자마다 견해가 다르다. 대표적인 학자로는 로웬펠드(Lowenfeld)와 리드(Read), 켈로그(Kellogg), 김정 등이 있는데 이들의 연구내용은 다음과 같다.

구분	내용
로웬펠드(Lowenfeld)의 그리기 발달단계	난화기 → 전도식기 → 도식기 → 유희기(또래집단기) → 의사실기 → 결정기(사춘기) → 청소년기
리드(Read)의 그리기 발달단계	낙서 시기 → 묘사적 상징주의 → 묘사적 사실주의 → 시각적 사실주의 → 억압 시기 → 예술적 부활 시기
켈로그(Kellogg)의 그리기 발달단계	초보적 낙서 시기 → 도식 및 연합 시기 → 집합 시기 → 태양형 만다라 시기 → 인물형태 시기 → 인물과 태양형 결합 시기 → 두족적 형태 표시 시기 → 팔 없는 인물 표시 시기 → 몸통 부착 인물 시기 → 초보적 수준의 인물 시기 → 안전한 인물표현
김정의 그리기 발달단계	신생아기 → 난화기 → 전도식기 → 도식기 → 여명기 → 의사실기 → 사춘기

이미온(2010). 아동미술교육.

이들의 연구를 종합해서 본다면 다음과 같이 세 가지 단계로 분류할 수 있다. 첫째 단계는 아동들이 마음대로 탐색하면서 재료를 다루는 단계, 둘째 단계는 상징적 단계, 셋째 단계는 자신의 작품에 대해서 비평적이며 자아의식을 가지는 단계이다(이소은 · 권기남, 2011).

(1) 아동들이 마음대로 탐색하면서 재료를 다루는 단계(생후 18개월~4세)

유아가 무질서하게 선으로 마구 그리다가 자신이 그린 그림에 이름을 붙이기까지(네모나 동그라미에 가까운 형태를 그려 놓고 '아빠 차'라고 말을 하면서 이름을 붙인다) 난화의 형태로 그림을 그린다. 이러한 난화적 표현에 유아는 흥미를 느끼고 즐거움을 얻게 되는 것이다.이때 유아는 다양한 감각과 운동에 의한 행동으로 물체와 재료를 탐색하면서 지각된 자신의 여러 경험을 받아들여 자기 것으로 만든다.

(2) 상징적 단계(5~11세)

아동미술에서의 상징은 '무엇을 나타내는 것'으로 엄마를 그렸으면 엄마를 상징한 것이고 농촌풍경을 그렸으면 농촌풍경을 상징한 것이다. 이러한 상징활동은 자신의 마음속에 어떤 형상을 지각하고 유지하며 조직화하여 실제화할 수 있는 인지적 능력을 갖추어야만 가능하다. 따라서 이 시기 아동은 자신이 지각한 내용이나 마음에 그릴 수 있는 이미지를 그림으로 표현하면서 분명한 상징을 경험하게 된다. 결국 아동의 미술활동은 자신의 생활에서 경험한 것을 시각적인 상징형태로 표현하고자 하는 것으로서 이시기는 이러한 상징활동이 가장 왕성하여 아동은 마음속 생각을 자연스럽게 상징으로 표현하려 하며 언제든지 표현하고자 하는 욕구로 나타난다. 아동 자신의 자율성과 창의성으로 표현된 상징활동에서 오는 만족감은 정서안정과 자신감을 향상시켜 아동의 전인발달과 함께 자아를 성장하게 한다.

(3) 자신의 작품에 대해서 비평적이며 자아의식을 가지는 단계(11세 이후)

추상적으로 생각하고 문제해결에 필요한 조합적 추리까지 생각할 수 있을 정도로 지적 사고의 수준이 높아짐에 따라 다른 사람들의 작품을 감상하고 평가할 수 있을 뿐만 아니라 자기 작품에 대해서도 비평하는 자아의식을 가지게 된다. 따라서 이 단계는 객관적인 사물을 실제와 같게 그리는 사실적 표현에 관심을 가지면서도 어떻게 표현하였는지에 대한 심미적인 부분도 이해하고자 노력한다.

각 연구자에 따라 연구내용의 특징은 조금씩 다르지만 상호 관계적 맥락은 소통되므로 발달단계별 내용은 가장 많이 알려진 로웬펠드가 제시한 내용으로 살펴보고자 한다. 로웬펠드는 『창의성과 정신적인 성장(*Creative and Mental Growth*, 1952)』에서 아동미술 발달을 다음과 같이 제시하였다(이소은 · 권기남, 2011).

(1) 난화기: 선을 마구 그으면서 즐기는 시기(2~4세)

난화기란 의도를 가져 무엇을 그린다기보다는 팔의 움직임에 따른 흔적에 흥미를 느끼게 되어 아무런 목적 없이 선을 마구 그으면서 즐기는 시기를 말한다. 난화 초기에는 자신의 의지와는 상관없이 움직여 지그재그의 무질서한 선들의 모양을 마구 그린 난화의 형태를 보인다. 그러다 점차 활발한 감각 운동으로 인해 가로와 세로에 가까운 선들이 나타나고 그림이 조금씩 복잡해지면서 곡선의 형태가 나타나며 점차 크고 작은 원들을 연속으로 그리게 되는 순서로 발달하게 되는데 이를 조절된 난화라 한다. 그러다 무의식적 접근이 점차 의식적 접근으로 이어져 자기가 그린 조절된 난화에 자신이 아는 개념으로 이름을 붙이기 시작하여 이를 이름 붙이는 난화라 한다.

난화를 성인의 시각에서 바라보면 특정한 형태나 상징을 표현한 것이 아니어서 무의미한 선을 마구 그어대는 낙서라고 볼 수 있지만, 유아들이 혼자 힘으로 세상을 헤쳐 나갈 수 있는 능력과 그 능력을 환경에 맞춰 발전시켜 나가는 적응력을 갖추게 되는 것처럼 난화를 그리면서 나타나는 신체활동과 언어활동은 자신의 표현 능력을 발달시켜 혼자 힘으로 세상을 헤쳐 나가 환경에 맞게 발전시켜 나가는 과정인 것이다.

난화기는 2~4세경에 해당하는 시기로 이 시기는 마구 그리는 초기 난화기, 조절된 중기 난화기, 이름 붙이는 후기 난화기의 세 단계로 나누어진다.

명칭	의미	시기	특징	사례
초기난화기	마구 그린 난화기 무질서한 난화기	생후 18개월에서 2세 또는 2세 중반	- 팔의 움직임과 같은 신체 활동을 통해 표현되는 시기 - 팔의 움직임대로 난화의 모양이 결정되는데 이때 생긴 지그재그의 무질서한 선들의 흔적을 보고 기뻐한다. - 이 시기는 방바닥, 벽, 종이와 같은 아무 곳에나 신체운동의 결과로써 무질서한 난화를 그린다.	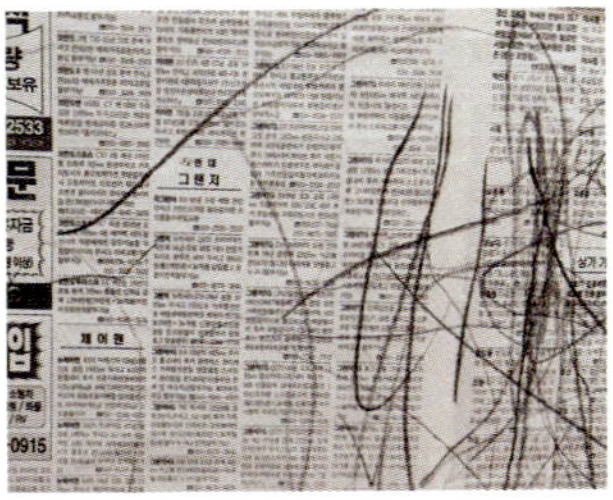
중기난화기	조절화된 난화기	2세 중반에서 3세 후반	- 신체활동과 그려진 난화 사이에 관련이 있음을 인식하여 신체 조절을 하는 시기이다. - 점차 시각과 근육 활동 간의 협응력이 생기면서 팔의 움직임을 조절하여 가로, 세로 형태에 가까운 선을 표현하다가 곡선의 형태도 나타나며 점차 크고 작은 원들을 연속적으로 그리게 된다. - 벽이나 바닥에 낙서하더라도 제재하는 것보다 언제든 그릴 수 있도록 환경을 마련해 주고 긍정적 관심으로 격려해 주는 것이 중요하다.	
말기난화기	이름 붙이는 난화기	3세 후반에서 4세	- 자신이 그려 놓은 난화에 이름을 붙이기 시작하여 그림을 통한 최초의 상징이 나타난다. - 아직 표현 능력이 부족하여 아동의 말과 비슷한 그림을 찾기는 힘들다. - 교사는 아동이 자신의 그림에 대해 말할 수 있도록 관심을 가지고 그 말을 들어 주고 공감하며 그 생각을 칭찬하여 만족감과 자신감을 주어야 한다. 아동이 그린 그림에 보충하여 그리거나 수정하는 것은 도움이 되지 않는다.	

(2) 전도식기: 자기가 아는 것을 그리는 시기(4~7세)

뇌와 눈, 손의 협응력이 발달되어 가면서 이제 무의식적 표현과정에서 벗어나 완전히 의식적이고 의도적인 그림을 그리기 시작하는 시기로서 그림을 그리기 전에 무엇을 그릴지 생각하고 각자 자신만의 주관에 의한 도식적 표현을 하게 된다. 이 시기 상징에 의한 창작활동은 아동의 의사소통이 되어 전인발달을 이루며 아동의 자아를 성장하는 데 기여하게 된다.

① 이 시기 아동들은 아는 것을 그리는데 자신이 관심과 흥미를 가지고 있는 것을 주로 그린다. 남자 아동들은 로봇, 공룡, 자동차, 배, 비행기 등 속도감 있게 움직이는 것에 관심을 가지며 여자 아동들은 아름답고 아기자기한 것에 관심을 가진다.

② 난화기에서 넘어온 4세경에는 아동이 자신이 그린 그림에 대해 이름을 붙이나 확실한 형태를 분간할 수 없으며, 5세경에는 모든 어린이에게서 공통적으로 나타나는 두족인을 그리다가 점차 세부적인 묘사와 표현을 하게 된다.

③ 자기중심적 표현으로 관심이 있는 것은 크게 그리며 정성들여 특징 있게 묘사하지만 그렇지 못한 부분은 생략하거나 작게 그려 왜곡하기도 한다.

④ 실제적인 특성이나 표현한 대상의 사실성 여부와는 관계없이 자신이 지각하여 아는 것을 상징하여 그리며 색칠할 때도 실제적인 색상보다는 자신의 감정을 더 중요하게 생각하는 주관적인 색으로 칠하게 된다. 따라서 그려진 그림을 통해 아동의 생각이나 심리적 상태, 인지적 발달정도와 정서적 특징 등 아동의 내면을 들여다볼 수 있게 된다.

⑤ 스스로 자신의 생각을 표현하고자 하는 의욕이 왕성하여 표현 그 자체에 즐거움을 가지는 시기이다. 그러나 자기중심적이고 객관성이 부족하여 미분화된 현상이 나타나며 열거식 표현이나 동시적 표현, 자기중심적 표현 등이 나타나며 아동의 발달에 따라 개인차가 크다.

(3) 도식기: 자기만의 표현방식이 생기는 시기(7~9세)

사물과 환경에 대한 지각과 인지 능력이 발달되어 다양한 개념이 형성되는 시기로서 이러한 개념에 의해 자신만의 일정한 표현도식을 형성하여 독자적인 표현방식으로 나타난다. 이러한 표현도식은 아동이 대상을 수없이 반복하여 그려 가는 동안에 어떤 일정 수준의 연령에 도달하면서 자신도 의식하지 못하는 가운데 자연스럽게 이루어지게 되는 것(이미옥, 2011)으로 이렇게 형성된 표현도식을 아동은 반복적으로 표현하게 된다. 예를 들어 머리를 묶은 긴 머리의 여자 아동을 그렸다면 그 형태는 오늘 그림이나 다음 그림이나 모두 같다.

도식기 아동의 그림

이러한 도식은 아동의 성격이나 기질, 사물에 대해 형성된 개념에 따라 다르게 나타나지만, 아동만의 특별한 경험은 주관적인 표현도식으로 나타나 아동의 심리 상태를 진단하는 데 유용하게 활용된다. 예를 들어 전체 형태에서 필요 이상으로 손을 크게 그린다면 손과 관련된 좋지 않은 경험으로 자신의 무력감을 극복하고 싶다는 뜻이 될 수 있다.

① 그림을 그릴 땐 아동의 경험에 의해 지각되어 인지된 부분이 반영되어 중요한 것은 크게 또는 과장하여 그리거나 위 또는 가운데 그리며 중요하지 않거나 필요하지 않은 것은 축소 또는 생략하거나 아래 또는 마지막에 그리기도 하여 주관적인 인물과 공간개념을 표현한다. 예를 들어 가족을 그릴 때 자신이 좋아하는 엄마는 제일 먼저 그리고 크게 그리며 자신에게 관심이 없는 아빠는 자기와 멀리 떨어진 곳에 작게 그리거나 그리지 않는다.

② 최초의 공간개념으로서 땅과 하늘을 구별하는 기저선(base line)이 나타난다. 이것은 공간관계에 대한 질서를 인식하고 있다는 것이 되어 기저선에는 땅의 사물(사람, 집, 나무 등)을 그리고 기저선 위쪽에는 하늘에 있는 것

(새, 구름, 해 등)을 그린다. 이러한 기저선은 2개로 나타나기도 하지만 표현하지 않은 채 기저선과 같이 공간을 구별하는 경우도 있다.

③ 형태에 대한 개념적 도식뿐만 아니라 색채에 대한 개념적 도식도 나타나 물은 파란색, 나무는 갈색, 나뭇잎과 숲은 초록색으로 표현한다.

따라서 이 시기 아동들은 개념화된 도식적 형태와 색채표현으로 사물을 표현하며, 주관적 인물구성으로 특정한 의미를 나타내며, 주관적 공간 구성으로 공간개념을 표현한다.

(4) 또래집단기: 사실적 표현에 관심을 가지는 시기(9~11세)

다른 사람과의 관계를 형성하고 주변 세계에 대한 인식의 범위가 넓혀지면서 이 시기 아동들은 또래들과 어울리고 또래집단에 소속되고 싶어 하며 또래집단의 의사를 존중하면서 도식에서 벗어나 사물을 보다 객관적이고 실제적으로 표현하려 한다. 이는 사실적 표현이 이루어지는 최초단계이다.

① 사물을 보다 적극적으로 탐색하고 사고함으로써 점차 개념화되어 나타나는 도식적 표현은 사라지고 주관적인 표현보다는 객관적인 표현을 하려고 노력하면서 자연스럽게 사실적 표현으로 나타나게 된다.

	도식기	또래집단기
형태 표현	자신만의 일정한 개념적 표현도식으로 독자적인 표현방법이 나타난다.	사물을 보다 객관적이고 실제적으로 표현하여 사실적 표현이 나타난다.
공간 표현	자기중심적인 주관적 공간개념과 기저선으로 표현한다. - 주관적 공간개념: 중요한 부분은 크게 또는 과장하여 표현하는 것 - 기저선: 땅과 하늘을 구별하는 선	앞의 사물과 뒤의 사물을 겹쳐 그려 공간을 표현하거나 앞에 있는 것은 크게, 멀리 있는 것은 작게 그려 거리감과 위에서 본 모습을 표현한다.
색채 사용	나뭇잎은 초록색, 바다는 파란색과 같이 도식화된 색채를 사용한다.	나뭇잎의 초록색과 바다의 파란석은 더욱 더 다양한 색으로 표현되어져 자신의 정서적 느낌을 반영한다.

② 또래들과 어울리는 그룹 활동에서의 의의가 중요하고 공동 작업에 대한 의욕이 활발한 시기이다. 그러나 또래들과의 비교에 의해 사실적 표현에 자신감을 잃어버린 아동은 미술적 표현에 급격하게 흥미를 잃어버리는 현상이 나타나며 이렇게 흥미를 잃어버린 아동은 점차 미술에 무관심하거나 멀리하는 경향을 보인다.

(5) 의사실기: 사실에 근접한 시기(11~13세)

사실에 근접한 시기로서 사실적 표현을 하려고 애쓰며 객관적으로 관찰하고 묘사하는 데 관심을 두게 되어 사실적 표현의 요소인 입체표현과 원근표현, 물체 간의 비례, 물체의 배경이 나타난다. 또한 작품에 대한 비판력도 증대되어 스스로 감상이나 평가도 할 수 있게 된다.

이 시기의 아동들은 시각형 아동과 비시각형 아동으로 특성을 구분할 수 있다.

	시각형 아동	비시각형 아동
의미	자신이 본 객관적인 사실을 그림 그리는 아동	자신이 느낀 감정을 위주로 그림 그리는 아동
표현방식	보이거나 관찰한 것을 객관적인 사실로 표현하면서 전체적으로 관심을 둔다.	자신의 주관적 정서를 표현하는 데 관심을 두어 중요한 부분은 자세히 크게 표현한다.
공간설정	입체표현과 원근표현, 비례, 배경에 의해 공간을 설정한다.	주관적으로 공간을 설정하고 배경을 무시하기도 한다.
색채	사실에 근거한 환경의 색에 맞추려 한다.	정서적 · 심리적 상황에 따른 색채반영이 나타나기도 한다.
평가기준	아동만의 독특한 분위기는 없어지고 사실적 표현에 작품의 평가기준을 두게 되어 완성된 작품이 중요하게 된다.	주제에 적합하게 창의적으로 자신의 주관적 정서를 잘 나타내었는가를 평가한다.

시각형의 작품

비시각형의 작품

(6) 결정기(사춘기): 창의적인 관심을 가지는 시기(13~17세)

이 시기는 아동도 아니고 성인도 아닌 주변기로서 불만과 좌절에 의해 정서적으로 불안을 보이면서도 자아에 대한 인식 능력과 함께 창의적 사고와 활동에 관심을 가지는 시기여서 환경에 대한 인식 능력이 급격하게 발달하는 시기이다.

미술에서는 사실적 표현뿐만 아니라 입체적 공간 표현까지 더욱 복잡해지고 정교해지는 표현을 하는가 하면 자신의 의사에 따라 대상을 탐구하고 변화시켜 표현하기도 한다. 이 시기에는 사실적 표현에 자신이 있으면 미술활동에 흥미를 갖고 참여하지만, 사실적 표현에 자신이 없으면 미술에 대한 재능이 없는 것으로 단정하여 멀리하게 된다.

3) 다양한 아동미술 지도

더욱 깊이 있는 창의적 창작 작품이 되기 위해서는 다양한 아동미술의 표현방법이나 기법을 이해하고 창작 작업에 임하는 것은 매우 중요하다. 본 저서에서 아동미술이라 함은 로웬펠드(Viktor Lowenfeld, 1903~1960)의 분류에 따른 의사실기(the pseudo naturalistic stage) 이전으로 또래집단기(the gang age)인 10세 정도를 두고 말한다. 따라서 아래 표의 '6. 보고 그리기'는 모방에 해당되기 때문에 주의가 필요해진다. 모방이란 어디까지나 창의성을 나타내기 위한 수단으로서의 모방이지 모방 그 자체가 목적이 되어서는 안 되기 때문이다.

1. 자기의 경험이나 생각으로 그림 그리기	
가. 경험한 것을 그리기	
나. 상상하여 그리기	
다. 자기의 마음 그리기	
라. 음악을 들려주고 그리기	
마. 독서 감상화	
2. 여러 가지 표현기법으로 나타내기	
가. 우연하게 나타나는 효과를 이용한 기법	① 투명 수채물감을 이용한 기법 ② 마블링 ③ 데칼코마니 ④ 그을리기 ⑤ 자동차 바퀴 등에 물감 묻혀 굴리기 ⑥ 색 비눗방울을 떨어뜨려 표현 ⑦ 소금 뿌리기 ⑧ 천연염색 등
나. 그리고자 하는 질감을 이용한 표현	① 사포 위에 그리기 ② 은박지 위에 그리기 ③ 나무 널빤지 위에 그리기 ④ OHP 필름에 그리기 ⑤ 조개껍질에 그리기 ⑥ 페트병에 그리기 등
다. 자연물을 활용한 표현	① 자연물을 붙여서 표현하기 ② 자연물을 이용하여 표현하기 ③ 자연물을 몸에 붙여서 표현하기 ④ 곡식을 붙여서 표현하기 등
라. 다양한 재료를 이용한 표현	① 스크래치 ② 붙여서 표현하기 ③ 사진 몽타주 ④ 반발성 기법 ⑤ 크레파스 가루를 붙여 표현하기 ⑥ 콜라주 등

3. 자기의 경험이나 생각으로 그림 그리기+여러 가지 표현기법으로 나타내기	
① 스크래치 응용	② 그을리기 응용
③ 색 물감 스프레이로 뿌리기 응용	④ 바탕의 질감 응용
⑤ 물감 찍기 응용	⑥ 물감 번지기 응용
⑦ 우연의 효과와 나비	⑧ 물감 흘리기 응용
4. 자기의 느낌이나 생각을 입체작품으로 만들기	
가. 재활용품을 이용하여 만들기	
나. 다양한 재료를 활용하여 만들기	① 석고로 손 본뜨기 ② 모빌 만들기 ③ 자연물을 이용하여 만들기 ④ 상징물과 비슷한 재료로 만들기 ⑤ 컬러믹스로 만들기 ⑥ 종이죽으로 만들기 ⑦ 찰흙으로 만들기 등
5. 응용미술	
가. 색채 구성	① 따뜻한 색과 차가운 색의 표현 ② 색상환에 따른 배치 등
나. 포스터	
다. 아름다운 무늬나 전통 무늬 꾸미기	① 십장생도 ② 분청사기 문양 등
라. 디자인	① 글자 디자인 ② 상품 디자인 등
6. 보고 그리기	
가. 크로키	
나. 스케치	
다. 소묘	
라. 정밀묘사	
마. 인물화	
바. 정물화	
사. 풍경화	

(1) 자기의 경험이나 생각으로 그림 그리기

가. 경험한 것을 그리기(경험화)

그림을 그리는 아동이 실제로 해 보았거나 겪어 본 것 중에서 생각나는 것, 인상 깊었던 것을 그림으로 나타낸 것을 말한다.

동물원 풍경

나. 상상하여 그리기(상상화)

우주 과학상상화

직접 가 보거나 경험할 수가 없으면 오로지 상상으로만 어떠한 것을 생각할 수밖에 없는데 이러한 상상의 세계를 그림으로 나타낸 것을 말한다.

아동이 상상화를 그리기 힘들어할 때는 보다 구체적인 탐색을 할 수 있도록 교사의 능력 있는 지도가 필요하다.

예를 들어, 과학 상상화를 그리고자 하는 아동에게 "미래에 과학이 발달하면 어떻게 변화될 것 같니? 상상해서 그려 보자"라고 하며 넓은 범위로 제시하는 것보다 "미래에는 과학의 발달로 어떻게 변화될 것 같니? 우주는 어떻게 될까(우주과학)? 바닷속은(해저과학)? 또 우리의 생활은 어떻게 바뀔 것 같니? 로봇의 역할은(생활

과학)?'과 같이 내용별로 매듭화하여 구체적 탐색을 하는 것이다.

다. 자기의 마음 그리기(심상화)

아동에게 감정의 변화를 일으킬 어떤 이야기를 들려주었을 때 그 감정을 표현하거나, 현재 자기 자신의 마음상태를(기쁨, 화냄, 사랑, 미움) 그림으로 그린 것을 말한다.

기쁨을 표현

사람을 그리는 것과 같이 형상을 그려 표현할 수도 있지만, 형상 없이 다양한 기법적 효과로 표현할 수도 있다.

라. 음악을 들려주고 그리기(음악 감상화)

아동에게 음악을 들려주고 그 생각이나 느낌을 그림으로 그리거나 형상 없는 기법적 효과로 표현한 것을 말한다.

빠른 음악을 듣고

- 음악을 들려주는 활동 곡 선정 원리
  ① 다양한 소재의 곡 선정: 다양한 장르, 다양한 연주방법의 곡
  ② 리듬감 있는 곡 선정: 리듬과 빠르기가 다양하여 움직임의 특징이 잘 표현된 곡
  ③ 상상력을 자극하는 곡 선정: 동화 이야기와 관련되거나 상상을 자극하는 곡

마. 독서 감상화

책을 읽고 난 후 느낀 점을 그리거나 자기 마음속에 떠오르는 생각을 상상하면서 그린 그림을 말한다. 중요한 것은 순수한 자기의 생각을 자신 있게 표현하는 것이다.

'호랑이 형님' 전래동화를 읽고

(2) 여러 가지 표현기법으로 나타내기

그림을 그리지 말고 재미있는 미술놀이로 놀아보자. 주변에 있는 여러 재료를 이용하여 다양하게 표현하여 보자. 이는 분명 손으로 그린 그림과는 또 다른 흥미와 즐거움이 가득한 미술작업이 될 것이다. 다양한 기법으로 마음껏 발산하다 보면 의도하지 않은 아름다운 색이나 무늬, 형태 등의 우연의 효과로 창작활동의 깊이와 흥미를 더하게 되며 미술재료에 대한 고정관념에서 벗어나 다양한 재료로 마음껏 즐기다 보면 그 재료가 지닌 조형적, 표현적 특성들에 의해 보다 흥미로우면서도 재미있는 창의적 표현을 하게 된다. 따라서 창의적 표현의 다양화를 위해서는 새로운 표현방법과 표현기법을 연구하고 창출해 나가야 할 것이다.

가. 우연하게 나타나는 효과를 이용한 기법

① 투명 수채물감을 이용한 기법

물을 섞어 사용하는 수채물감의 특성상 물의 양 조절과 사용하는 도구, 화지의 종류에 따라 다양한 기법을 활용할 수 있다.

물감 불기

물감을 떨어뜨린 후 빨대로 불어서 표현한다.

물감 번지기

화지에 물을 먼저 칠하거나 물감을 옅게 하여 칠한 뒤 마르지 않은 상태에서 다시 물감을 칠하여 번지게 한다.

물감 찍기

물감을 붓이나 휴지, 작은 스펀지 등에 묻혀 화지 위에 찍어서 표현한다.

물감 손으로 표현

물감의 특성을 이용하여 손가락으로 그리거나 손바닥으로 찍어서 마음껏 표현한다.

② 마블링

물과 기름이 서로 섞이지 않는 성질을 이용한 것으로 물 위에 유성 물감을 떨어뜨리면 유성 물감이 물 위에 떠올라 주위의 흔들림에 따라 조금씩 변화해 가는데 이때 생기는 아름다운 무늬를 어느 한 순간에 종이 위에 흡착시키는 방법이다.

③ 데칼코마니

한 장의 화지에서 반을 나누어 한쪽 면에 물감이 마르지 않게 촉촉하도록 칠하고 그 종이를 반으로 접은 뒤 그 위를 눌러 문지르면서 표현한다.

본 작업은 크레파스 가루를 한쪽 면에 떨어뜨린 후 종이를 반으로 접어 다리미로 다려서 표현하였다.

④ 그을리기

촛불 위에 화지를 올려놓고 연기로 써 그을리게 하면 화지 위에 농담(濃淡: 짙고 옅은 것)과 재미있는 형체가 나타나는데 여기에 변화를 준 것이다.

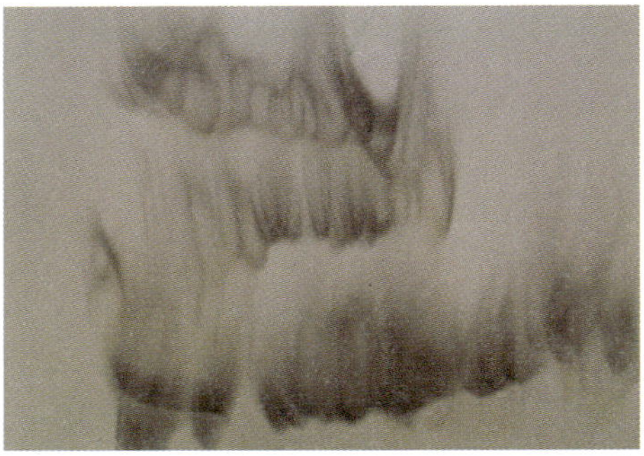

⑤ 자동차 바퀴나 탁구공 등에 물감 묻혀 굴리기

장난감 자동차의 바퀴나 탁구공 등에 물감을 묻혀서 마음껏 굴려 그 자국에서 나타나는 효과를 작품화한다.

⑥ 색 비눗방울을 떨어뜨려 표현

물이 반쯤 담긴 컵에다 그릇 닦는 세제(퐁퐁)와 수채물감을 짜서 혼합한 후 빨대로 불어 비눗방울을 크게 만든다. 만든 비눗방울을 화지 위에 떨어뜨린 후 그대로 두면 비눗방울은 터지고 그 자국만 남는데 그것을 작품화한다.

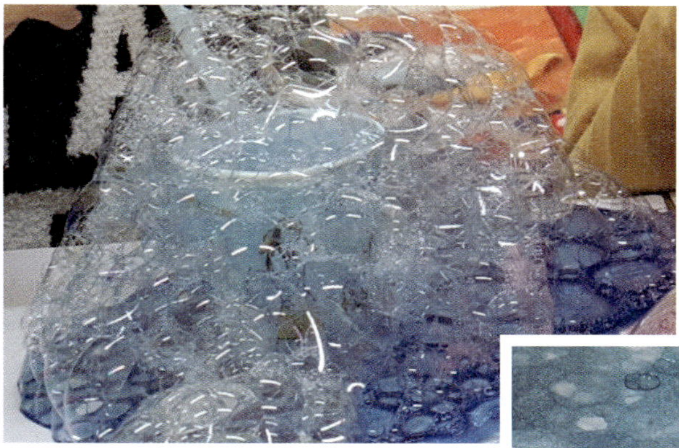

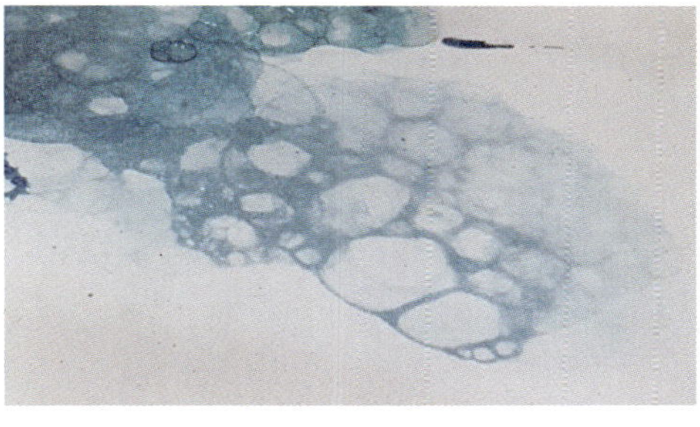

⑦ 소금 뿌리기

먼저 칠한 물감이 마르지 않은 상태에서 굵은 소금을 뿌린다. 어느 정도 시간이지나면 소금이 녹으면서 색을 밀어내어 그 자리에 예쁜 모양이 생기는데 그것을 작품화한다.

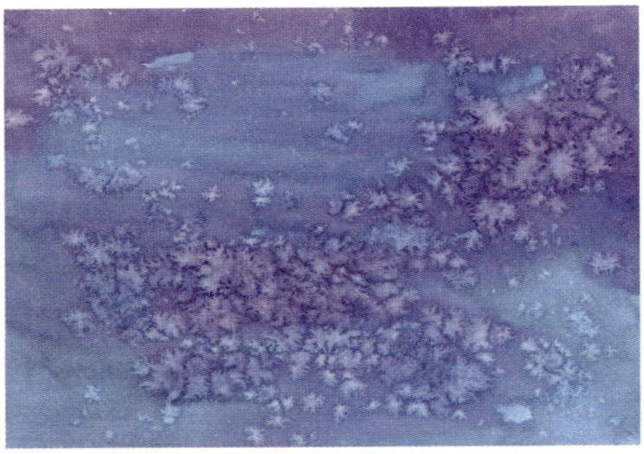

⑧ 천연염색

꽃잎, 식물의 줄기, 과일껍질 등의 자연재료를 이용하여 염색하는 것을 천연염색이라 한다.

- 염색할 재료를 선택한 후(사진의 사례에서는 꽃과 포도껍질 사용) 끓일 수 있는 도구(냄비)에 넣는다.
- 냄비에 매염제인 명반과 물을 조금 부어 끓여서 염색할 액을 만든다.
  (매염제: 섬유에 염색액을 붙이는 역할과 염색액이 섬유로부터 떨어지지 않게 하는 역할을 한다.)
- 염색할 것을 고무줄로 묶는 등 여러 방법으로 염색액에 담갔다가 들어내 물기를 짠 후 고무줄을 제거하고 말린다.

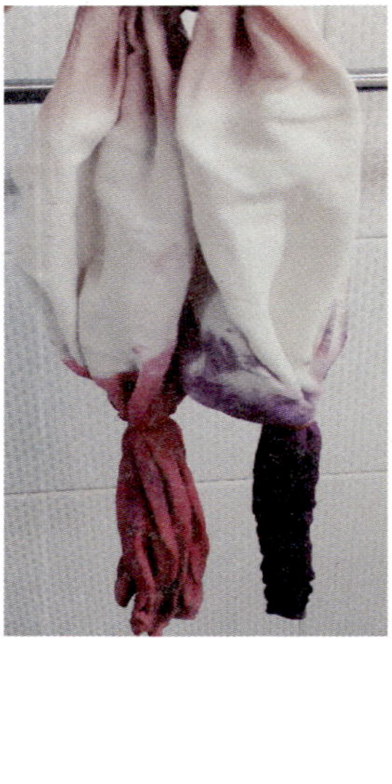

나. 그리고자 하는 질감을 이용한 표현

① 사포 위에 그리기

사포라는 거친 질감 위에 크레파스로 그림을 그린다. 본 작품은 사포 위에 크레파스로 그림을 그린 후 면봉에 식용유를 묻혀서 꽃과 잎에 바르고 크레파스 가루를 꽃과 잎에 뿌려 주었다.

② 은박지 위에 그리기

매직과 네임펜, 색 사인펜 등으로 매끄러운 은박지라는 재질을 이용하여 그림을 그린다.

③ 나무 널빤지 위에 그리기

나무의 질감을 이용하여 그린 그림으로 발색효과가 뛰어나 그림이 선명하게 보인다.

④ OHP 필름에 그리기

일반 비닐과는 다른 OHP 필름은 열처리를 거쳐 더욱 투명하고 섬세해져서 사인펜이나 네임펜, 매직 등으로 그림을 그리면 그 느낌이 선명하면서도 아름답게 발색이 된다. 또한 그림을 공중에다 매달면 그림 외 여백은 투명하게 보여 그 느낌이 신비롭고도 재미있다.

⑤ 조개껍데기에 그리기

조개껍데기에 도드라진 결이 있어 그림을 그리고 색칠하기에는 힘겨움이 있어도 뛰어난 발색효과에 의해 눈에 선명하게 들어오는 색상과 조개라는 형상, 껍질의 무늬 등의 조화는 작품을 더욱 흥미롭게 만든다.

⑥ 페트병에 그리기

매끄러운 페트병에 아크릴 물감이나 포스터컬러 물감, 매직 등으로 칠하여 야외나 실내를 꾸미면 형상과 색상이 함께 어우러져 재미있는 작품이 된다(야외에 전시하려면 물에 지워지지 않는 아크릴 물감이나 유성매직 등이 효과적이다).

다. 자연물을 활용한 표현

① 자연물을 붙여서 표현하기

다양한 자연물을 채취하여 화지 위에 붙이고 그 붙인 자연물과 어울리게 그림을 그려 표현한다.

② 자연물을 이용하여 표현하기

자연에 있는 여러 가지 자연물(주로 풀, 꽃 등)을 채취하여 책갈피에 가지런히 넣어 3일 정도 말린 후 이를 화지 위에 붙인다. 붙인 자연물과 함께 어울리는 그림을 그리고 색칠하여 표현한다.

③ 자연물을 몸에 붙여서 표현하기

가까운 야외에 나가 주운 자연물을 재미있게 몸에 붙여 표현한다.

④ 곡식을 붙여서 표현하기

쌀, 콩, 팥, 조, 땅콩, 씨앗 등 각종 곡식을 붙여서 표현한다.

라. 다양한 재료를 이용한 표현

① 스크래치

아름다운 색상의 크레파스를 여러 번 반복하여 칠한 다음 그 위에 검은 색에 가까운 짙은 색을 겹쳐 칠한 후 뾰족한 도구로 긁어서 표현한 것을 말한다. 이때, 긁힌 자리에는 먼저 칠한 아름다운 색상이 나타나게 된다.

② 붙여서 표현하기

신문지나 잡지 모래와 같이 주변에서 볼 수 있는 여러 물체를 필요에 따라 유용하게 붙여서 표현한 것을 말한다.

③ 사진 몽타주

그림과 사진, 사진과 사진을 결합해서 나타내거나 사진을 붙인 후 그 사진에 어울리게 그림을 그린 것을 말한다.

④ 반발성 기법

양초나 흰색에 가까운 밝은색의 크레파스 등 유성물질로 먼저 그림을 그린 후 수성인 수채물감으로 바탕을 색칠한다. 이때 나타나는 반발의 효과를 이용한 것으로 눈에 잘 보이지 않던 유성물질로 그린 그림이 수성 물감을 칠함으로 인해 선명하게 드러나게 된다.

⑤ 크레파스 가루를 붙여 표현하기

화지에 밑그림을 그린 후 사용하다 남은 몽당 크레파스를 가루로 만든다. 밑그림에 풀칠한 후 서로 어울리게 색상별로 크레파스 가루를 붙여 나가면서 완성한다.

⑥ 콜라주

콜라주(collage)는 프랑스 어원으로서 '풀로 붙이다'라는 뜻으로 화지에 사진이나, 천, 나뭇잎 등 여러 물건을 붙여 구성하는 기법을 말한다.

잡지의 사진을 주제에 맞게 오려서 풀로 붙여 표현하였다.

헝겊을 바탕으로 하여 그 위에 모아 둔 각종 단추를 붙여서 표현하였다.

(3) 자기의 경험이나 생각으로 그림 그리기+여러 가지 표현기법으로 나타내기

앞서 살펴본 (1)번의 그리기 활동과 (2)번의 표현기법은 하나의 미술영역으로서 존재하나 이러한 두 기법을 혼합하여 표현하면 또 다른 느낌의 뛰어난 창작 작품이 될 수 있다.

가. 스크래치 응용

불꽃놀이를 스크래치로 표현하고 사람을 물감으로 색칠하였다.

나. 그을리기 응용

촛불로 그을리기 한 후에 의미 있는 형상을 그려 오려 붙였다.

다. 색 물감 스프레이로 뿌리기 응용

분무기 통에 물감을 짜서 물과 혼합한 뒤 분사하여 그 위에 그림을 그리고 색 종이를 붙여 표현하였다.

라. 바탕의 질감 응용

그리고자 하는 그림과 관련된 기사의 신문지를 화지에 붙이고 난 뒤 탈춤에 대한 밑그림을 그렸다. 물감으로 옅게 바탕칠을 한 후 밑그림에 짙게 색칠하여 표현하였다.

마. 물감 찍기 응용

물감을 솜이나 휴지로 찍어서 바닷속을 표현한 후 그 위에 바다생물을 그리고 색칠하였다.

바. 물감 번지기 응용

물로 바탕칠을 한 다음 마르지 않은 상태에서 물감을 떨어뜨려 아름답게 번지게 한 후 그와 어울리게 그림을 그렸다.

사. 우연의 효과와 오려 붙이기

번지기 효과를 이용하여 하늘을 표현한 후 풀을 그리고 데칼코마니 기법으로 표현한 나비를 오려 붙였다.

아. 물감 흘리기 응용

다양한 색상으로 물감 흘리기를 하여 비를 표현한 후 우산을 마블링 기법으로 표현하여 오려 붙였다.

(4) 자기의 느낌이나 생각을 입체작품으로 만들기

가. 재활용품을 이용하여 만들기

버려지는 재활용품을 이용하여 작품을 만들면 다음과 같은 교육적 효과가 있다. 첫째, 환경오염의 문제를 일으키는 재활용품을 활용함으로써 버리면 쓰레기가 되지만 활용하면 유용한 자원이 될 수 있다는 새로운 가치를 배운다. 둘째, 쓸모없다고 생각한 폐품을 사용하여 작품으로 새롭게 만들어 내는 것은 새로운 시각에서 바라볼 수 있는 창의력을 길러 준다. 셋째, 다양한 재활용품을 활용함으로써 재료지배 능력과 선택 능력, 문제해결 능력이 향상된다.

① 미니로봇

일회용 투명 페트컵 뚜껑에 불이 들어오는 느낌의 무늬를 그리고 빨대를 붙였다. 작고 둥근 물체에 색종이를 붙여 몸으로 표현하고 이 둥근 물체가 넘어지지 않도록 투명 컵 안에 넣고 그 주변을 꾸며 완성하였다.

② 로켓

작은 커피통과 유산균 음료수통 등을 조합하여 글루건으로 붙이고 색 테이프를 이용하여 로켓의 외형을 꾸미면서 붙인 부분을 더 단단히 하였다. 색종이를 로켓의 꽁무니에 잘라 붙여 날아가는 로켓으로 표현하였다.

③ 어항 속 풍경

버리려는 투명 어항에다 색종이와 컬러믹스, 빨대를 이용하여 물고기나 불가사리, 해마 등의 수생생물을 만들고 꾸며 어항 속 풍경을 아기자기하게 표현하였다.

④ 출발

은박지와 스티로폼 공으로 이용하여 달리는 사람을 만들었다.

⑤ 깃대를 든 사람

다양한 재활용품을 조합하여 붙이고 긴 빨대를 이어 붙여 깃대를 든 사람을 만들었다.

⑥ 책장

상품박스 안에 제품을 보호하기 위해 만들어진 나무 갑으로 책장을 만들고 문을 크기에 맞게 재단하여 오려 붙인 후 부족한 부분을 보충 작업하여 만들었다.

⑦ 알까기 게임기

알(병뚜껑)을 튕기면서 놀 수 있는 알까기 게임기를 두꺼운 상자와 여러 재활용품을 이용하여 흥미로운 조형작품이 되도록 하였다.

⑧ 레이저 총

요구르트병 큰 것과 작은 것, 종이컵, 휴지 심, 투명테이프 심 등을 조합한 후 색 테이프로 붙여 재미있게 놀이에 활용할 수 있는 레이저 총을 만들었다.

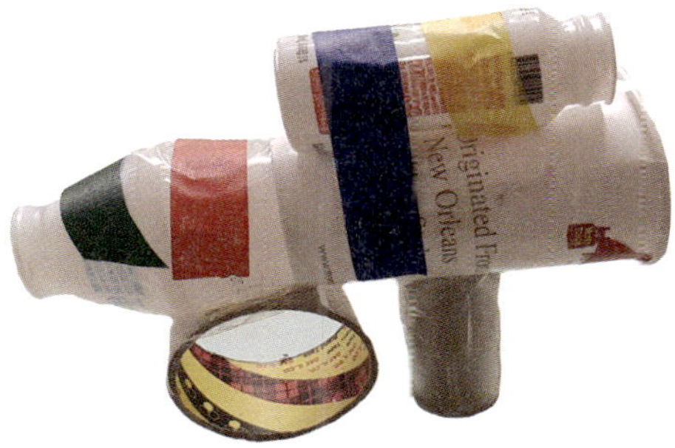

나. 다양한 재료를 활용하여 만들기

① 석고로 손 본뜨기

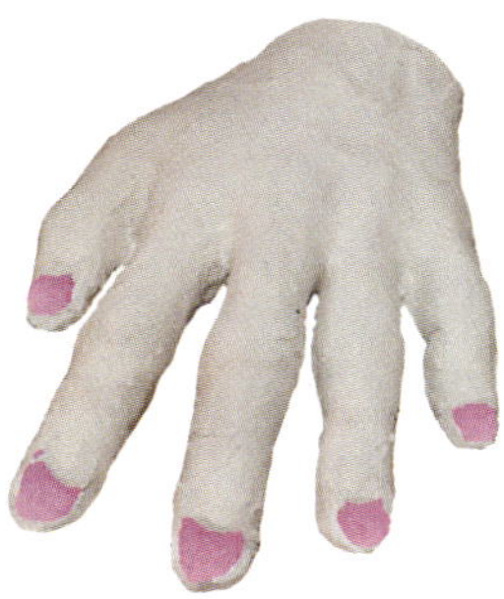

석고 붕대를 15㎝ 정도 간격으로 잘라서 물에 묻혀 손 위에 겹쳐 붙이고 물과 혼합된 석고를 손 위에 조금씩 문지른다. 5~10분 정도 있다가 석고가 굳으면 손에서 떼어 내어 완성한다. 필요에 따라서는 완성된 작품을 물감으로 칠하여 아름답게 꾸민다.

② 모빌 만들기

각종 모빌을 만든 다음 우산 끝에다 낚싯줄을 묶어 건 후 모빌을 어울리게 배치하여 낚싯줄에 묶는다. 완성되면 우산을 허공에 높이 매달아 전시한다.

③ 자연물을 이용하여 만들기

단단한 긴 나무, 망고 씨앗, 호두, 오동나무 나뭇가지, 오동나무 열매, 밤송이, 솔방울 등의 다양한 자연물을 모아 필요에 따라 자르고 모양내어 글루건으로 붙여서 표현하였다.

크루저 보드를 타고 노는 아동들

④ 상징물과 비슷한 재료로 만들기

실제의 돌은 작은 조약돌로, 널빤지의 나무는 아이스크림 막대와 같은 작은 나무로 표현하고자 하는 상징물과 동일하거나 비슷한 재료로 작품을 만들었다.

⑤ 컬러믹스로 만들기

색상이 있는 고무찰흙과 같은 컬러믹스는 손에 잘 묻어나지 않고 모양변형이 쉬워 작품 제작에 많이 활용된다. 작품에서는 물속 풍경을 표현하였다.

⑥ 종이죽으로 만들기

신문지와 같은 종이를 잘게 찢어서 풀과 반죽하여 종이죽을 만든 뒤 바가지를 뒤집어 종이죽을 올려 탈을 만든다. 만든 탈을 그늘에서 잘 말린 후 색칠하고 꾸며 완성한다.

⑦ 찰흙으로 만들기

모양 변형을 마음대로 할 수 있는 찰흙으로 야구를 하는 친구와 강아지를 만들었다. 그늘에서 말린 후 물감으로 색칠하였다.

(5) 응용미술

응용미술(應用美術, applied art)은 순수미술과 대응되는 영역으로서 실제적인 쓰임에 목적을 둔 장식미술. 목적미술 등으로 일컬어진다.

가. 색채 구성

작품을 이루는 몇 가지 부분이나 여러 요소가 어우러져 전체적인 통일을 이룬다는 뜻으로 주제와 맞게 그림을 편화한 후 색상별(따뜻한 색과 차가운 색, 무거운색과 가벼운색, 밝은색과 어두운색 등)로 단계를 나누어 색칠한다.

① 따뜻한 색과 차가운 색의 표현

② 색상환에 따른 배치

나. 포스터

시각디자인의 형식으로서 지면에 문자, 그림, 사진 등의 효과적 표현을 사용하여 전달하고자 하는 내용을 일반 대중에게 널리 알리기 위한 매체를 말한다. 전하는 사람들에게 어떻게 하자고 계몽하는 내용이나(불조심, 호국보훈, 환경보호), 어떤 물건의 특성 또는 우수성을 전달하고자 하는 광고(상품광고), 전시회나 음악회의 행사를 알리고자 하는 것 등을 강한 인상으로 원하는 내용을 전하는 것을 말한다.

포스터는 보편적으로 의사실기에 해당하는 아동기부터 수업하는 것이 효과적이며 전달하고자 하는 주제를 한눈에 알 수 있게 복잡하지 않도록 편화하여 디자인하고 여러 가지 색을 사용하기보다 적은 색으로 주제와 조화되게 칠하는 것이 효과적이다.

다. 아름다운 무늬나 우리나라의 전통 무늬 꾸미기

생활 속에서 아름답다고 느껴지는 문양이나 무늬를 찾아 그려 보거나 예부터 전해 내려오는 우리나라 전통 무늬를 표현하여 본다.

예 아름다운 무늬: 아름다운 나비의 무늬, 꽃의 무늬, 새의 깃털 등
우리나라의 전통 무늬: 사찰의 단층 무늬, 전통도자기 무늬, 목공예 무늬 등

① 십장생도

십장생도란 예부터 불로장생(不老長生)을 상징하는 열 가지 소재를 그린 그림으로서 십장생은 해, 구름, 산, 물, 소나무, 거북, 사슴, 학, 복숭아, 불로초(영지)를 말한다.

② 분청사기 문양

구속되지 않는 대범한 큰 맛이라는 한국인의 자연주의적인 미의식을 가장 잘 나타낸 자유분방함의 분청사기문양을 표현한다.

라. 디자인

용도에 따라서 가장 아름다운 형태를 갖도록 계획 및 설계하는 것으로 해석할 수 있으며 주어진 목적을 조형적으로 실체화하는 것을 말한다(세계미술용어사전, 1999).

① 글자 디자인

자신의 이름과 같은 의미 있는 글자를 아름답게 디자인한다. 필요에 따라서는 그림과 함께 표현하여 글자를 더욱 멋있고 의미 있는 디자인이 되게 한다.

② 상품 디자인

디자인이 되어 있는 제품 위에 투명 비닐을 입히고 아름답게 다시 디자인 한다.

(6) 보고 그리기

보고 그린다는 것은 사물에 대한 객관적 사실을 개인의 기질에 맞게 표현하는 것을 말하며 사물을 보고 바로 그릴 수 있는 사실적 능력, 공간적 인지 능력 등을 향상할 수 있는 미술의 매우 중요한 요소이다.

그러나 모방 능력은 창의성 계발에 중점을 두어야 하는 초등학교 저학년 이전의 아동에게 강요하는 것은 좋은 지도방법이 될 수 없다. 창의성도 모방에서 출발하지만 모방 자체가 목적이 되어 독창적이고 창조적인 표현을 저해해서는 안 되기 때문이다.

가. 크로키(croquis)

움직이는 사람이나 동물, 물체를 그리고자 할 때 그리고자 하는 대상의 자세가 변하기 전에 단시간에 재빨리 포착해서 그리는 것을 말한다. 따라서 그림은 단순화되고 요약된 모습으로 표현하게 된다.

나. 스케치(sketch)

본격적인 작품을 제작하기 전에 예비적인 착상을 기록해 두기 위해 그리는 대략적인 밑그림을 말한다(세계미술용어사전, 1999).

그리고 싶은 사람의 표정이나 행위, 풍경 등을 선으로 형태의 특징을 묘사하거나, 그려진 단색 스케치 위에 색을 담채로 칠하여 전체적인 분위기와 인상을 파악하기 위한 밑그림으로 사용되기도 한다.

다. 소묘(素描, drawing, dessin)

채색을 하지 않고 주로 연필이나 목탄, 파스텔 등을 사용해 선으로 이미지를 그려 내는 회화를 말한다. 회화나 조소의 기초적인 연구로서 석고 소묘나 인체 소묘를 주로 그렸는데 운동감, 명암법, 원근감 등의 회화적 표현에 대한 탐구와 표현기술의 습득을 위한 학습을 목적으로 하였다. 이처럼 소묘는 회화나 조소의 구상 작품을 위한 기초로 사용되었으나 현재는 독립된 회화로서의 예술적 가치를 부여받고 있다.

라. 정밀묘사

표현하고자 하는 대상물을 가까이에서 관찰하고 그 대상물의 형태에서부터 명암에 의한 양감 및 사실적 질감까지 눈으로 보이는 객관적 사실을 정밀하게 묘사한 것을 말한다. 연필과 같이 단색으로 묘사하기도 하지간 색채를 사용하여 묘사하기도 한다.

마. 인물화

사람의 인물을 주제로 그려진 그림을 총칭해서 말한다. 선사시대 동굴벽화에서 보듯 인물화는 인류가 미술작업을 한 이래 지금까지 그려져 왔고, 앞으로도 끊임없이 그려지게 될 주제이다.

바. 정물화

스스로 움직이지 못하는 물건들, 즉 과일이나 채소, 꽃,박제된 새와 같은 자연물(自然物)이나 전자제품, 악기, 미술도구, 스포츠용품, 생활용품, 책과 같은 기구(器具)를 적합한 구도로 배치하여 그린 그림을 말한다. 미적 효과를 위해 정물은 언제든 움직여지게 된다.

사. 풍경화

자연의 경치인 풍경을 주제로 하는 회화를 말하며 동양에서는 일반적으로 산수화라고 부른다.

4) 좋은 그림을 그리게 하는 지도

아동미술교육의 목적은 아동의 미적·조형적 능력을 향상하고 창의성을 통해 전인적 발달과 자아성장에 도움을 주고자 하는 것이다. 이러한 현대 아동미술교육의 중요성에 따른 아동미술교육의 목적을 달성할 수 있는 좋은 그림을 그리기 위해서는 다음 사항을 유념하여야 한다.

(1) 흥미와 즐거움이 있는 미술이어야 한다

아동에 있어서 미술교육은 흥미와 호기심이 가득한 즐거운 활동이어야 한다. 아무리 좋은 미술교육도 자신의 의사를 존중받지 못하고 구속된다면 작업에 임하고자 하는 내적 동기는 점점 떨어질 수밖에 없다. 교사가 아동의 자발적 행동을 존중하고 창의적 사고를 도우며 창의적 문제해결을 촉진하는 역할을 할 때 아동에게서 미술활동은 즐겁고 신나며 만족감이 있는 경험이 된다. 그러나 교사가 아동의 작업에 지시하고 개입하면서 교사의 생각과 표현방식대로 아동이 작업하게 하면 아동에게서 미술작업은 구속되어 즐겁지 않은 활동이 된다. 아동이 흥미와 즐거움이 있는 미술활동으로 자기의 생각을 마음껏 표현할 때 아동미술교육의 목적은 달성되는 것이다.

(2) 미술에 대한 자신감을 심어 주어야 한다

아동에 있어 좋은 그림이란 잘 그리고 아름답게 칠한 외형에 치중한 그림이 아니라 진솔하게 남과 다른 자신의 생각을 마음껏 표현한 창의성에 있는 것이다. 창의적 사고는 아동에 대한 구속감 없이 자유로운 마음의 상태에서 활성화되며 아동이 무엇을 해내고자 몰입하는 가운데서 발전된다. 이를 위해 우선해야 할 것은 아동이 가진 미술에 대한 열등감을 제거하고 나도 할 수 있다는 자신감을 심어 주는 것인데 이를 위한 내용은 다음과 같다.

첫째, 미술작업에 임하기 전 즐거운 몸 놀이로 신나고 즐거운 웜업(warm-up)

의 시간을 가짐으로써 자유로운 상태에서 '나도 하고 싶다'라는 도전의식을 자극한다.

둘째, 이러한 도전의식을 바탕으로 작품에 대한 흥미와 호기심을 유발하여 내적 동기를 불러일으킨다.

셋째, 그림은 잘 그리는 것보다 자신의 생각을 마음껏 표현하는 것이 중요하고 그것이 가치 있다는 것을 깨닫게 하여 그림에 대한 열등감을 제거하고 자신감을 갖게 한다.

넷째, 내적 동기를 바탕으로 순수한 자신의 생각을 마음껏 표현하여 작품을 완성한다. 이러한 작품 완성에 대한 성공의 경험에서 오는 만족감은 미술에 대한 자신감을 향상시키고 다시 또 작품을 완성하고자 하는 욕구로 이어진다.

(3) 칭찬으로 창작 작업에 대한 동기를 강화한다

작품 제작에 있어 교사는 칭찬의 근거만 있다면 아동에게 칭찬하는 것을 아끼지 말아야 한다. 아동에게 하는 칭찬은 잘해서 하는 것도 있지만 그렇게 하라는 의미가 더 강하기 때문이다. 칭찬은 즉시 하여야 하며 가능하면 많은 친구 앞에서 하는 것이 효과적이다. 또한 아동이 잘한 구체적인 부분이나 열심히 노력한 부분을 칭찬하여야 한다. 그러나 '대단하다', '천재다', '완벽하다'처럼 능력과 관련이 있는 구체적이지 못한 칭찬은 아동에게 부담감을 주며 노력이라는 학습 스스로의 목표를 주지 못하여 사용하지 않는 것이 좋다. 미술작업에서의 바른 칭찬은 다음과 같다.

첫째, 아동이 스스로 하려는 자발적 행위와 자신의 생각을 마음껏 표현하려는 창의적 사고에 대해 칭찬한다.

둘째, 작업 도중 아동이 미술도구를 빌려주거나 친구에게 도움을 주는 등 긍정적 상호관계에 대해 칭찬한다.

셋째, 작은 부분이라도 성취경험이 일어났다면 칭찬한다.

넷째, 작업에 대한 몰입, 문제해결을 위한 노력 등 작품 완성을 위한 노력에 대해 칭찬한다.

다섯째, 아동이 제작한 작품에서 긍정적 발달이 이루어진 부분에 대해 칭찬한다.

(4) 자신의 생각을 자신 있게 마음껏 표현한다

좋은 그림은 어른처럼 외형적으로 보기 좋고 아름답게 잘 표현하는 것이 아니라 아동이 자발성을 가지고 아동 스스로의 생각과 사고를 정직하게 마음껏 표현한 것이 가장 좋은 그림이라는 것을 깨닫게 하여 항상 자기의 작품에 대하여 자신 있게 표현할 수 있도록 용기를 주어야 한다. 아무것도 그려지지 않은 깨끗한 화지에 자신의 생각을 마음껏 자신 있게 표현하였다면 그것은 창조행위를 한 것으로서 그 그림은 세상에서 하나밖에 없는 소중한 것이 되며 그 그림을 그린 아동은 대단한 작업을 한 것이라는 것을 알게 한다.

(5) 경험과 관찰을 많이 할 수 있도록 한다

아동의 뇌 발달과 창의성은 왕성한 활동력에 따른 수많은 실패와 성공의 경험 때문에 깨닫는 자극, 이러한 경험과 자극에 의해 발달하므로 부모와 교사는 아동이 많은 경험을 할 수 있는 환경을 제공하여야 한다. 아동은 경험이 많을수록 창의적으로 표현하는 능력이 뛰어나며 경험에 의해서 깨달은 것은 응용하는 능력과 창의성의 활용에 뛰어나지만, 교사가 가르쳐 주어 알게 된 것은 그 가르쳐 준 내용에 집중하여 창의적으로 생각하고 응용하는 것에는 부족해진다.

아동이 평상시 관찰을 많이 하면 훨씬 자세하고 내용이 풍부한 그림을 그릴 수 있다. 관찰할 때는 자신의 느낌과 들리는 소리, 냄새 등을 말로 흥얼거리거나 교사가 아동에게 구체적으로 질문을 하면서 대화를 하게 되면 더욱 효과적이게 된다.

(6) 아동의 발달에 맞는 미술활동이어야 한다

아동은 나이별로 발달에 많은 차이를 보이므로 아동의 발달에 맞는 미술지도, 아동의 눈높이에 맞는 미술활동으로써 성취경험을 주어야 한다. 아동의 발달과 눈높이에 맞는 미술활동이 될 때 아동은 흥미를 가지고 활발한 미술활동을 하게 되지만 그렇지 못할 경우 미술은 어렵고 재미없는 행위로 받아들여지게 되어 미술활동에 대한 흥미를 잃고 열등감을 갖게 된다.

(7) 탐색의 시간을 가지고 작업에 임한다

아동이 창의적 그림을 그리기 위해서는 어떤 주제로 어떤 재료로써 어떻게 표현할 것인지에 대한 탐색의 시간을 갖는 것으로 많은 문제를 해결할 수 있다. 필요하다면 관련 사진이나 인터넷, 동영상 등의 교육매체를 이용하여 작업하고자 하는 주제와 재료 작업의 방향에 대해 충분한 탐색의 시간을 가지는 것이 좋다. 그 이유는 탐색의 시간을 가지고 한 미술작업과 그렇지 않은 미술작업은 작업의 질과 창의성, 몰입도 등에서 차이를 보이기 때문이다.

(8) 교사의 능력 있는 지도방법이 필요하다

교사가 같은 동화를 아동들에게 구연으로 들려주지만 능력 있는 교사가 들려주는 동화는 아동들이 집중하여 재미있게 듣는가 하면 그렇지 않은 교사에게는 동화를 듣기보다 장난치기에 바쁘다. 같은 동화를 들려주었는데도 왜 이런 차이가 날까? 그것은 분명 동화를 들려주는 교사의 능력이 많이 좌우하기 때문이다. 입으로 들려주는 동화인 구연동화는 선생님이 아동에게 대하는 태도와 실감나는 연기가 큰 영향을 주는데 아동이 동화를 듣지 않으려 하는 것은 교사가 이러한 부분에 능력이나 지도방법이 부족한 것이라고 볼 수 있다.

이와 같이 미술교육에서도 교사의 능력 있는 지도가 필요하다. 교사가 교수행위를 하였다면 아동은 그 내용을 쉽게 이해할 수 있어야 한다. 그러나 교사가 열심히 설명하였는데도 불구하고 대부분 아동이 이해하지 못하였다면 그것은 아동을 탓할 것이 아니라 교사의 지도 능력의 문제라고 할 수 있다.

여기에서 더 나아가 능력 있는 교사는 아동에게 사물의 근본 원리를 이해시켜 '학습의 전이효과'가 나타날 수 있도록 지도할 수 있어야 한다.

예를 들어, 아동이 교사에게 "코끼리는 어떻게 그려요?"라고 질문한다. 이에 교사는 "코끼리를 그려야 하는데 잘 안 되는 모양이구나. 그러면 다른 동물은 그릴 수 있니?"라고 물으니 못 그린다고 한다. 그래서 교사는 다음과 같이 지도하였다.

먼저 아동에게 휴지를 줍는 허리 숙인 사람을 그려 보라고 하였다. 그랬더니 얼굴을 그리고는 목을 습관대로 아래쪽에 그리려고 한다. 그래서 교사가 목을 얼굴의 왼쪽에 그려 주고는 몸도 목처럼 옆으로 그리고 팔은 다리처럼 밑으로 그리면 되니 한번 그려 보라고 하면서 "잘할 수 있다."라고 용기를 주었다. 그 결과 아동이 [그림 4-1]과 같이 그렸다.

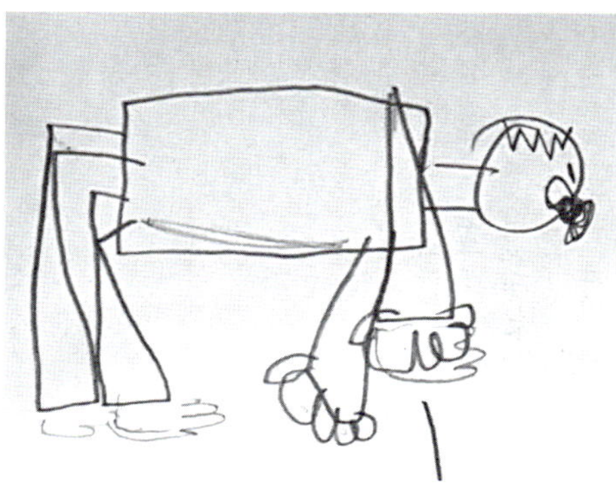

[그림 4-1]

아동과 함께 사람과 동물의 차이점에 대해서 서로 대화를 나누면서 '사람은 서서 걸어가므로 두 다리만 아래로 그리면 되지만 동물은 네 다리르 걸어가므로 팔과 다리 모두를 아래로 그려야 한다.'라는 결론을 내렸다. 동물의 근본 원리를 이해한 것이다. 다시 아동에게 각 동물의 특징을 말해 보라고 하였다. "코끼리의 특징은 코가 길고 입에 뿔이 있다. 사자는 갈기가 있다[그림 4-2]. 기린은 목이 길고 동그란 무늬가 있다. 호랑이는 얼굴에 수염이 나고 몸에 무늬가 있으며 꼬리가 길다. 토끼는 귀가 크다."라고 말하고는 교사의 지지 아래 아래와 같이 그림을 그렸다[그림 4-3].

[그림 4-2]

[그림 4-3]

이와 같이, 표현하고자 하는 사물의 원리를 아동이 이해하면 학습의 전이효과가 더욱 쉽게 나타나게 된다. 본 사례에서는 아동이 동물의 근본 원리를 이해하고 난 뒤 약 30여 분간의 수업으로 아동이 다양한 동물들을 스스로 그릴 수 있게 되었다. 즉 허리 숙인 사람의 근본 원리에서 학습의 전이효과가 나타난 것이다.

5) 문제점을 가진 어린이의 그림지도

(1) 무엇을 어떻게 그려야 할지 모르는 아동

창의적 미술표현의 기초는 경험에서 나오므로 경험이 많을수록 아동은 창조적으로 표현하려 한다. 만약, 아동이 미술작업에 있어 무엇을 어떻게 표현해야 할지를 모르고 있다면 다음과 같은 이유에 따라 지도할 수 있다.

가. 미술작업에 대한 내적 동기가 부족하기 때문이다

미술작업에 대한 흥미와 호기심의 내적 동기가 부족하여 작업에 임하고 싶지 않은 경우이다. 이는 대부분 자발적 창의성의 창작 위주로 작업하지 않았거나 과거 외형 위주의 미술작업에서 부정적인 경험이 남아 있는 경우이다. 이를 구체적으로 살펴보면 다음과 같다.

① 지나치게 자신의 능력에 비해 작업이 단순하거나 비슷한 내용을 반복 작업한 경우

② 자신의 능력에 비해 작업내용이 어려워 스스로 작업하는 것에 대해 의욕을 잃은 경우

③ 지시적이거나 구조화된 작업이 자신의 의사에 반하여 이루어진 경우

④ 외형 위주와 결과 위주의 지도와 칭찬에 의해 잘 그리거나 잘 색칠해야 한다는 등의 다음 작업에 부담을 느끼는 경우

그림지도

첫째, 즐겁고 재미있는 행위(게임, 율동, 몸놀이 등)는 아동에게 좋은 감정과 함께 도전의식을 고취한다. 이러한 도전의식은 흥미와 호기심을 자극하며 이러한 흥미와 호기심은 자신의 생각을 마음껏 표현하고자 하는 창의성과 만났을 때 작품 제작에 임하고자 하는 내적 욕구로 나타난다. 이러한 내적 욕구는 작품 제작에 있어 자기 주도성을 가져가며 이러한 자기 주도성은 작업에 몰입할 수 있도록 한다.

둘째, 자신의 능력에 비해 작업내용이 단순하거나 어렵다는 것은 교사 주도형으로 지시적이거나 구조화된 내용을 아동에게 강요하였기 때문이다. 따라서 아동이 스스로의 자발성을 바탕으로 순수한 자신의 생각을 마음껏 표현하는 아동 중심의 창작 작업에 임하도록 하여야 한다.

셋째, 외형 위주의 지도와 칭찬에 의해 잘 그리거나 잘 색칠해야 한다는 등의 다음 작업에 부담을 느끼는 경우, '그림은 잘 그리는 것보다 자신의 생각을 마음껏 표현하는 것이 더 중요하다.'는 것을 이해시킨다. 작품의 외형을 칭찬하면 미술작업이 부담감으로 다가오고 작품의 결과물을 칭찬하면 작업 과정의 중요성을 소홀히 하고 지나친 경쟁심을 유발하게 된다.

나. 어떤 내용으로 작업해야 할지 아직 결정하지 못하였기 때문이다

① 자신의 생각을 미술작품으로 표현한 경험이 부족한 경우 미술작업의 내용을 잘 결정하지 못할 수 있다.

② 그리고자 하는 내용에 대해 확고한 경험이 부족하여 구체적 이미지로 다가가지 못하는 경우이다.

그림지도

어떤 내용으로 작업해야 할지 결정하지 못하였다는 것은 아동이 자신의 생각을 그림으로 표현해 본 경험이 부족하거나 그리고자 하는 내용에 대해 경험이 부족하기 때문인데 이는 대부분 작업량이 늘어나면서 자연스럽게 해소될 수 있다. 자신의 생각을 그림으로 표현해 본 경험이 부족하다면 작업에 대한 부담감을 줄이기 위해 색 비눗방울 놀이와 같은 흥미 위주의 미술놀이로 접근하면서 '그림은 자신의 생각과 상상을 마음껏 즐겁게 표현하는 것'이라는 것을 이해시켜 나간다.

또한 아동의 경험 부족으로 작업내용을 결정하지 못하였다면 평상시 자주 접하는 경험 위주의 그림을 그리면서 서서히 작업에 대한 깊이를 더하면 되며, 때에 따라서 그리고자 하는 주제에 대해 탐색할 수 있는 시간을 가지면 많은 도움이 된다. 탐색은 다음과 같은 방법으로 할 수 있다.

첫째, 아동의 생각이 점점 확장되어 가도록 도와준다. 예를 들어 아동이 바다 풍경을 그리고자 한다면 교사가 "바닷가에는 조개도 있고, 꽃게도 있으며, 파도도 치고, 또 갈매기도 날아다니며, 저 멀리에는 배도 지나간다."라고 말해 주는 것이다.

둘째, 그리고자 하는 주제를 내용별로 매듭화하여 아동이 쉽게 생각할 수 있도록 도와준다. 예를 들어 가을풍경을 그린다고 하면 "가을은 단풍잎으로 물들고 잎이 떨어지기도 하며 코스모스 꽃이 피고 고추잠자리가 날아다닌다(계절의 변화). 또한 밤·감·사과 등을 따서 먹을 수 있으며 논에는 허수아비가 있고 벼를 추수한다(결실의 계절). 그리고 송편을 먹고 차례를 지내는 추석이 있단다(명절)."라고 말해 줄 수 있다.

셋째, 책, 인터넷, 사진, 동영상 등 주제에 도움을 줄 수 있는 교육매체를 활용한다.

(2) 같은 그림을 반복해서 그리거나 비슷한 것만을 그리는 아동

아동이 항상 똑같은 그림만 그리게 되거나 비슷한 내용으로만 그림을 그리는 이유는 다음과 같다.

가. 아동이 특정한 것에 많은 흥미와 관심을 가지고 좋아하기 때문이다

남자 아동은 주로 만들기를 좋아하며 공룡, 비행기, 자동차, 로봇 등 동적인 것에 환호하지만 여자 아동은 주로 그림 그리고 색칠하기를 좋아하며 꽃, 나비, 공주, 가족과 같은 따뜻한 주제에 관심을 가진다. 이렇게 특정한 것에 흥미를 느끼는 것은 아동에게 있어 보편적 현상이나 아동에 따라서는 어느 특정한 것에 특히 더 많은 흥미를 느끼고 있는 경우도 있다.

나. 특정한 것 이외의 것에 흥미를 발견하는 능력이 부족하기 때문이다

만약 아동의 정서발달에 문제가 있거나 지적발달에 지체가 있다면 그림표현이 단조로우며 같은 그림을 반복해서 그리게 된다.

그림지도

로웬펠드(Lowenfeld)의 발달 연구에서 전도식기와 도식기 아동들은 특정한 것에 많은 흥미를 가진다. 그러나 보다 질 높은 수업이 되려면 특정한 것만을 그리기보다 더욱 다양한 사고의 그림을 그릴 수 있도록 하여야 한다. 따라서 아동이 다양한 사물에 관심을 가지고 탐색할 수 있도록 경험과 관찰의 기회가 많이 주어져야 하며 아동의 표현에 칭찬으로 강화를 주면서 완성한 작품에 대해 아동이 말하고 서로 대화를 나눌 수 있어야 한다. 이때 아동은 내적 깨달음에 의해 사물에 관한 이해의 폭을 넓혀 나가기 때문이다.

(3) 모방하여 잘 그리는 아동

만화를 잘 그리거나 모방을 잘하는 재주꾼 아동은 손재주라는 기교 능력과 모방적인 힘이라는 긍정성을 가지고 있어 잘못되었다고 할 수 없다. 그 이유는 모든 창작은 모방에서 출발하기 때문이다. 문제는 모방으로 만족하고 모방에서 끝난다는 데 있다. 따라서 뛰어난 아동의 모방 능력이 독창적이고 창조적인 힘으로 승화될 수 있도록 하여야 한다.

그림지도

아동에게 있어 모방 능력은 창의성을 나타내기 위한 수단으로 활용되는 모방 능력이어야지 모방 그 자체가 목적이 되어서는 안 된다. 만약 교사가 아동의 기능적인 실력의 빠른 향상과 남에게 보여 주기 위해 일방적 모방교육을 시켰다면 이것은 아동의 창의적 가능성을 교사가 저해하는 결과를 가져오게 한 것이다. 아동의 미술은 남의 것을 모방하여 보기 좋게 잘 표현하는 것이 아니라 자신의 생각을 마음껏 자신 있게 표현하여 자신만의 창작 작품이 되도록 하는 것이다. 그 이유는 다음의 표 〈표 1〉과 같다.

〈표 1〉 **창의적 표현과 모방적 표현의 예**

아동에 있어서 창의적 표현		아동에 있어서 모방적 표현
순수한 자신의 생각을 자유롭게 표현한 자신만의 창작 작품이다.	표현 방법	타인의 사고에 의하며 외형적 기능 표현에 의존한 작품이다.
자신의 감정이 담긴 정서적 표현이 된다.	표현의 특징	일정한 틀에 의한 개념적 표현이 된다.
자기표현에 대해 만족감과 자신감이 생겨 다음 표현에도 잘하고자 하는 동기 강화로 이어진다.		잘 그리고 잘 표현하여야 한다는 부담감으로 다음 작업에 대한 동기가 부족해진다.
작품 완성이라는 성공 경험은 정서적 만족감과 자신감에 의해 더욱 행복한 생활을 할 수 있도록 한다.	표현의 결과	타인의 그림에 대한 의존과 잘 그려야 한다는 부담감으로 정서적 만족감과 자신감이 부족하여 소극적으로 된다.
창의적 문제해결 능력과 자존감의 향상은 전체의 이익으로 이끌 수 있는 리더의 역할을 한다.		좋아하는 사람의 생각을 따르거나 자신의 이익을 위해 리더에게 추종한다.

(4) 싫증을 잘 내는 아동

쉽게 흥미를 가지나 쉽게 싫증을 느끼는 까다로운 기질을 가진 아동, 산만하여 집중력이 부족한 아동, 화가 가득 품어져 정서 만족이 부족한 아동, 만족 지연을 할 수 있는 자기조절 능력이 부족한 아동 등은 집중하는 시간이 짧고 하는 작업에 쉽게 싫증을 잘 낸다. 이러한 성향이 있는 아동은 다음과 같이 지도할 수 있다.

그림지도

첫째, 내적 동기로써 작업에 임하고자 하는 의욕을 강화한다.

미술작업에 흥미와 호기심의 내적 동기를 가지게 되면 아동은 자기주도를 가지고 작업에 최선을 다하게 된다. 필요에 따라서는 즐거운 미술놀이로 '미술시간은 즐겁고 재미있으며 흥미를 가지고 작업할 수 있다.'라는 긍정적 생각을 하도록 한다.

둘째, 자신의 생각을 마음껏 표현한 자신만의 그림이 된다면 아동은 작업에 집중하게 된다. 교사에 의해 지시되거나 강요된 그림, 구조화된 작업은 아동의 흥미를 유발하는 데는 부족하기 때문이다.

셋째, 작품 제작과정에 대해서 늘 격려하고 칭찬하여 작업에 대한 의욕을 불어넣어 주되 기다려 주지 못하고 독촉하거나 꾸짖어서는 안 된다. 필요에 따라서는 작업시간이 짧아도 완성할 수 있는 그림을 그려 작품 완성이라는 성공의 경험을 가지도록 하여 자신감이라는 피드백을 주면서 점점 작업의 시간을 늘려 나가도록 한다.

넷째, 교사는 아동의 말을 들어 주고 수용하며 아동과 한 약속을 지키되 한결같은 일치성을 보여야 한다.

(5) 완성된 그림 위에 색칠하거나 미완성된 작품을 완성하기

형태가 미리 그려진 그림(시중에 판매되는 '색칠공부하기'와 같은 책 등)에 아동이 색칠하고 싶다는 욕구를 가지거나 어느 정도 만들어진 흥미 있는 그림을 보고 나머지 부분을 스스로 완성하고 싶다는 욕구가 생긴다면 아동은 작품 완성을 위해 노력할 것이며 일정 부분 만족감과 성취경험을 가져가게 된다. 그러나 왕성한 사고력과 자신만의 생각으로 창작하고자 하는 아동들에게는 고려해 보아야 한다.

그림지도

형태만 인쇄된 흥미로운 그림에 색칠하여 완성하거나 다른 사람에 의해 어느 정도 행해진 흥미 있는 작품의 나머지 부분을 완성하는 것은 발달에 긍정적인 부분도 있지만, 아동의 상상력과 창의성을 완전히 끌어내는 방법이 아니므로 행위의 주체자가 작용하는 자발성과 생각을 마음껏 표현하고자 하는 창의성을 바탕으로 스스로 부딪치는 문제를 창의적으로 해결하여 완성한 창작 작품이 되어야 하며, 자신만의 상징활동이 되어야 한다.

(6) 명화를 보고 모방하여 표현하는 행위

우리는 이름 난 사람의 그림이나 유명한 그림을 보고 명화라고 한다. 그만큼 잘 그렸거나 미술사적으로 가치가 있기 때문이다. 따라서 많은 교사는 좋은 그림의 명화를 제시하며 그것을 보고 그려 보면서 작품에 대해서 충분히 감상하며 느껴 보라고 한다. 또는 명화의 형태만 그려 놓은 그림을 제시하고는 나머지 부분을 완성하게 하며 충분히 감상해 보라고 한다. 그러나 정작 아동은 명화를 모사하면서 얼마만큼이나 깨닫고 얼마만큼 교육적·치료적 효과를 가져가고 있는가? 어른들의 세계에서 인정된 명화가 어른과는 다른 아동의 세계에서 과연 교사의 교육 효과에 대한 구상대로 될 것인가? 오히려 명화를 보여 주면서 그 그림의 방법과 특징을 이해시켜 그와 같이 창작해 보는 것이 더 효과적이지 않을까? 예를 들면 다음과 같다.

가. 고대 이집트 그림

고대 이집트 사람들의 그림에서 가장 중요시되었던 것은 아름다움이 아니라 이러한 모습일 때 가장 완전하다는 '완전성의 법칙'을 추구하여 사람을 그릴 때는 가장 완전한 부분만을 동시에 그렸다. 사람의 얼굴은 측면, 눈은 정면, 가슴과 어깨는 정면의 모습을 그린 데 반해 머리와 다리는 측면의 모습을 하고 있다. 또한 남자의 피부는 여자의 피부보다 더 검게 칠하였다.

고대 이집트인의 그림

아동그림의 사례

- 교사의 제언: "너는 사람의 모습에서 어떤 부분이 가장 완전하거나 아름답다고 생각하니? 그 모습을 그리거나 잡지 사진에서 아름다운 모습을 부분적으로 오려 붙여 표현하여 보자! 예를 들면 얼굴은 A 사진의 얼굴을, 눈은 B 사진의 눈, 몸은 C 사진의 양복 입은 몸 등을 부분으로 오려 붙여 하나의

신체로 표현해 보는 거야."

나. 야수파 그림

야수파는 그림을 사실적으로 잘 그리고 잘 색칠하기 위해 노력하기보다 마치 들에 있는 맹수처럼 색을 강렬하게 사용하였다. 빨강, 노랑, 초록, 파랑 등의 원색을 굵은 필촉으로 대담하게 표현하여 전통적인 색채체계를 완전히 파괴하여 색채의 해방을 가져오게 한 것이다.

- 교사의 제언: "잘 그리고 색칠하기보다 빨강, 노랑, 초록, 파랑 등의 원색을 굵은 붓으로 강렬하게 칠해 보자."

야수파 그림의 사례(부분)

아동그림의 사례

다. 추상표현주의

형식적으로는 추상적이나 내용으로는 표현주의적이라는 의미에서 추상표현주의라는 말을 사용하였다. 그린다는 행위 자체에 중점을 둔 액션적인 제작 태도로서 삼각형이나 원, 점이나 선, 또는 면에 의해 생성되는 형상을 갖는다.

- 교사의 제언: "불기, 번지기, 마블링, 실을 이용한 표현 등과 같이 우연하게 나타나는 효과를 자유롭게 표현한 뒤 점, 선, 면 등의 형상을 그려 보자. 만약 점, 선, 면보다 사람이나, 사물을 그리고 싶다면 그렇게 해도 된다."

추상표현주의 그림의 사례(부분)

아동그림의 사례

라. 초현실주의

무의식의 세계 또는 꿈의 세계를 표현하는 것처럼 초현실적이고 비합리적인 자유로운 상상을 추구하는 미술을 말한다.

- 교사의 제언: "꿈꾼 내용을 상상하여 표현해 보거나 세상에서 있을 수 없는 일을 자유롭게 표현하여 보자. 예를 들면 건물이 가로로 하늘에 떠 있고 배가 움직이는 궁전이 되어 하늘을 나는 것처럼"

초현실주의 그림의 사례

아동그림의 사려

제목: 자신의 굴레
사용재료: 캔버스 위에 크레파스(크레파스로 칠하거나 칠한 부분을 식용유로 문질러 부드럽게 함)

어릴 때 즐겁지 못했던 아동은 어른이 되어서도 그렇게 될 가능성이 크다. 그 이유는 어릴 때 형성된 사고와 정서, 행동이 어른이 되어서도 지속해서 영향을 주기 때문이며, 익숙해진 생활에서 변화를 받아들이기보다는 자신의 굴레에서 잘 벗어나려 하지 않기 때문이다. 그것은 사람의 뇌가 새로운 것을 받아들이기보다 기존 습관을 유지하려 하기 때문이기도 하다. 만약 자신의 이러한 굴레에서 벗어나 미래의 비전과 희망을 품고 자아실현을 위해 노력한다면 밝은 길에 대한 문은 얼마든지 열려 있음에도 불구하고…….
작품에서 즐겁지 못한 어릴 적 자아의 모습, 그 뒤에 그렇게 행복해 보이지 않은 어른이 된 현재의 모습, 이 두 그림이 하나의 어두운색의 굴레 안에 그려져 있다. 그 굴레의 부정성을 과감히 끊어버리고 미래의 비전과 자아실현을 위해 노력하고자 한다면 그 굴레 양가의 밝은 길(밝은색)은 언제든지 함께하고 싶다고 손짓하고 있음에도 불구하고 사람들은 그 굴레에서 좀처럼 벗어나려 하지 않는다.

1. 미술치료의 이해

1) 미술치료의 개념

미술치료(art therapy)는 '미술(art)'이라는 단어와 '치료(therapy)'라는 두 단어로 이루어진 합성어로, 미술을 매체로 사용하는 심리치료이다. 심신의 어려움을 겪고 있는 사람들이 미술활동을 통해 개인의 갈등을 조정하고 자기표현과 승화작용과정을 통해 자아성장을 촉진시키는 것이다(김향숙, 2010). 미국의 공인 미술치료협회의 공식 홈페이지에서는 '미술치료사에 의하여 진행되는 미술매체를 사용한 창조적인 과정을 통한 미술 작품활동으로, 내담자의 감정을 다루어 정서적 갈증을 완화하고 자기인식을 발전시키며 내담자 행동과 중독을 조절하여 사회성 향상과 현실감각 향상, 불안 감소, 자존감 증가를 가능하게 하는 정신건강 관련된 일'이라고 설명하고 있다(American Art Therapy Association 홈페이지).

미술치료라는 용어는 1961년 「Bulletin of art therapy」라는 회보의 창간호에서 편집자인 울만(Ulman)이 처음으로 사용하였다. 시각예술이라는 수단을 이용하여 인격의 통합 혹은 재통합을 돕기 위한 시도로서 이는 교육, 재활, 정신치료 등 다양한 분야에서 널리 사용되고 있다(한국미술치료학회, 1994).

미술은 심리적인 힘을 가지고 있어 창작이라는 조형활동으로 자기표현의 승화작용을 하며 창작 작품의 완성으로 자존감을 향상하여 문제를 해결하고 개인의 성장을 촉진할 수 있다. 또한 자기 이해와 감정의 내면을 표현하면서 내면의 상처나 왜곡된 심리적 문제를 발견하게 하고 회복시켜 자기 성장의 역할을 한다. 사람은 자신의 감정을 표현하거나 타인과 의사소통을 하고자 할 때 언어라는 상징적 매개를 이용한다. 그러나 다양하게 느끼는 내면의 생각과 감정들을 언어수단으로만 상호소통을 이루기란 쉽지 않다. 그러나 미술은 다른 어떤 의사소통의 양식보다 뛰어난 소통 능력을 갖추고 있다. 미술은 비언어적 수단이므로 통제를 적게 받으며 구체적인 유형의 자료를 얻을 수가 있다(송행화, 2007). 따라서 미술치료는 창조적 활동에 의한 창작 작품이라는 유형의 자료를 완성함으로써 자신감을 향상하여 정화 혹은 승화의 기능을 수행할 수 있고 내면의 갈등이나 욕구의 표현에 대한 비언어적인 유형의 작품을 통한 조직화와 해결을 통해 정신기능에 도움을 줌으로써 치료적 효과를 얻을 수 있다.

미술치료는 미술을 매개로 내담자의 내적 생각을 창의적으로 형상화하여 표현하는 것으로서 창작행위와 창작 작품 그 자체가 치료적 역할을 하거나 내담자의 내면을 형상으로 표현하여 상태를 진단하거나 심리적·정신적 문제를 스스로 갖닥뜨려 해결하도록 도와주어 자아를 실현하도록 한다. 따라서 내담자는 자신의 사고를 창작행위로써 미술작품으로 표현하거나 내면을 형상화하여 자신의 문제를 직면하여 해결하도록 한다. 치료자는 치료목표에 따라 미술작업의 방향성에 개입하고 조정하며 창작 작업으로 자아를 실현할 수 있도록 돕는 역할을 한다.

2) 미술치료의 세 가지 관점

일반적으로 미술치료는 두 가지 독립적인 이론적 관점에서 시작되었다(한국미술치료학회, 1997). 첫째는 심리학적 관점을 강조하여 미술을 치료과정의 도구로 본 것이며 둘째는 미술작품을 창조하는 행위가 치료라고 인식하는 것이다. 미술치료는 '미술'과 '치료' 중 어느 것을 더 중시하느냐에 따라 다음과 같이 크게 세 가지 관점으로 나뉠 수 있다.

(1) 나움버그: 치료에 중점을 두어 미술치료사의 역할에 의미를 두는 입장

나움버그(Naumburg, 1966)는 치료자와 내담자와의 치료적 관계 형성을 중요하게 생각하여 치료에 중점을 두는 것으로 미술은 치료자와 내담자 사이에서 전달된 상징적 회화로서 치료과정에서의 도구로 이용하였다. 특히 전이와 역전이의 해결, 자유연상, 자발적 그림표현과 해석, 그림의 상징성 등을 중시하여 미술치료를 치료적인 관점에서 구분하였다. 학자들은 나움버그의 이러한 이론을 심리치료 과정에서 그림을 매체로써 이용하는 '치료에서의 미술(art in therapy)'로 구분하였다(한국미술치료학회, 1994).

(2) 크레이머: 미술활동에 중점을 두어 미술치료의 과정 자체의 역할에 의미를 두는 입장

크레이머(Kramer, 1971)는 아동미술치료에 대한 그림의 치료적 역할을 긍정적으로 확인한 선구자로서 그림에 대한 해석보다는 창조적인 행위 그 자체에 치료적 가치가 있다고 생각하여 미술치료는 해석이 아니라 자기표현과 승화작용을 함으로써 자아가 성숙하는 데 있다고 보았다. 즉, 미술작업을 통하여 내담자 자신의 파괴적·부정적 에너지를 분출함으로써 그것을 감소시키거나 전환한다는 것이다(천은영·김경신, 2010). 따라서 심리치료에서 미술 그 자체를 중시하였다. 즉 크레이머는 미술의 창작 그 자체를 중시하여 미술작품을 만드는 과정 자체를 치료행위로 간주한 것이다. 이를 '치료로서의 미술(art as therapy)'로 표현하였다.

(3) 울만: 통합적 입장

미술치료는 이와 같이 두 가지 이론적 관점에서 접근되고 있지만 보다 높은 치료효과를 위해서는 미술과 치료 중 어느 한 각도에서만 접근하는 것은 바람직하지 못하다. 크레이머는 시각적 매체를 사용한 미술의 창작활동에 중점을 두지만 그렇다고 승화작용, 통찰, 상징, 저항 등의 여러 치료적 관계 형성이 등한시되거나 사용되지 않는 것은 아니며 나움버그는 인간의 마음을 이해하고 통합하는 치료적 관계형성에 의하는 치료에 중점을 두지만 그렇다고 창작 작품이라는 창의적 표현에 따른 미술활동을 중요시하지 않는 것은 아니다. 따라서 현실적으로 미술과 치료 중 어느 한 시각에서만 접근한다는 것은 어려운 일이 될 수 있으므로 울만(Ulman, 1977)과 같이 미술과 치료 두 가지 입장 모두를 동시적으로 강조하는 통합적 입장을 취한다(한국미술치료학회, 1997).

3) 미술치료의 장점

창작 작업이라는 미술활동의 속성에 비추어 볼 때, 미술치료의 장점에 대해 다음과 같이 설명할 수 있다.

(1) 이미지로서 심상을 표현한다

미술치료는 언어적 표현이 미숙하여도 비언어적인 이미지를 통하여 심상을 표현하고 소통을 할 수 있다. 따라서 미술치료에서는 언어적 표현인 말로 표현하기보다는 이미지의 형태로 묘사하여 심상을 표현한다. 엄마라는 말을 하기 전에 '엄마'의 이미지를 떠올리거나 꿈이나 환상 등을 말하기 전에 먼저 이미지의 심상으로 그려지게 된다. 따라서 우리는 말이라는 형태를 취하기 전에 심상으로 사고한다(Wadeson, 2012). 사람에게는 영유아기의 경험이 중요한 심상의 요소로 자리 잡게 되며 이렇게 형성된 심상은 한 사람의 성격 형성에 중요한 역할을 하게 되고 이후 삶에 계속 영향을 주게 된다.

이러한 이미지에 대해 얄롬(Irvin D. Yalom, 1989)은 "이미지와 언어 사이에는 장벽이 있다. 마음은 이미지로 생각하지만 다른 사람과 의사소통을 하기 위해서는 이미지를 생각으로 변환해야 하고, 그런 다음 생각을 언어로 변환해야 한다. 이미지를 생각으로, 언어로 나열한 것은 신뢰할 수 없다. 이미지가 언어에 맞춰질 때 이미지의 풍부한 구성, 그것의 놀랄 만한 적응성과 유연성, 개인적인 향수를 불러일으키는 특색, 이 모든 것을 잃어버리는 사고가 발생한다."라고 하였다.

(2) 비언어적이므로 방어를 감소시킨다

사람에게서 언어는 의사소통의 주된 방법이어서 언어화시키는 방법에 숙달되어 있다. 말하고 싶은 것을 말할 때는 쉽게 말하고, 실제와 다르게 조작하거나 자기의 감정으로 표출하며, 말하고 싶지 않을 때는 말하는 것을 억제한다. 그러나 이미지로 표현한 심상으로서의 미술은 비언어적이어서 언어와 같은 통제를 적게 받아 내담자의 방어를 감소시킨다. 대화의 수단으로서의 미술은 통제하기가 쉽지 않다. 기대하지 않은 것이 그림이나 조각에서 튀어나올 수도 있고, 때때로 창조해 낸 사람의 의도와는 전혀 다르게 표출될 수도 있다. 이런 것이 미술치료에서는 가장 흥미를 자아내는 잠재 가능한 부분 중 하나이다(Wadeson, 2012).

(3) 구체적인 유형의 자료를 얻어 객관화하고 영속성을 갖는다

미술치료는 창작행위의 결과로서 눈으로 보고 만질 수 있는 구체화한 유형의 결과물을 얻어 보관할 수 있으며 이러한 유형의 작품은 치료자와 내담자 사이에 대화를 할 수 있도록 하는 소통의 역할을 한다. 또한 미술작품은 유형의 자료로서 보관할 수 있어 시간이 지난 후에도 같은 모습으로 남아 있고, 고스란히 회상될 수 있어 자신이 완성한 작품을 보고 구체적이고 실질적인 존재를 깨닫고 재검토하고 새로운 통찰에 이를 수 있으며 당시의 감정을 회상하여 왜곡된 기억이나 심상을 깨닫게 된다(강희정, 2012). 또한 보관된 작품의 영속성을 통해 내담자의 작품 변화를 확인할 수 있으며 치료의 과정을 한눈에 이해할 수 있어 치료 효과를 높일 수 있다.

(4) 공간적 기반을 지니고 있다

언어는 일차원적인 의사소통이어서 한 가지씩 순서대로 이야기해야 전체 내용이 파악되지만, 미술은 공간적인 것이어서 언어와 같이 한 가지씩 순서대로 나타내지 않아도 된다. 오로지 공간 속에서 연관성들이 모두 발생하기 때문에 언어적인 규칙을 따를 필요도 없고 하나씩 말해야 하는 시간적인 요소도 없다. 예를 들면 가족에 대해 다른 사람에게 말하게 된다면 아동은 엄마에 대해 말할 것이고, 다음은 아빠, 그리고 그들의 관계, 아동과 형제와의 관계, 아동과 각 구성원과의 관계 등을 말할 것이다. 그러나 그림에서는 이런 것들을 모두 한 번에 묘사할 수 있어 분명히 이 모든 것을 동시에 경험하게 된다. 아동은 친근함과 거리감, 결속과 분열, 유사함과 차이점, 느낌, 가족생활이란 맥락 등을 보여 줄 수 있다(Wadeson, 2012).

(5) 창조적 에너지를 방출시킨다

자기의 생각을 마음껏 표현하면서 스스로 주도한 미술작업, 자기와의 대화에 몰입하면서 직면하는 문제를 창의적으로 해결하는 창작 작업, 완성된 작품을 바탕으로 나누는 스토리텔링, 작품 감상의 시간은 활기라는 특성을 보이며 체내의 에너지가 창조적 에너지로 변화되어 발산한다. 이때 내담자는 미술치료에 흥미롭고 진지하게 임하게 되어 내적 발달을 이루며 문제를 해결하게 된다.

2. 아동미술치료

1) 아동미술치료의 이해

우리나라에서의 미술치료는 1990년대부터 시작되었으며, 주 대상은 아동이었다(차미성, 2005). 아동은 언어적이거나 논리적인 자기표현에 대한 어려움과 부모에 대한 많은 의존 때문에 자신의 스트레스나 부정적인 감정을 풀거나 해소하는 데 어려움이 있는 시기이다. 또한 발달과정마다 수행해야 할 과업을 이루지 못하면 다음의 발달과업에 지속해서 영향을 받게 된다. 특히 영유아기는 뇌발달과 신체발달의 적정기이며 성격, 다양한 능력 등 전 생애를 살아가는 데 필요한 기초 능력이 좌우되며 결정되는 중요한 시기로서, 이 시기가 지나면 지속적인 자극을 제시하여도 특정한 심리적 특성이나 행동의 발현이 매우 어려우므로 '결정적 시기(critical period)'라고 한다. 따라서 아동에 대한 이해는 심리치료에서 매우 중요하며 아동에게서 미술은 의미 있는 경험으로 정서적인 안정과 발달을 도우며 전인적 발달과 함께 자신에 대한 가능성과 가치관을 형성할 수 있게 한다.

미술이 아동에게 치료적 도움을 주는 것은 비언어적인 수단으로 방어기제가 없이 아동에게 흥미를 줄 수 있고 미술표현 활동의 의미 있는 경험들은 아동의 가치를 높여 주고 전인적 발달을 가져다주기 때문이다. 또한 아동에게 미술치료는 자신의 느낌과 감정을 표현하여 분노, 적대감 등의 부정적 감정을 해소하고 자기표현과 승화작용, 창작 작품의 완성과 자존감 향상을 통해 자기 성장을 촉진하는 데 도움이 된다. 더 나은 관계 형성과 발달을 위한 수단이 되는 미술치료는 아동, 특히 여러 형태의 장애 아동들에게 효과적인 치료 방법을 제공해 준다. 심리적으로 불안정한 아동에게는 자기 통제력과 심리적 안정감을 찾을 기회를 얻게 하고 관계 적응을 하지 못하는 아동에게는 원활한 대인 관계의 기술을 갖게 하여 자아의 존중감을 얻도록 한다. 그뿐만 아니라 미술활동의 특징인 뇌와 눈, 손의 협응력과 대·소근육의 활동을 통해 자연스럽게 육체적, 정신적으로 건강하게 자랄 수 있도록 도와준다.

2) 아동미술치료의 장점

미술치료는 창조적인 예술경험(creative arts experiences)과 표현적인 예술경험(expressive arts experiences)으로 나눌 수 있다. 창조적인 예술경험의 초점은 작품을 만드는 것으로 감정을 표현하는 것이고, 표현적인 예술경험의 초점은 생각과 감정을 나타내고 말하기 위한 수단으로 사용된다(Moon, 2001). 창조적인 예술경험을 바탕으로 표현된 창작 작품은 창의성과 창의적 문제해결 능력을 바탕으로 자존감 및 개인의 성장을 촉진시켜 열등감을 없애고 자기실현을 하는 역할을 하게 된다. 또한 표현적인 예술경험으로 표현된 창작 작품은 자신의 내면을 외부세계로 형상화함으로써 내면 상태를 진단하고 심리적 갈등을 스스로 직면하여 해결하도록 도와준다. 아동미술치료는 창조적인 예술경험으로 대부분 이루어지며 이러한 창조적 예술경험은 자신의 생각과 감정을 작품으로 표현하여 부정적 감정을 해소시켜 긍정적인 자아개념을 형성하며 충분한 표현과 지지를 통해 매체의 사용과 창작 작업 과정들에 익숙해지는 유능함을 느끼고 창의적 문제해결 능력의 향상으로 효용성을 가져가 자기성장을 촉진할 수 있다.

아동에게 아동미술치료의 미술활동은 다음과 같은 치료적 장점이 있다(Malchiodi, 1998).

첫째, 분노, 적대감 등의 부정적인 감정을 미술이라는 긍정적인 방법으로 해소한다.

둘째, 방어기제를 허물지 않고 자신의 무의식적 생각, 감정, 느낌 등을 전달하게 하는 의사소통 기능을 가진다.

셋째, 미술재료를 선택하고 제작하는 과정을 스스로 주도하여 작품을 완성함으로써 개인적인 성취감, 만족감 등을 느끼면서 자아개념 인식을 강화한다.

넷째, 미술재료의 사용은 주변 환경 및 타인과의 관계를 관찰 · 인식하는 방법을 터득하면서 인지적 능력과 신체적 기능을 발달시킨다.

다섯째, 주저하거나 말이 없는 아동과 친밀감을 형성하여 긍정적인 관계 형성에 도움을 준다.

여섯째, 미술작품은 여러 정보와 더불어 보충적 자료로서 진단에 도움을 준다.

그리고 집단 아동미술치료는 자기를 표출하지 못하고 집단을 회피하는 아동에게 자기를 지나치게 의식하지 않는 분위기 속에서 자연스럽게 자신을 나타내면서 타인을 고려할 줄 아는 사회적 조망과 친구관계의 하위영역에 있어서 긍정적인 영향을 미친다(오종은, 2001). 또한 미술이라는 매개체를 통하여 집단 구성원 간의 역동성과 의사소통으로 상호작용을 하게 된다. 따라서 아동은 이러한 상호작용 과정을 통해 자기 표현력과 함께 타인을 고려하고 배려할 줄 아는 사회관계성 향상에 긍정적 영향을 미치게 된다.

3) 창의적 문제해결 능력과 아동미술치료

아동미술치료는 창조적인 예술경험(creative arts experiences)이 치료라는 '치료로서의 미술(art as therapy)'인 크레이머(Kramer, 1916~2014)의 관점을 말한다. 크레이머(Kramer, 1971)는 "미술활동의 창작과정은 치유력이 있다."라고 주장하였다. 미술활동은 진실하게 자기 자신을 표현하는 기회인 동시에 창작과정에서 치유하는 힘을 발휘하여 개인적인 변화와 감정적 보상, 성취감으로 이끌어 가는 경험을 갖게 되는 것이다.

아동의 창의성 관련 연구들을 종합해 보면, 미술활동은 크게 두 가지 측면에서 아동의 창의적 문제해결 능력에 긍정적 영향을 미친다.

하나는 아동들의 표현 능력과 관련된 것이다. 자신의 경험이나 상상을 바탕으로 새롭거나 아름답게, 유용하게, 다양하게 표현해 나가는 과정을 통해 많은 문제와 부딪치게 되며 이러한 문제를 몰입하여 해결하면서 창의적 사고 및 그에 따른 문제해결 능력을 키우는 데 영향을 미친다.

또 다른 하나는 문제를 해결하기 위한 아이디어와 관련된 것이다. 아동들이 어떤 내용으로 어떻게 표현할 것이며 어떤 재료를 사용할 것인지, 직면하는 문제를 어떻게 해결할 것인지 등을 위하여 아이디어를 발견하고, 그것에 대해 서로 간에 의견을 교환하는 과정에서 아이디어는 계속해서 수정되고, 재창조되는 과정을 거치게 되면서 창의적인 문제해결에 이르게 된다(이은경, 2017).

따라서 자발성을 바탕으로 한 자기 주도적 미술활동은 창의성과 창의적 문제해결 능력을 함양하는 데 매우 중요한 역할을 하게 된다. 다양한 매체의 경험은 재료지배 능력 향상과 함께 흥미유발, 창의적인 표현을 할 수 있는 기초 능력을 증진시킨다. 여기서 창의성은 아동이 무엇을 할 것인지, 어떻게 결정하고 도전해 나아갈 것인지에 대한 문제에 당면했을 때, 다양한 사고로써 문제를 해결할 수 있는 능력을 향상하여 당면한 문제를 스스로 해결하고 새로운 상황에 적극적으로 대처하도록 역할을 하는 것이다(신하나, 2014). 창작 작업에 대한 몰입은 창의적 문제해결 능력을 향상시키고 이러한 창의적 문제해결 능력은 창작 작품을 완성할 수 있도록 한다. 이러한 가운데 깊은 깨달음에서 나오는 '아하' 하는 경험이 많아지게 되며 높은 만족으로 절정의 기분을 경험하게 된다. 이러한 창의적 문제해결 능력은 아동이 생활 속에 만나는 다양한 문제를 스스로 해결하면서 새로운 방향을 설정하고 자기 이해를 증진하여 자아 성장하게 한다.

창의성 검사에서 길포드(Guilford, 1950)는 창의성과 관련하여 확산적 사고(divergent thinking)를 언급하였고, 1967년에는 확산적 사고의 하위 요인을 사고의 유창성과 융통성, 독창성, 문제에 대한 민감성과 정교성, 집요성, 재구성력" 등으로 설명하였다. 토렌스와 사프트(Torrance & Safter, 1990)는 TTCT(Torrance Test of Creative Thinking) 검사를 통해 창의성을 유창성, 독창성, 정교성, 제목의 추상성, 성급한 종결에의 저항에 대한 점수의 합으로 창의성을 지시하였다. 또한 창의성의 구성요소에 대해 길포드(Guilford, 1975)는 '유창성, 융통성, 정교성, 독창성, 문제에 대한 민감성, 재정의' 등 여섯 가지 요인으로, 윌리엄스(Williams, 1982)는 '유창성, 유연성, 독창성, 정교성'의 네 가지 요인으로 제안하였다.

4) 창의성의 구성요소와 아동미술치료

창의력과 사고력, 문제해결 능력 등에 관한 연구에서는 미술활동이 창의성이나 문제해결 능력과 같은 사고력에 효과가 있다고 보고하고 있다. 일반적으로 창의성은 개인이나 우리 사회에 필요하고 유용한 가치를 새롭게 창출해 낼 수 있는 능력으로서 상상과 경험적 사고에 기반을 둔 창의적 문제해결 능력으로 이어진다(이은경, 2017). 창의적 문제해결 능력에 대한 개념을 슈어(Shure, 1976)는 일상생활에서 야기되는 대인 간 상황에서 다양하고 새로운 문제들을 효과적으로 해결하는 기술이나 방법을 발견하고 창조하는 능력이라고 하였다. 주릴라와 네주(zurilla & Nezu, 1990)는 개인이 일상생활에서 특정 문제 상황에 직면했을 때 가장 효과적인 대처방안을 찾아내려는 인지적, 정서적, 행동적 프로세스로 정의하면서 구성원이 직무를 수행하는 과정에서 직면하게 되는 특정 문제의 상황에 대한 장애요인을 제거하고 목표 상태에 도달하려는 방법을 찾아내는 능력이라고 하였다.

창의적 문제해결 과정에는 확산적 사고력과 비판적 사고력이 필요하다. 확산적 사고력은 새로운 방식으로 결합하거나 새롭고 신기하고 독창인 산출물을 내는 과정으로 유창성, 융통성, 독창성 등으로 이루어지며 비판적 사고력은 문제를 정의하고, 문제에 적절한 해결책을 찾아 구체화하는 논리적이고 체계적으로 사고하는 기능으로서 적절성, 신뢰성, 정교성 등으로 구성된다(송기호, 2007).

윌리엄스(Williams) 모델의 창의성의 구성요소와 아동의 창작행위와 관련지어 구체적으로 살펴보면 다음과 같다.

(1) 유창성

특정한 문제 상황에서 주어진 시간 안에 가능한 한 많은 아이디어나 반응을 산출하는 능력을 말한다(이순복 · 손지향, 2011).

아동미술치료에서는 아동이 미술작업 전 어떤 상징활동을 할 것이며 어떻게 표현할 것인가? 또 그렇게 하려면 어떤 매체를 선택할 것인가? 등의 다양한 생각으로 탐색하고 창의적으로 자신의 생각과 사고를 마음껏 표현하는 과정에서 발달할 수 있다. 또한 작업 도중 겪는 다양한 미적 경험, 작업 과정에서 발생하는 여러 문제를 창의적으로 해결하는 가운데서 생기는 다양한 방법들의 깨달음, 또는 스토리텔링으로 작품에 대한 다양한 느낌의 대화와 개방식 질문과 답변을 할 때 유창성은 더욱 발달하여 간다.

(2) 유연성

고정적인 사고방식에서 벗어나 새로운 상황에 빠르게 적응하거나 상황의 변화에 대처하는 데 있어서 질적으로 서로 다른 다양한 해결책을 찾아내는 능력을 말하며(이순복 · 손지향, 2011), 한 가지 아이디어에 집착하지 않고 자신의 아이디어를 다른 사람과 관계를 맺어 보고 사물이나 현상들 간의 관련성을 찾아 다양한 관점으로의 발상을 전환하는 데서 길러진다.

아동미술치료에서는 아동이 창작 작업을 하기 위해 다양한 매체 가운데 유용한 것을 선택하려 하거나 미적이며, 조형적인 창의적 사고를 표현하고자 다른 시각으로 보고 다르게 접근하려 할 때 또는 완성된 다양한 창작 작품을 보면서 깨닫는 지각된 인지와 알아차림에서 유연성은 더욱 발달되어 간다. 이것은 창의적인 생각에 새로운 방향을 정해주는 것으로 자신과 자신, 자신과 타인, 자신과 사물이나 현상들과의 관계에 관해 아동들의 다양한 생각을 듣고 다양한 관점을 표현할 수 있도록 바탕을 마련해 주는 것이 무엇보다 중요하다.

(3) 독창성

기존의 것에서 탈피하여 독특한 아이디어를 산출하는 능력으로서 사고의 독창성을 추구하는 데 있다(김지희, 2010). 다른 사람과 같지 않은 독특한 생각을 할 수 있도록 지도하는 데서 길러지는 독창성은 창의적 사고의 궁극적인 목표라고 할 수 있다. 아동미술치료에서는 아동이 창작 작업을 하기 의해 자신만의 생각을 표현하는 창의적 사고와 부딪치는 문제를 해결하기 위한 창의적 문제해결, 완성된 자신의 작품과 다른 사람의 작품에서 깨닫는 지각과 알아차림, 그 알아차림에 의한 내적 발달 등에서 새로운 생각들을 재조합할 때 독창성은 더욱 발달되어 간다.

(4) 정교성

처음 제안된 아이디어에 흥미롭고 유용한 세부사항을 추가하는 것으로서 다듬어지지 않은 기존의 아이디어를 보다 치밀한 것으로 발전시키는 능력이라고 말할 수 있으며(김지희, 2010), 정보를 분석하고 재구성하여 새로운 아이디어로 창출해 낼 때 길러진다.

아동미술치료에서는 작업에 몰입하여 미적·조형적 요소로서 작품을 더욱 아름답게, 유용하게, 새롭게 표현하기 위해 집중하여 몰입할 때 또는 작품 제작과정이나 완성된 창작 작품에 대하여 자신의 생각을 말하거나, 스토리텔링을 할 때 가치 있는 것에 대한 욕구에 의해 알아차리고 깨달아 정교성은 더욱 발달되어 간다.

3. 미술치료를 위한 아동 심리진단

아동이 그린 그림을 통해 아동의 심리상태와 지적 능력, 아동의 상황 등 아동에 대한 내면을 들여다볼 수 있다. 따라서 미술치료를 위한 아동심리 진단에서의 미술치료사는 그림에 대한 심리 분석뿐만 아니라 아동 행동에 대한 원인과 현재의 심리상태를 진단하고 현재의 문제를 어떻게 해결해야 할지를 구체적으로 제시할 수 있어야 한다.

1) 아동의 행동 원인과 문제해결에 대한 이해

긍정적이든 부정적이든 아동의 인격이 그렇게 행동하는 심리적 이유에 대해 이해하려면 다음의 기준으로 바라보면 많은 도움이 된다. 만약 아동 행동에 대한 원인을 알 수 있다면 현재의 심리적·정서적 상태와 어떻게 도움을 줄 수 있을지의 해결방법도 알 수 있게 된다.

(1) 아동이 그렇게 행동하는 원인을 알 수 있는 기준

아동기는 아직 부모와의 의존관계이며 부모의 지대한 영향력하에 있으므로 주 양육자와 주변 환경에 의해 많은 영향을 받는다. 그중 육아에 관한 결정권자인 주 양육자의 영향력은 가장 크며 많은 부분을 차지하게 된다.

① 모방

② 주 양육자가 아동을 어떻게 대했느냐?

③ 주변 환경이 아동에게 어떻게 영향을 주고 억압하였는가?

- 이외 행동 결정에 영향력을 많이 주는 것은 '의도적인 가르침'과 '신체적 이상', '아동의 기질' 등을 들 수 있다.

가. 모방

아동은 성장하면서 많은 모방을 한다. 특히 애착 제공자인 주 양육자의 행동을 가장 많이 모방하여 3~4세경이 되면 엄마가 '찬물도 한 그릇 못 마신다.'라고 할 정도로 모방하게 된다. 만약, 아동이 인사를 잘 하지 않는다면 부모가 인사를 잘 하지 않을 가능성이 크고, 아동이 이기적이면 부모도 그럴 가능성이 크고, 아동이 감정을 풀어 나가지 못하고 폭력성을 가지고 있다면 그 부모 또한 그럴 가능성이 크다.

나. 주 양육자가 아동을 어떻게 대했느냐?

아동기에는 많은 일의 결정권자이자 영향력자인 주 양육자(대부분 엄마)가 아동을 어떻게 대했느냐는 아동의 다음 행동 결정과 인격형성에 가장 많은 영향을 주어 아동이 그렇게 행동하는 원인이 된다. 부모가 아무리 의도적으로 가르쳐도 아동을 대하는 방식에 의해 아동은 다음 행동을 결정짓기 때문이다.

다. 주변 환경이 아동에게 어떤 영향을 주고 억압하였는가?

아동을 둘러싼 주변의 사람과 환경이 아동을 어떻게 대하고 어떤 영향을 주고 억압하였는가에 따라 행동의 원인이 되는 경우도 많다. 그렇지만 아동기에는 아직 부모의 영향력하에 있기 때문에 '주 양육자가 아동을 어떻게 대했느냐?'의 근본 원인에서 비롯되는 경우가 많은 부분을 차지한다.

가령 '한 아동이 학교에서 친구들과 어울리지 못하고 따돌림을 당한다.'라면 다음과 같이 분석해 볼 수 있다.

- 현재 상황: 학교에서의 친구관계 문제이다.
- 문제 원인: 자기중심적 성격으로 사회관계성이 부족하여 다른 친구와 함께 하지 못하거나 스스로 해내는 자발 능력이 부족하여 과제수행 능력이 떨어져 친구들이 함께하지 않으려 하기 때문이다.
- 근본 원인: 자기중심성이 발달하여 사회관계성이 부족한 것은 부모가 어릴 때부터 자녀가 사랑스럽다고 버릇이 없어도 내버려 두고, 아동이 원하는 것을 무분별하게 다 들어주어 자기만 아는 아동으로 자랐기 때문이며, 아동 스스로의 자발 능력과 과제수행 능력이 부족한 원인은 아동이 어려서부터 부모가 과하게 보호하며 많은 것을 도와주고 대신 해결해 주었기 때문이다. 따라서 본 저서에서는 '모방과 주 양육자가 아동을 어떻게 대했느냐?'라는 두 부분에 한정하여 아동행동의 원인과 문제해결에 대해서 다루었으며 이외 필요한 부분은 '기타'로 하여 보충하였다.

사례 1: 자기 표현력이 부족한 아동

자기 표현력은 아동이 자신의 재능이나 능력을 발휘하는 데 필요한 기본적인 능력으로 자기 표현력이 좋은 아동은 자신의 생각과 감정을 잘 전달하기 때문에 친구들과 어려움 없이 함께 지낼 수가 있어 사회관계성이 원활하다.

원인

1) 모방: 주 양육자(이하 부모 또는 엄마라 칭함)가 자기표현을 잘 하지 않는다.

2) 주 양육자가 아동을 어떻게 대했나?

① 평상시 부모가 아동의 말을 들어 주고 수용하기보다는 부모의 생각을 강요하고 부모의 생각대로 아동이 하도록 하는 행위가 반복되었다. ➡ 아동과의 소통 부족이 자기 표현력을 떨어뜨린다.

② 아동이 자기표현을 하였을 때 부모는 그 말을 들어 주지 않거나 무시하였다. ➡ 부모로부터 자기표현이 존중받지 못하면 아동이 자기표현을 하였을 때 주변사람들이 내 말을 들어 줄 것이라는 확신, 내 말이 위력을 가질 것이라는 확신이 부족해져 자기 표현력이 떨어지게 된다.

③ 부모가 성격이 급해 아동이 말을 하거나 자기 표현하는 것을 기다려 주지 못하고 부모 스스로 알아서 하였다. ➡ 부모의 기질이나 성질이 우선하면 그만큼 아동은 자기 표현력이 부족해지고 위축되는 생활을 하게 된다.

3) 기타: 아동의 선천적 기질

문제해결

① 부모가 자기표현을 많이 한다.

② 부모가 자신의 생각을 강요하기보다 아이 말을 들어 주고 수용하고 공감할 수 있도록 노력한다.

③ 부모는 아동이 충분히 자기를 표현할 수 있도록 기다려 주고 표현된 아동의 말이 위력을 가질 수 있도록 들어 주고 공감하고 호응해 준다.

사례 2: 자기조절 능력이 부족한 아동

자기조절 능력은 감정과 행동을 적절하게 조절하여 사회적 상황에 맞게 잘 표현하는 정서 능력을 말한다. 즉 화가 난다고 해서 친구를 욕하거나 때리지 않고 상황에 맞게 적절하게 행동을 조절하는 능력이다. 자기조절은 공부와 사람 관계에서의 갈등 문제해결과 스트레스를 견디는 문제 등과 관련되어 아이의 성공적 삶에 큰 영향을 준다.

원인

1) 모방: 부모가 성격이 급하여 참고 기다리지 못한다.
2) 주 양육자가 아동을 어떻게 대했나.
   ① 부모와 아동이 함께하는 시간이 부족하다.
   ② 아동과의 애착에서 부모를 불안한 존재로 여기거나 부모의 애착을 회피한다.
   ③ 아동과의 약속을 지키지 않는 일이 반복되어 부모와의 신뢰관계가 부족하다.

아동들의 자제력 즉 '만족 지연 능력'은 '부모의 말을 믿느냐'에서 시작된다. 부모와의 신뢰나 기대형성이 부족하게 되면 사람과의 신뢰 관계에서 참고 기다리면 더 큰 이익을 얻을 수 있다는 믿음이 없으므로 기다리기보다 빨리 자신의 이익을 가져가야 하는 쪽으로 행동하게 된다.

※ 만족 지연 능력: 나중의 더 큰 성과와 이익을 위해서 당장의 욕구와 이익을 참는 능력

문제해결

① 아동과의 애착관계 형성에 노력한다. (애착의 결정기인 생후 1년이 지났어도 애착은 과거완료형이 아니므로 이후에라도 노력하면 안정애착 형성에 많은 도움이 된다.)
② 부모는 진실하여 믿을 수 있다는 신뢰성에 한결같아야 한다.

사례 3: 언어 능력이 떨어지는 아동

언어를 자유롭게 조작할 수 있다는 것은 그 언어를 자유롭게 말하고, 듣고, 이해하는 능력을 모두 포함한다.

원인

1) 모방: 부모가 말이 없고 표현을 잘 하지 않는다.
2) 주 양육자가 아동을 어떻게 대했나?
   ① 부모와의 대화가 부족하고 블록놀이와 같이 아동이 혼자서 하는 행위를 많이 하여 상호작용이 부족하다.
   ② 쌍방이 아닌 일방적인 자극을 주는 텔레비전이나 컴퓨터, 휴대폰 등의 영상물을 과도하게 시청한 경우
   ③ 아동을 과잉보호하는 부모나 성격이 급해 기다려 주지 못하는 부모는 아동이 해야 할 일을 많은 부분 대신해 주게 되어 아동이 말로 표현할 필요성이 줄어들게 된다.
   ④ 부모의 지시(이렇게 해야 한다.), 억압(왜 안했니?), 통제(다음에 또 그렇게 안 하면 그땐 가만 안 있을 거야.)하는 행위가 반복되어 아동과 상호소통이 되지 않을 경우
3) 기타: 기질적으로 언어에 대한 호기심이 낮은 경우, 신체적 이상(난청, 구개파열), 언어 이해와 인지 능력의 문제

문제해결

① 혼자서 하는 놀이나 일방적인 자극을 주는 텔레비전이나 컴퓨터 등을 자제하고 사람과의 관계성을 많이 가질 수 있도록 한다.
② 부모는 아동의 말을 끝까지 들어 주고 공감하며 대화를 많이 할 수 있는 바탕을 만들어 준다.
③ 아동에게 작은 일이라도 성취경험을 주면 아동은 기뻐서 그것을 말하기 위해 스스로 노력하는 것처럼, 말의 필요성을 느끼게 되는 내적 동기를 자극하여 스스로 말을 하고자 하는 욕구가 일어나도록 한다.

사례 4: 사회성이 부족한 아동

사람은 사회에서 생활하고 사회 속의 사람과 관계를 맺으면서 자아를 실현하는데 이러한 사회에 적응하는 개인의 능력, 대인 관계의 원만성 등을 사회성이라고 한다.

원인

1) 모방: 부모가 사회성이 부족하여 타인과 관계를 맺지 않는다.

2) 주 양육자가 아동을 어떻게 대했나?

① 부모의 지나친 과보호와 아동이 해달라는 것을 거절하지 못하는 관용 때문에 자기만 아는 이기심이 발달한 경우

② 부모가 아동의 일을 알아서 다 해 주면 아동 스스로 성취할 기회가 주어지지 않기 때문에 의존적이고 자신감이 부족한 아동이 된다.

③ 부모가 문제 상황에서 공격적인 방식으로 해결하는 경우 아동도 더불어 잘 지내는 데 필요한 방법에 대해 잘 모르게 되고, 남을 배려하는 능력도 떨어지게 된다.

④ 부모와의 애착에서 좋은 관계를 맺지 못하면 사람을 믿지 못하게 된다.

⑤ 부모가 잔소리를 많이 하면 아동은 변명이 많아지고 친구에게 지적하거나 강자에게 이르는 등 관계성이 부족해진다. 또한 부모가 굉장히 엄격하였을 경우 아동은 위축되어 표현력이 떨어져 관계성이 부족하거나 공격성이 생길 수 있다.

3) 기타: 타인의 감정에 공감하는 능력이 취약한 기질을 가진 아동

문제해결

① 부모가 타인과 원활한 관계성을 가진다.

② 아동의 요구에 대해 들어주어야 할 부분과 그렇게 하면 안 되는 부분, 아동이 스스로 해야 할 것과 하지 말아야 할 것을 구별하여 준다.

③ 아동 스스로 하는 자발성을 바탕으로 성취경험을 가질 수 있도록 한다.

④ 문제 상황에서 공격적이기보다는 잘 지내는 데 필요한 방법을 인지하도록 한다.

⑤ 안정애착을 형성한다.

⑥ 아동에게 잔소리를 많이 하거나 엄격하게 대하기보다 따듯한 마음으로 아동의 말을 들어 주고 수용하며 그 마음을 이해해 주어야 한다.

사례 5: 자신감이 부족한 아동

어떠한 것을 할 수 있다는 자신에 대한 느낌을 자신감이라 한다. 이러한 자신감은 스스로를 믿는 감정으로서 많을수록 좋으나 상대방을 향한 배려나 예절이 없다면 자만심이 된다.

원인

1) 모방: 부모가 소극적이고 자신감이 부족하다.
2) 주 양육자가 아동을 어떻게 대했나?
   ① 아동에게 "이렇게 해라, 저렇게 해라" 하면서 지나치게 간섭하면 아동은 무언가를 하는 데 있어서 부모의 눈치를 많이 보게 되고 스스로 하는 것을 어려워한다.
   ② 부모가 잔소리를 많이 하거나 혼을 많이 내는 경우 또는 비난하는 듯한 말과 인격과 능력에 관한 꾸지람을 많이 한 경우(인격: 이건 자식이 아니라 웬수다, 웬수, 내가 너 같은 거 왜 낳았는지 몰라 / 능력: 누구를 닮아 너는 이러니?)
   ③ 자녀가 사랑스럽다고 부모가 많이 도와주게 되면 아동은 스스로 하는 자발성과 자율성 능력의 부족으로 성취경험이 적어 자신감이 떨어지게 된다.
   ④ 아동이 스스로 할 수 있도록 기다려 주지 못하거나 무언가를 하고 나면 그것이 마음에 들지 않는다고 아동이 할 수 있는 일을 많은 부분 부모가 대신한다.
   ⑤ 부모가 아동에 대한 기대치가 높다면 자신도 모르게 실망감을 많이 드러낼 수 있다. 이때 아동은 노력하였음에도 부족하다는 생각을 가지게 되어 자신감이 부족해진다.
3) 기타: 소극적이거나 내성적인 기질, 타인과의 관계에서 부정적인 말을 많이 듣거나 부정적인 경험을 많이 한 경우

문제해결

① 부모가 자신 있는 행동을 하여야 한다.

② 아동의 일에 간섭하고 지시하기보다 아동의 말을 들어 주고 수용하며 아동의 생각을 존중하여 아동 스스로 문제를 해결할 수 있도록 기다려 준다.

③ 부모가 문제를 해결해 주기보다 문제해결의 방법을 가르쳐 주어 아동 스스로 성취경험을 가져갈 수 있도록 한다.

④ 아동이 주어진 과제를 잘하기 위해서는 시간이 필요하고 경험이 더 쌓여야 한다. 따라서 부모는 아동이 많은 실험과 탐구로써 경험이 쌓일 때까지 기다려 주고 격려해 주어야 한다.

⑤ 부모가 아동의 행위 결과에 관심을 가지고 칭찬하기보다 아동 자신의 능력에서 한 단계씩 나아가기 위해 노력하는 과정에 관심을 가지고 칭찬하여야 한다.

사례 6: 의존적인 아동

사소한 것 하나에서부터 뭐든지 주변 사람에게 해달라고 하는 의존적인 아동은 스스로 할 수 있는 일이 점점 줄어들면서 부모로부터 분리되는 것에 대한 분리불안이 높아 아동의 자존감 저하로 이어지며 학습이나 사회관계성에도 문제가 된다.

원인

1) 모방: 부모가 자립심이 부족하고 의존적이다.
2) 주 양육자가 아동을 어떻게 대했나?
   ① 아동의 많은 것을 도와주거나 아동의 일에 개입하여 해결해 주고 대신해 주는 부모의 과잉보호에 의해
   ② 아동의 생각이나 의견을 존중하지 않고 부모의 생각대로 아동을 지시하고 확인하며 그렇게 하지 않으면 다음에는 화를 낸다는 등의 다소 강압적인 양육태도에 의해
   ③ 부모의 잔소리와 부정적인 말의 반복이 반복이 있었다.
   ④ 아동이 해내기에 힘든 과제나 어려운 것을 하여 실패한 경험이 많았으며 그때마다 부모의 잔소리가 반복되었다.
3) 기타: 기질이 까다롭고 예민하여 새로운 것에 대한 거부감이 많은 아동

문제해결

① 부모가 자립심 있는 행동을 한다.
② 부모의 보호와 통제가 아닌 아동의 자발적 행동을 존중하여 아동 스스로 할 수 있도록 바탕을 마련해 주고 아동의 자유로운 생각과 의견을 존중하여야 한다.
③ 아동이 한 일이 부모가 보기에 답답하고 제대로 완성되지 않아도 격려와 칭찬으로 용기를 주면서 기다려 주고 믿어 준다.
③ 아동이 할 수 있는 작은 일부터 하나씩 성공시켜 자신감을 심어 주고 이러한 성공의 경험이 반복될 수 있도록 칭찬으로 강화를 준다.

사례 7: 무조건 이기려고 하는 아동

뭐든지 이겨야 하고 무엇이든 최고여야 하는 아동은 욕심이 많다고 하기보다는 정서적 문제일 수 있으므로 자기 스스로의 성취감을 느껴야 하는 바른 학습의 효과를 가지지 못한다.

원인

1) 모방: 부모가 사소한 것까지 남에게 지기 싫어한다.

2) 주 양육자가 아동을 어떻게 대했나?

① 부모가 아동의 결과물만을 칭찬하여 아동이 결과에 연연하게 될 때

② 부모가 지나친 경쟁의식을 부추길 때

③ 부모의 칭찬과 보상을 바라는 형제 사이의 경쟁 관계

문제해결

① 부모가 다른 사람에게 이기려고만 하기보다 배려하고 함께 소통한다.

② 아동에게 결과물을 칭찬하기보다 과제를 하기 위한 과정과 노력한 것에 대하여 칭찬한다.
(과정과 노력의 칭찬: "친구에게 양보하다니 멋있는데", "힘든데도 이렇게 열심히 하는구나", "이번에는 이것을 해결했구나")

③ 감정을 공유하고 서로 함께하는 사회라는 테두리에서 생활해야 하므로 부모가 지나친 경쟁의식을 부추기는 것보다 함께하는 즐거움의 사회관계성을 길러 준다.

④ 부모는 형제간 차별대우를 하지 않고 각자 사랑의 확신을 주며 형제간의 경쟁보다 우애로써 함께하는 것이 더 소중함을 깨닫게 한다.

사례 8: 폭력적인 아동

폭력성을 가진 아동에게 벌을 주거나 혼을 내어 못 하게 한다고 해서 문제의 근원이 해결되지 않으므로 다시 그 행동이 반복된다. 왜냐하면 폭력은 외로움이나 슬픔을 느끼지 않기 위한 방어이거나 불안과 두려움의 표현이기 때문이다.

원인

1) 모방: 부모가 아동을 폭력적으로 대하거나 고압적이고 부정적으로 대하면 아동도 '공격자 동일시'의 힘센 사람이 되어 자기가 꼼짝없이 당한 것처럼 다른 아동을 괜히 건드리고 꼼짝 못 하게 한다.
2) 주 양육자가 아동을 어떻게 대했나?
   ① 부부간의 갈등이나 아빠는 우리를 괴롭히는 존재로 생각하는 것과 같이 부모에 대해 부정적으로 인식하고 있을 때
   ② 아동의 말을 들어 주기보다 부모의 생각을 강요하며 지시, 억압, 통제가 심하여 마음 가득 화를 담고 있다.
   ③ 부모에게 혼이 나 억울함이 쌓여 있거나 형제간 갈등에서의 불만, 엄마와 아빠 사이의 갈등 지속으로 인한 불안, 부모의 무관심 등 가정 내 스트레스에 의해
   ④ 부모의 무관심에서 관심을 끌어내고 싶은 경우
3) 기타: 내가 이만큼 화가 났다는 것을 표현하기 위해 폭력을 사용하기도 한다.

문제해결

① 부모가 공격적인 행동을 아동에게 보이지 말아야 하며 부부 사이를 회복하고 아동을 사랑으로 대하여 아동이 가지고 있는 부모에 대한 부정적인 인식을 거선해 주어야 한다.

② 부모의 생각을 강요하기보다 아동의 말을 들어주고 수용하며 아동의 감정을 읽어주어 사랑으로 소통할 수 있어야 한다.

③ 갈등상황에서 슬기롭게 해결하는 방법을 인지하여 상대의 마음을 이해하고 서로가 함께하는 사회관계성을 향상한다.

사례 9: 게임에 빠진 아동

컴퓨터, 게임기, 스마트폰이 집집마다 넘쳐나면서 아동의 게임 중독 때문에 전쟁을 치르는 가정이 많다. 생각 없이 쥐여 준 스마트폰이나 IT 기기를 잘 만져 IT 신동으로 생각한 부모, 학습용 게임기니까 괜찮다는 생각 등의 후폭풍으로 컴퓨터 게임에 빠진 아동들 때문에 부모의 걱정이 크다. 컴퓨터 게임에 지나치게 몰입하다 보면 생활 패턴이 망가지고 자기 일을 등한시하게 되며 사회성 발달과 정서적 발달에 악영향을 주면서 정상적인 뇌 발달에 방해를 준다.

원인

1) 모방: 부모가 게임을 많이 한다.

2) 주 양육자가 아동을 어떻게 대했나?

① 부부간의 다툼이 잦아 갈등이 심할 때, 아동에게 다그치는 말을 많이 하게 되거나 꾸지람을 많이 할 때와 같이 부모나 주변에서 주는 여러 스트레스를 받으면 현실 도피적 성향이 반영되어 나타난다.

② 부모의 무관심이나 바쁨으로 인해 아동이 혼자 보내는 시간이 많다.

③ 부모가 모든 것을 지원해 주는 대신 자녀에게 좋은 성적이나 공부에 대한 높은 기대와 압력을 주어 아동이 갑갑함을 느낀다.

④ 부모와의 소통 부재나 친구들과의 관계성 부족에 의해 현실에서 외로움을 많이 느낀다.

3. 기타: 친구들과 어울리기 위해 게임을 하다가 게임에 빠질 수 있다.

문제해결

① 부모가 아동이 보는 앞에서 게임을 하기보다 사람과의 건강한 관계성을 보여 준다.

② 자녀에게 관심을 가지고 놀아 주며 사랑으로 소통하고 정서적으로 교감한다.

③ 부모가 아동의 말을 들어 주고 소통으로 대화하면서 아동이 게임을 하는 이유를 먼저 이해하고 그 엉켜진 실타래를 하나씩 풀어나가는 데 적극적으로 도움이 되어 주어야 한다.

④ 게임 외에 좋아할 만한 놀 거리를 찾아서 관심을 전환한다.

사례 10: 우울한 아동

아이들도 어른과 같이 스트레스를 받고 좌절하기도 하면서 우울감을 느끼게 된다. 다만 우울감을 표현하는 방식에서는 어른과는 다르게 나타난다. 우울한 아동은 정서표현 능력이 성인들보다 떨어져서 자신의 기분을 말하지 못하고 짜증과 화를 자주 내고 울기도 하는 등 감정 기복이 심하지만, 부모가 이를 알아차리지 못해서 방치를 하는 경우가 많다. 우울한 아동은 의욕과 기운이 없으며 친구들과 잘 놀지 않으려 하고 학교생활 부적응, 학업부진, 게임중독 등의 부정적 상황에 놓일 수 있다.

원인

1. 모방: 부모가 끊임없이 걱정하며 우울한 성향을 보인다.
2. 주 양육자가 아동을 어떻게 대했나?
   ① 부모의 이혼이나 양육자의 변화, 사랑하는 사람을 잃었을 때, 학교 성적이 떨어지면서 의욕이 없을 때 등 갑작스러운 환경변화에 의한 힘든 경험으로 인해
   ② 부모가 지나치게 완벽주의적인 성격을 가진 성향에 의해
   ③ 부모와의 갈등이나 대인관계에서의 갈등에 의해
3. 기타: 우울증 중 40%는 유전적 요인에 의해 발생

문제해결

우울은 부모의 역할이 매우 중요하다. 부모의 변화와 지지가 있을 경우 증상의 호전은 물론, 일상생활의 기능도 나아지게 된다.

① 아동의 말에 귀 기울여 주고 아동의 감정을 이해해 주며 평소 대화하는 시간을 꾸준히 가진다.

② 아동이 사랑받고 있다는 확신을 줄 수 있도록 스킨십을 자주 하고 자주 안아 주며 격려와 칭찬으로 긍정적인 생각을 할 수 있도록 돕는다.

③ 아동이 작은 일에도 스스로의 노력과 생각으로 문제를 해결하여 '나도 할 수 있다'는 자신감이라는 피드백을 준다.

밝고 건강하여 자기표현을 잘하는 자존감이 높은 아동

원인

1) 모방: 자녀의 말을 들어 주고 소통하며 늘 사랑으로 대하는 자존감이 높은 부모
2) 주 양육자가 아동을 어떻게 대했나?
   ① 부모와의 안정애착 속에 긍정적인 대상관계를 형성하였다.
   ② 부모는 아동이 스스로 하고자 하는 자발성과 자기 생각을 표현하는 창의성을 존중하고 자기주도로서 독립심을 가질 수 있도록 하였으며 아동이 잘할 수 있다고 늘 믿어 주었다.
   ③ 부모는 아동에게 새로운 경험을 제공할 수 있도록 노력하였으며 아동 스스로 문제를 해결하여 성취한 성공의 경험이 될 수 있도록 환경과 바탕을 마련해 주었다.
   ④ 부모는 아동과 한 약속을 반드시 지키며 부모의 사랑 속에서 안전기지의 든든한 백그라운드 역할을 하였다.

2) 아동의 그림에 의한 심리 분석

아동의 작품에는 아동의 지적 수준과 정서적 상태, 심리적 문제를 이해할 수 있을 정도로 아동의 내면을 들여다볼 수 있다. 따라서 아동의 그림에 따른 심리적 이해는 치료목표 설정에 도움을 준다.

그러나 작품 하나로써, 그것을 그리거나 만든 아동의 심리를 진단한다는 것은 여러 문제점과 함께 폭넓은 진단을 할 수 없기 때문에 질문을 통하여 나오는 해석과 함께 아동의 행동 원인과 문제해결에 대한 이해를 바탕으로 아동의 심리 분석 결과를 종합적이고 통합적으로 도출할 수 있도록 하여야 한다. 그 이유는 그림에 따른 심리적 분석은 표준화된 검사법이 아니라는 점과 사람의 심리는 감정에 따라 일시적으로 변하며, 검사자와 내담자의 관념적 생각과 사고가 담겨 있을 수 있기 때문이다. 또한, 치료자가 작품에 대한 심리를 분석하는 데 치중하여

내담자를 대한다면 내담자는 자신의 심리를 들킬까 부담스러우하게 되어 창의적 표현이 위축되게 된다. 따라서 지나치게 내담자의 심리 분석에 치중하기보다 자유로운 가운데 마음껏 창의성을 표현할 수 있도록 바탕을 마련해 주는 것이 더 중요하다.

그림에 의한 심리 분석	그림의 형식	인물상의 크기, 인물상의 위치, 인물상이 그려진 순서, 인물상 간의 거리, 인물상의 방향, 대상의 공간사용, 대상을 그린 필압, 대상을 그린 선의 성질, 그림을 그린 후 글씨를 적음
	그림의 내용	통합성, 완성도, 생략, 세부특징, 제목과 그림의 내용
	사용된 상징	사용된 상징에 대한 의미
	그림의 전체적 이미지	그림의 부분적 요소들이 종합되어 하나의 전체로서의 이미지와 전체적 평가에 대한 의미
행동에 의한 심리 분석	언어적 행동	질문과 대답, 언어적 표현, 목소리, 침묵
	일반적 행동	치료사를 대하는 태도, 작품을 대하는 태도, 정서적 표현, 눈맞춤, 시선

(1) 그림의 형식적 분석

그림을 어떻게 그렸는가의 형식적 분석으로 아동 자신의 성격과 아동 자신과 타인과의 관계를 이해할 수 있다.

가. 인물상의 크기

아동 자신의 모습과 아동이 가지는 심리적 관계를 알 수 있다.

① 아동 자신을 크게 그림: 자신감이 차 있거나 자기중심적 성향이 강하다.

② 자기를 그리지 않거나 작게 그림: 위축되어 있거나 자신감이 부족하다.

③ 아동 자신에게서 중요한 사람은 크게, 중요하지 않은 사람은 작게 그린다.

④ 인물이 화지 밖으로 나가거나 나갈 정도로 큰 경우: 감정조절이 부족하여 충동적일 수 있다.

⑤ 전반적으로 인물의 크기가 큰 경우: 자신감이 있으며 자유롭다.

⑥ 전반적으로 인물의 크기가 작은 경우: 불안한 마음이 있을 수 있으며 열등감과 무능력으로 낮은 자존감을 나타낸다.

나. 인물상의 위치

인물상의 위치에서 아동이 가진 정서를 알 수 있다.

① 화지의 중앙부에 그린 그림과 오른쪽에 그린 그림: 긍정적 정서를 나타낸다.
② 아래쪽과 가장자리: 불안정과 관련이 있어 부정적 정서를 나타낸다.
③ 화지 위쪽에 사물이 많이 몰려 있음: 주변 환경에 대한 인식이 부족하고 정서적으로 불안정하다.
④ 위쪽의 인물상: 집단 내 리더의 역할이 주어지는 인물을 주로 그린다.
⑤ 아래쪽의 인물상: 소심하거나 활동성이 떨어진 사람이며, 불안정한 면이 있다.
⑥ 오른쪽의 인물상: 외향성과 활동성을 가졌으며 자신의 역할을 적절하게 하는 사람이다.
⑦ 왼쪽의 인물상: 내향성과 침체성이 있는 사람
⑧ 중앙부에 그려진 인물상: 집단 내의 중심인물인 경우가 많다.
아동 자신이 중앙에 그려져 있다: 자기중심성의 성격이다.
⑨ 위아래의 좌우 가장자리에 그려진 인물상: 불안정한 상태 또는 의존적 성향으로서 낮은 자존감을 의미한다.

다. 인물상이 그려진 순서

인물상을 그릴 때 어디서부터 그리는지 누구부터 그리는지 등의 순서를 확인해야 한다.

① '어디서부터 그렸느냐'의 인물상의 순서

인물상을 그릴 때는 일반적으로 얼굴, 몸통, 손, 발을 그려 나가지만 아동이 다음과 같이 그린다면 그리는 순서에 따라 아동의 심리를 분석할 수 있다.

- 얼굴 부분만 상세히 표현함: 강박적인 성향이 있다.
- 의복을 먼저 그린다: 인간관계에 문제가 있다.
- 몸부터 먼저 그린다: 자아개념이 부족하다.
- 얼굴을 나중에 그린다: 다른 사람과의 정서적 관계의 어려움이 있다.
- 다리부터 먼저 그린다: 성에 관한 관심과 갈등이 있다.
- 손을 먼저 그린다: 죄악감을 의미한다.

② '누구부터 그렸느냐'의 인물상의 순서

집단 내의 영향력 순서나 정서적 위치를 나타낸다.

- 집단 내의 영향력 순서: 먼저 그려진 인물은 심리적으로 중요하며, 마지막에 그리거나 그려지지 않은 인물은 서운한 관계로서 갈등을 의미한다.
- 집단 내 정서적 위치: 특정 인물 또는 자기상을 먼저 그린 경우 집단 내에서의 정서적 위치를 알 수 있다.
  - 예 이모는 가족이 아니지만 나에게 잘해 주는 이모가 제일 좋아 가장 먼저 그렸다.
  - 예 매일 함께 노는 강아지가 좋아 가족과 함께 그렸다.

라. 인물상 간의 거리

집단 내에서의 심리적인 거리감을 알 수 있다.

① 아동과 가장 가까이 있는 인물상이나 아동과 그 인물상들이 겹쳐 있다면 그만큼 친밀함이 있다는 것을 말한다.

② 아동과 거리가 멀리 있는 일물상일수록 상호작용이 부족하다.

마. 인물상의 방향

대상 인물상이 정면일 경우 긍정적 감정, 뒷면일 경우 부정적 감정을 반영한다.

바. 대상의 공간사용

화지에서 어느 만큼을 그림 영역으로 공간을 활용하였는가와 어떻게 사용하였는가에 따라 심리를 알 수 있다.

① 화지에서 그림 영역으로 활용한 공간의 크기에 따라

- 그림이 필요한 공간만큼 화지에서 적절히 사용하였다: 밝고 건강하다.
- 그림을 필요한 공간보다 작게 그려 공간 사용도가 낮다: 무기력하고 의욕이 없다.
- 그림을 필요한 공간보다 크게 그려 화지의 경계를 넘어섰다: 자기조절과 통제력이 부족하고 정서적으로 불안정할 수 있다.

② 화지에서 공간을 어떻게 사용하였느냐에 따라

- 구분(선을 사용하여 각각의 공간을 의도적으로 구분하여 구성원을 그림): 내성적 아동이나 고립된 아동
- 종이접기(화지를 접어서 몇 개의 형태를 만들고 그 안에 구성원을 그림): 집단 내에서의 강한 불안, 공포를 나타낸다

사. 대상을 그린 필압

필압은 그림 그리는 도구(연필, 크레파스 등)를 화지에 어느 정도의 힘으로 눌러서 그렸는가를 말하며 필압의 정도는 심리적인 에너지 수준을 나타낸다.

① 굵고 강하게 나타나는 선: 활동적이라고 볼 수 있지만, 충동성이 있으며 공격적이거나 반항적일 수 있다.

② 약하고 가는 선: 소심한 마음이거나 소극적이고 우울할 수 있다.

③ 필압의 변화가 크지 않아 안정적임: 건강한 사람이다.

④ 필압의 변화가 심함: 마음이 산만하거나 불안한 마음일 수 있다.

아. 대상을 그린 선의 성질

선의 길이나 선의 연결성, 선의 형태에 따른 심리를 이해하는 것으로 자아의 모습을 나타낸다.

① 한 줄로 그은 선: 의지력이 있으며 자기 통제를 할 수 있다.
② 안정적인 선: 자신이 해야 할 것을 잘 알고 있다.
③ 불안정한 선: 자신에 대한 신뢰가 부족하다.
④ 단번에 그은 선: 단호한 태도로서 결과에 별로 신경 쓰지 않는다.
⑤ 불규칙한 선이 중간중간에 끊겨 있는 경우: 불안한 상태이거나 뇌와 관련된 손상이 있을 수 있다.
⑥ 짧은 선을 여러 번 반복해서 그린 경우: 긴장하거나 불안한 상태 또는 소심한 성격이다.
⑦ 섬세한 선: 수동적이어서 감수성이 우선하여 나타난다.
⑧ 부드러운 선: 감각적인 요소가 있으며 관능성이 우선하여 나타난다.
⑨ 날카로운 선: 성질이나 기질이 우선하여 나타난다.
⑩ 확고한 선: 스스로의 에너지가 넘친다.

자. 그림을 그린 후 글씨를 적음

그림을 분명하게 전달하고자 하는 명료화에 대한 욕구이지만 대상이나 환경에 따라서는 잘해야 한다는 마음의 부담일 수 있다.

(2) 그림의 내용 분석

그림의 내용이 어떻게 표현되었는지를 분석하는 것으로 그림을 그린 후 질문을 하여 그 대답과 함께 분석하는 것이 효과적이다.

가. 주제와 그림의 내용

그림의 주제는 무엇이며 어떤 내용으로 그렸는가를 살펴보는 것은 그린 아동의 생각과 관심, 사고의 수준, 아동의 정서적·심리적 상태 등의 내면을 들여다볼 수 있다.

나. 통합성

① 통합성이 높은 그림: 표현하고자 하는 주제나 그림의 내용이 서로 어울리게 잘 조화된 그림을 말하며 이는 충분히 기능하는 아동으로서 주어진 역할을 잘 감당할 수 있다.

② 통합성이 낮은 그림: 물체가 서로 각각 존재하여 조화되지 않는 그림을 말한다. 불안이나 갈등과 같은 심리적 문제를 겪고 있을 수 있지만 그림에 관심이 없거나 인지적 문제일 수 있다.

③ 은폐하는 그림: 혼란스러운 문제 발생 요인을 상상으로 그리거나 위축된 상상의 그림을 그린 그림으로 좋지 않은 기억에 때문에 스트레스를 받고 있거나 심리적 불안과 정신적 문제를 가지고 있음을 알 수 있는 그림이다. 이는 치료 방법 계획에 유용하게 사용될 수 있다.

구분	사례(주제)	의미
문제 발생 요인을 상상으로 그림	회초리를 든 마녀	심리적인 구속·억압의 상태
	샤워기에서 흘러나온 피	끔찍한 일을 당한 스트레스
위축된 상상의 그림	창살 안에 갇힌 나	위축되어 스스로를 가둠
	손가락질하는 많은 손	죄책감의 괴로움

다. 완성도

① 그림의 완성도가 높은 그림: 자신이 해야 할 일을 잘 알고 있으며 이를 실행할 수 있는 능력도 있다.

② 그림의 완성도가 낮은 그림: 그림 그리는 것에 관심이 없거나 산만, 우울, 불안이 있을 수 있다.

라. 생략

그려야 함에도 그리지 않고 생략하였다면 생략된 것과 관련하여 심리적 갈등이나 거부감 또는 필요성을 느끼지 못하기 때문이다.

예 가족을 그렸음에도 아빠를 그리지 않고 생략하였다.

마. 세부특징

어떤 대상의 세부특징을 상세하게 묘사하는 것을 말한다.

① 음영처럼 표현하거나 선으로 갈기기 한 경우: 그 부분에 몰두하거나 불안감을 가질 수 있다.

② 어떤 부분을 확대하거나 과장한 경우: 그 부분의 기능에 대한 집착이 있다.

③ 전반적으로 정교하게 묘사하고 질서가 있는 경우: 환경구성에 대한 관심이나 욕구가 있다.

④ 특정 부분을 지나치고 정교하게 묘사한 경우: 불안감이 있거나 강박적인 성향이 있다.

(3) 사용된 상징

공격성의 상징	공, 자, 빗자루, 등	손에 들 수 있는 것과 관련됨
남성적인 힘의 과시를 상징	오토바이, 차, 기차	힘 있는 속드감과 관련됨
여성적임을 상징	꽃	아름다움과 관련됨
애정적인 온화함을 상징	태양, 난로, 뜨개질 등	따뜻함과 관련됨
적개심이나 분노를 상징	칼, 총, 폭발물 등	공격성과 관련됨
우울한 마음이나 억울함을 상징	바다, 연못, 비, 커피 등	물과 관련됨
· 텔레비전: 보는 사람이 한 사람이면 상호작용이 부족하여 다른 사람과 관계를 가지지 않지만 두 사람 이상이면 상호작용으로 본다.		

(4) 그림의 전체적 이미지

그림은 이미지를 통하여 심상을 표현하고 소통한다.

① 그림의 전체적 이미지: 그림 전체에서 느껴지는 인상과 분위기는 어떠하며, 그려진 그림 간의 조화는 잘되었는지, 그림에서 이상한 곳이나 특별하게 그린 부분은 없는지 등에 주목하여야 한다.

② 그림에서의 전체적 평가: 아동의 사고 수준과 아동의 심리적·정서적인 내적 상태, 아동의 발달정도와 주변과의 적응 수준, 자기와 타인·자기와 사물에 대한 인지방법 등을 이해할 수 있어야 한다.

3) 아동의 행동에 의한 심리 분석

(1) 언어적 행동

가. 질문과 대답

'아동이 그린 그림에 의한 심리 분석'과 '그림과 관련한 질문과 대답에 의한 내용 분석' 이 두 가지를 통합하여 함께 해석하고 분석하는 것이 효과적이다.

또한 각 질문에 대한 대답에서 '왜?' 또는 '어떻게?'라는 추가 질문으로 분석의 깊이를 더할 수 있다.

예 질문: 이 나무에 필요한 것은 무엇이니?
대답: 사랑.
질문: 왜 '사랑'이라고 생각하니?
대답: 엄마는 동생에게만 관심이 많아요.
질문: 그렇구나. 그러면 어떻게 하면 좋을까?
(왜 그렇게 생각했니? 왜 그렇게 말할 것 같니? 왜 그렇게 했을까? 등)
(어떻게 생각하니? 어떻게 말하면 될까? 어떻게 하면 좋겠니? 등)

집을 그렸다면		대답
질문 1	이 그림에서 날씨는?	
질문 2	이 집은 너에게서 멀리 있니? 아니면 가까이 있니?	
질문 3	이 집에 살고 있는 식구들의 분위기는?	
질문 4	이 집을 보면 생각나는 것은?	
질문 5	이 집을 보면 누가 생각나니?	
질문 6	이 집에서 산다면 너는 누구와 살고 싶니?	
질문 7	이 집을 그릴 때 누구의 집이라고 생각하고 그렸니?	
질문 8	(그림에서 이해하기 힘든 부분이 있다면) 이것은 무엇이니? 왜 그렸니?	

나무(자기 자아상을 의미함)를 그렸다면		대답
질문 1	이 그림에서 날씨는?	
질문 2	이 나무는 남자와 여자 중 어느 쪽을 닮았니?	
질문 3	이 나무는 강한 나무이니? 아니면 약한 나무이니?	
질문 4	이 나무에 필요한 것은?	
질문 5	이 나무는 너에게서 멀리 있니? 아니면 가까이 있니?	
질문 6	이 나무에 있는 주변 나무들이 이 나무에게 무엇이라고 말할 것 같니?	
질문 7	그렇다면 이 나무는 주변 나무들에게 무엇이라고 말할 것 같니?	
질문 8	(상흔 등 이상한 것이 있으면) 이것은 무엇이니? 어떻게 해서 생겼니?	

사람을 그렸다면		대답
질문 1	이 사람은 지금 무엇을 하고 있니?	
질문 2	이 사람은 지금 무슨 생각을 하고 있니?	
질문 3	이 사람은 친구가 많을 것 같니? 어떤 친구들일 것 같니?	
질문 4	이 사람은 행복하니? 아니면 불행하니?	
질문 5	이 사람에게 필요한 것은 무엇이니?	
질문 6	너는 이 사람처럼 되고 싶니?	
질문 7	이 사람을 그릴 때 누구를 생각하고 있었니?	
질문 8	(그림에서 이해하기 곤란한 부분이 있다면) 이것은 무엇이니? 왜 그렸니?	

풍경을 그렸다면		대답
질문1	이 그림은 사계절 중 어느 계절이니?	
질문 2	이 그림에서 날씨는?	
질문 3	몇 시 정도의 풍경이니?	
질문 4	길(강)은 어디로 연결되었니?	
질문 5	연결된 이 길(강) 너머에는 무엇이 있을 것 같니?	
질문 6	네가 그린 풍경이 너에게 무엇이라고 말할 것 같니?	
질문 7	풍경이 그렇게 말한다면 너는 어떻게 말할 것 같니?	
질문 8	네가 그린 풍경이 마음에 드니? 네가 그린 풍경에 대한 느낌을 적어 볼래?	

나. 언어적 표현의 관찰

언어적 표현도 심리 분석에서 중요한 부분이 된다. 아동이 자신의 그림에 대해 말할 기회를 가진다는 것만으로도 의미가 있으며 작업 진행 과정에서도 개방형으로 질문하여 아동이 언어적 표현을 할 수도 있고 작업이 끝난 후에도 언어적 표현으로 대화를 나눌 수 있다. 대화하면서 아동이 진술한 내용을 치료사가 요약해서 반영해 주는 것도 도움이 된다. 언어적 표현에는 자기 작품에 대해 말하거나 작품에 관한 대화, 완성된 작품에 대한 개방식 질문, 역할놀이, 역할 교환법, 상징놀이 등이 있다.

- 개방형 질문법: 대답이 정해져 있지 않은 질문으로 자신의 생각을 자유롭게 표현할 수 있다. 이는 아동의 창의적 사고력을 증진한다.

  예 화가 났을 때 너는 어떻게 했니? 다음에는 어떻게 하면 좋을까?

- 상징놀이: 빈 컵을 들고 물을 마시는 것과 같이 어떤 사물이나 행동을 다른 사물이나 행동으로 상징화하는 놀이를 말한다. 대표적으로 소꿉놀이가 있다.

  예 질문: 아빠는 어떤 동물로 표현할 수 있니?

  답: 아빠는 호랑이, 나는 토끼 같아요.

  질문: 그럼 이것으로 우리 놀이해 보자. 내가 토끼 할게. 네가 호랑이 해 볼래?

다. 언어적 표현을 하지 않는다

이야기를 해야 하는 상황에서 말을 하지 않는다면 자기 표현력이 부족하여 부끄럽거나 두려움이 있을 수 있으나 상황이나 대상에 따라서는 참여하고 싶지 않은 거부일 수 있는 등 여러 원인이 있으므로 그 이유를 알아야 한다.

라. 목소리

말의 내용도 중요하지만, 말이 전달되는 목소리도 중요하다. 목소리의 빠르기와 세기, 밝은 목소리, 조용한 목소리, 흐느끼는 목소리, 침울한 목소리 등의 느낌과 강약 변화 등을 잘 살펴 그 이유를 알아야 한다.

(2) 비언어적 행동

가. 치료사를 대하는 태도

아동은 검사하는 치료사에게 대부분 자기 이야기를 솔직하게 말을 하지만 상대에 따라서는 회피적이거나 저항적일 수 있는 등 여러 태도가 있을 수 있으므로 그 이유를 알아야 한다.

나. 작품을 대하는 태도

아동이 자기 작품을 어떻게 대하는지에 대한 태도도 중요하다. 자기 작품을 소중히 여기며 자랑하는 경우도 있고 작품을 훼손하거나 버리는 경우도 있으며 자기 작품을 평가 절하하는 경우도 있다. 작품을 집으로 가져가는 경우도 있고 열심히 하였지만 그대로 두고 가는 경우도 있는 등 다양하므로 그 이유를 알아야 한다.

다. 아동의 정서표현

아동의 표현된 정서에서 밝고 건강한지, 우울한지, 불안한지, 공격성향이 있는지, 위축되어 있는지 등의 심리를 이해하고 그 이유를 알아야 한다.

4) 미술치료를 위한 아동 심리진단의 사례

나이: 7세(여, 2녀 중 막내)

(1) 아동의 그림에 의한 심리 분석

전체적인 그림에서 사람을 아래로 하늘의 것은 위로 나열하여 그려 기저선에 가까운 공간 구성을 하여, 공간에 대한 개념은 있지만, 별과 하트, 네모와 같은 것들을 열거식으로 표현하여 주관적 공간 구성으로 사물과의 관계 판단이 부족함을 알 수 있다. 자기 자신을 가운데 그리고 가장 먼저 그린 것으로 보아 자기중심성이 발달한 면이 있으며 선의 성질로 보아서는 자기 기능을 할 수 있는 아동이다. 그림의 인물상은 친구들을 그렸으며 누구와 친한지 자신과의 거리감에서 알 수 있다. 그런데 특이한 것은 오른쪽 아동이다. 아동의 신체 크기가 가장 큰 것으로 보아 자기보다 잘한다고 생각하고 친하게 지내고 싶은 친구이지만 자신과의 거리감이나 가로막힌 하트, 별, 나비 그림으로 보아 심리적인 거리감이 있음을 알 수 있다. 즉 자신은 친해지고 싶어 다가가고 싶은데 그 친구는 자기가 생각하는 만큼 친하게 여기지 않을 수 있다. 검사자가 그림에 대해 지시할 때 "가족을 그려도 좋지만 생각나는 대로 마음껏 그려도 된다."고 하였더니 가족은 그리지 않고 친구들을 그렸다. 가족보다 현재 함께하는 친구들이 더 좋은 것 같다.

(2) 아동의 행동에 의한 심리 분석

가. 태도와 행동

그림에 있는 친구에 대해서 아동에게 질문하면 말을 하나 가족에 대해서는 대답을 잘 하지 않는다. 또한 친구들과 놀 때는 자기표현을 잘하지만, 질문하면 대답을 잘 하지 않고 수줍어한다.

나. 질문과 대답

	질문	대답
1	친구들은 지금 무엇을 하고 있니?	놀고 있다.
2	이 사람은(가운데 있는 아동으로서 자기 자신이라 함) 지금 무슨 생각을 하고 있니?	옆에 그린 별과 사랑
3	이 사람은(가운데 있는 사람) 친구가 많니?	별로 없다.
4	이 사람은(가운데 있는 사람) 행복하니? 아니면 불행하니?	행복하지 않다.
5	이 사람에게 필요한 것은 무엇이라고 생각하니?	별, 하트: 밤에 엄마랑 같이 자고 있으면 좋겠다.
6	하트 그림은 무엇이니? 별은 무엇이니?	하트: 사랑 별: 밤
7	너는 이 사람(가운데 있는 사람)처럼 되고 싶니?	안 되고 싶다.
8	이 사람(가운데 있는 사람)을 그릴 때 누구를 생각하고 있었니?	친구들
9	몇 시 정도의 풍경이니?	아침 7시
10	이 그림은 사계절 중 어느 계절이니?	봄

아동은 엄마에게 사랑받고 싶다는 욕구가 많으며 자기 자신은 행복하지 않고 자기 자신처럼 되고 싶지 않다는 정서적 위축감이 있다. 이러한 위축감은 친구들과의 관계성에도 영향을 미치는 것 같다. 그러나 아침 7시와 봄은 이제 만물이 시작하려 하고 약동하려는 것과 같이 아동이 무엇인가 하길 원하고 좋은 관계로 시작하고 싶은 마음을 가진 것으로 여겨진다.

(3) 아동의 행동 원인과 문제해결에 대한 이해

가. 자기중심성이 발달하였다

엄마는 직장일로 바빠 자녀에게 미안한 마음에 어려서부터 아동이 원하는 대로 많은 것을 들어 준 관용과 보호에 의해 자기중심성이 발달하였을 가능성이 크다. 자기중심성이 발달하였다는 것은 곧 또래 아이들보다 요구 조건이 많으며 친구들과 함께하는 데 부족함이 있게 되어 사회관계성 발달이 필요함을 말한다.

나. 엄마에 대한 따뜻한 품과 사랑을 바라고 있다

아동과 주 양육자와의 애착 부족은 엄마의 사랑을 바라는 욕구로 이어져 나타나고 있다. 이러한 욕구는 정서 만족에 대한 부정성으로 아동의 건강한 발달과 생활에 영향을 주게 된다.

(4) 미술치료를 위한 아동 심리진단

아동이 그린 그림에 의한 심리 분석과 행동에 의한 심리 분석, 아동의 행동 원인과 문제해결에 대한 이해를 바탕으로 하여 종합적이고 통합적으로 도출한 결과 미술치료를 위한 아동심리 진단은 다음과 같다.

가. 아동의 현 상태

하늘과 땅이라는 공간개념은 있지만, 사물과의 관계 판단이 부족하고 자기중심적 성향이 발달하였다. 자기는 행복하지 않다고 생각하여 자기처럼 되고 싶지 않다는 정서적 위축감과 엄마의 사랑을 바라는 애착에 대한 욕구 좌절에 의해 자기 자신에 대해 낮은 자존감을 형성하였다. 또한 친구와의 관계에서 즐거움을 찾는 편이지만 자기 표현력 부족과 정서적 위축으로 인해 원만한 친구관계를 이루지 못하고 있다. 그러나 무엇인가를 새롭게 하고자 하는 바람이 있으며 격려와 칭찬이 따른다면 자기 기능을 할 수 있는 아동이다.

나. 원인

① 엄마에 대한 애착적 욕구가 강하다

엄마에 대한 애착적 욕구가 강한 것은 부모와의 관계성 부족 때문으로 가정사정상 직장관계일로 아동과 많은 시간을 함께할 수 없기 때문이다. 애착에 대한 절정기가 지났음에도 이렇게 욕구가 강한 이유는 요구조건이 많은 아동의 자기중심적 성향도 함께 작용하였으리라 생각한다.

② 친구와 관계성을 가지고자 하나 친구가 많지 않다

아동이 친구와의 관계성이 부족한 것은 자기중심적 성향과 정서위축에 따른 자기 표현력 부족 때문으로 자기중심적 성향은 엄마가 아동이 원하는 대로 많은 것을 들어준 관용과 과보호 때문이며, 자기 표현력 부족은 표현에 대한 모방의 기회와 자기표현의 기회가 부족한 환경, 아동의 말이 수용되지 못하는 정서 소통의 어려움 등에 의해서이다. 자기중심성과 자기 표현력 부족, 정서적 어려움은 타인과의 관계인 사회관계성 부족으로 이어지며 이러한 사회관계성 부족은 친구와의 원활한 관계를 맺는 데 어려움이 생기게 한다.

③ 자기 자신에 대한 낮은 자존감 형성

엄마에 대한 애착 욕구와 그에 따른 좌절 때문에 형성되는 부정적 정서(자기 자신은 행복하지 않고 자신처럼 되고 싶지 않다), 자기중심적 성향과 자기 표현력 부족은 자기 자신에 대해 낮은 자존감을 형성하였다.

다. 부모교육

① 아동은 엄마와의 관계성 부족에 의해 애착적 욕구로서 엄마의 사랑을 원하고 있으므로 자녀에게 많은 관심과 사랑을 주어야 한다.

② 아동의 말을 들어 주고 수용하되 아동의 요구를 들어주어야 할 것과 안 되는 것을 구별하여 바른 가치관을 형성할 수 있도록 한다.

③ 아동 스스로 자기표현을 할 수 있도록 기다려 주고 아동의 표현을 존중하여 주며 공감해 주어야 한다.

④ 아동에게 부모의 생각을 강요하기보다 아동의 생각을 들어 주고 수용하며 아동의 자율성과 아동의 결정을 존중한다.

⑤ 부모는 아동이 스스로의 노력으로 성취하여 성공의 경험을 가져갈 수 있도록 바탕을 마련해 주어야 한다(예: 색종이로 나비 만들어 신발장 꾸미기, 책상 정리하기 등).

⑥ 부모는 아동의 성취경험을 위해 잘할 수 있다고 격려하고, 힘들어할 땐 위로하며, 못할 때는 방법을 가르쳐 주고 성공하였을 땐 칭찬하여 만족감과 자신감을 심어 준다.

라. 아동미술치료

① 치료목표

정서안정과 정서발달, 자기 표현력 향상과 사회관계성 발달, 자신감과 자신감의 반복에 따른 자존감 상승

② 치료방법

정서안정과 정서발달	· 아동이 자발성을 가지고 자신의 생각을 마음껏 표현한다. · 창의적으로 문제를 해결하여 작품 완성이라는 성공의 경험을 할 수 있도록 한다. · 완성된 작품에 대해 말로 설명하며 스토리텔링의 시간을 갖는다(완성된 작품으로 놀이의 시간을 갖는다).
자기 표현력 향상	· 작품 제작을 하면서 작품과 관련하여 주고받는 대화를 한다. · 자기 작품에 대해 말할 기회를 얻는 것과 작품에 대해 개방식 질문과 답변으로 대화를 나누는 등의 스토리텔링을 한다.
사회관계성 발달	· 작품 제작과정에서 필요한 것을 서로 빌려주고 빌린다. · 서로 협의하고 양보하면서 함께할 수밖에 없는 협동 작업을 한다. · 집단이 함께 서로 도우며 작업을 한다.
자존감 상승	· 무슨 내용으로 어떻게 표현할 것이며, 어떤 재료를 사용할 것인지에 대한 자신의 생각을 마음껏 작품으로 나타낸다. · 부딪치는 문제를 창의적으로 해결하였을 때 성취를 경험할 수 있는데 이러한 성취경험의 반복이 일어나도록 한다. · 작품 완성이라는 성공의 경험이 반복되어 나타나도록 한다.

Ⅳ. 미술치료에 기초한 아동미술

제목: 신경전달물질-도파민
사용재료: 캔버스 위에 크레파스(크레파스 가루를 목공풀과 섞어 붙이거나 크레파스로 칠한 부분을 식용유로 문질러 부드럽게 함)

아동이 작업에 몰입하여 부딪치는 문제를 창의적으로 해결하면서 완성한 창작 작품은 아동에게 성공의 경험으로 자리 잡아 높은 만족감을 준다. 이때 신경전달물질인 도파민은 아주 중요한 역할을 하게 된다. 작업에 몰입하게 되면 도파민의 분비가 증가하여 흥분과 긴장을 느끼게 되어 더욱 창의적으로 과제를 완성하려 한다. 또한 자기가 주도하여 성취한 작품 완성이라는 성공의 경험과 교사(부모)의 칭찬이 만났을 때 이러한 도파민의 분비는 정점에 다다르게 되며 아동에게는 기분 좋은 경험, 행복한 경험으로서의 만족감으로 자리 잡게 된다. 이러한 만족감은 다시 찾고자 하는 도파민의 반복현상에 의해 다시 몰입하여 성공의 경험을 반복하려 한다. 이러한 성공의 경험 반복은 아동의 자존감을 향상하고 자아를 성장하여 보다 행복하게 생활하도록 한다.

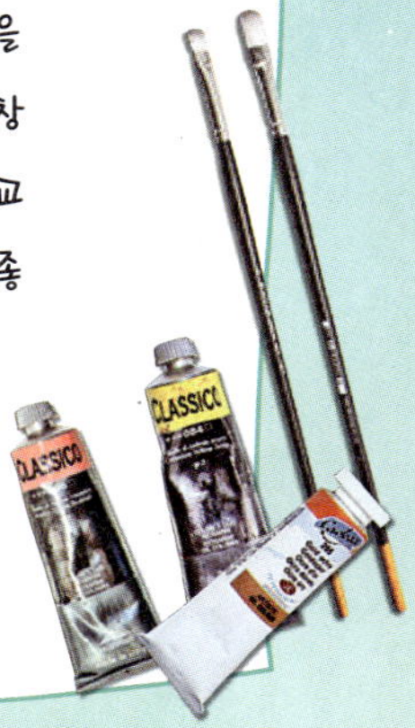

1. 아동미술교육과 아동미술치료의 관계성

크레이머(Kramer, 1916~2014)는 아동미술치료에 대한 미술의 치료적 역할을 긍정적으로 확인한 선구자적 학자라고 할 수 있다. 그에 따르면, "내담자는 그림을 통하여 자기의 내면 감정을 적극적으로 표현하고, 이러한 표출 작업은 정신적인 승화작용을 유발하여 결국은 자아의 성숙을 유도한다."라고 보았다. 즉 미술작품을 만드는 과정 자체를 치료행위로 간주하였다(유봉자, 2007).

아동은 자신의 생각이나 감정을 미술적인 매체로 거리낌 없이 표현하고 친숙하게 미술행위를 즐길 수 있다. 자신의 생각을 작품으로 표현하면서 정서적 안정을 누리고 작품을 완성하기까지 자신과의 의사소통은 창의적으로 문제를 해결하면서 자신을 돌아보게 되어 새로운 방향을 설정하게 된다. 이처럼 현대의 아동미술교육은 인간의 보다 내적인 변화와 발전을 지향하는 정신적 영역에 그 가치를 두게 되었다. 정신적 영역의 성장은 전 인격체의 의미를 두어 자아에 대한 인식을 도와 자아표현 및 자아실현이라는 치료적 의미를 부여받고 있다. 미술이 치료적 의미를 부여받는 이유는 미술이라는 창조적 표현 활동으로 깊은 내면의 작용을 끌어내기 때문이다.

미술은 미술치료와 미술교육의 공통 교집합으로서 미술치료는 발달지체나 심리적 갈등, 정신적 어려움을 겪고 있는 사람들을 대상으로 하여 그들의 창의적 미술작품을 통하여 심리를 이해하고 치료하는 것을 목적으로 하고 있다. 그리고 미술교육은 전인적인 인격교육으로 미적 능력 함양, 조형 능력 향상, 창의력 계발 등을 목적으로 삼는다. 그러나 미술치료는 미술이라는 특성에 의해 창작을 하도록 돕는 작업을 포함하기 때문에 자연스럽게 교육적인 요소를 가지게 된다. 이는 미술치료가 미술교육의 교수법을 직·간접적으로 접목하였음을 알 수 있다.

아동미술치료와 아동미술교육의 공통점과 차이점에 대한 분류를 기존 연구에서 찾아보면 다음 표와 같다.

〈표 2〉 아동미술교육과 아동미술치료의 공통점과 차이점

	아동미술교육	아동미술치료
공통점	· '미술'이라는 형태를 기본으로 두고 있다. · 미술치료를 실시하는 미술치료사는 이론과 기법에서 미술교육과 미술교수법을 근거로 하는 경우가 많다. · 개인의 삶과 자아의식을 풍요롭게 만들어 개인 성장을 돕는다. · 자신의 생각이나 감정을 표현하는 하나의 방법이다. · 유아의 성장 발달에 매우 효과적인 것으로 알려져 있다. · 미술매체를 다루는 동안 자신의 느낌이나 생각을 표현함으로써 보다 나은 발달을 한다. · 정서발달에 중요한 의미가 있다. · 표현을 통해서 내면의 문제, 희망, 느낌 등을 자유롭게 표출할 수 있다는 면에서 다른 어떤 접근보다도 효과성이 높다.	
차이점	· 교육적 목적이 있다.	· 치료목표를 가지고 있다.
	· 교사의 계획된 주도하에 이루어진다.	· 미술치료 참가자 개인의 주도하에 이루어진다.
	· 일반 발달에 따른 목표를 가질 수 있다.	· 일반적 발달이 무시될 수 있다.
	· 재료와 환경을 목표에 따라 결정하며 발달에 따라 목표를 단계화할 수 있다.	· 개인에 따라 목표를 달리 설정하게 된다.
	· 객관화된 평가를 할 수 있다.	· 주관적 경험을 우선으로 한다.
	· 창의성과 인지적 성장을 촉진시키며 자아표현과 심리적인 표출에 의한 측면으로 이해하는 의미 있는 활동이다.	· 내적 갈등을 해결하기 위해 스스로 갈등 상황의 감정을 방출하고 표현하는 과정을 가지도록 유도한다.

출처: 고현 외(2008). 매체를 활용한 유아동미술교육과 미술치료.

그러나 이러한 아동미술치료와 아동미술교육의 공통점과 차이점의 분류는 아동미술교육 현장에서 보편적으로 실행되고 있는 논리에 따른 것으로서 앞서 현대 아동미술교육의 중요성에 대해 살펴본 바와 같이 심리적이고 정신적인 요소가 강화된 지금의 아동미술교육에서는 아동미술교육과 아동미술치료의 이러한 형식적 내용적 분류는 크게 의미가 없음을 알 수 있다. 예를 들어 송행화(2007)에 따르면 "미술치료는 아동들의 인성에 큰 영향을 미치는 분노와 적대감 그리고 부정적인 감정을 변화시키는 기능이 있다."라고 하지만 이것이 과연 미술치

료에만 해당하는 것일까? 아동이 자기의 생각과 감정을 마음껏 표현하는 그 자체가 즐거움이 되고, 그러한 생각이 상징적 작품으로 완성되어 가면서 기쁨의 승화작용이 일어나고 있다면, 작품을 완성하기 위해 부딪치는 많은 문제를 창의적으로 해결하였다면, 작품을 완성한 후 그에 따른 만족감과 기쁨으로 가득 차 있다면, 굳이 미술치료를 논하지 않고 미술교육으로도 충분히 부정적 감정을 해소하고 정화의 감정을 느끼게 되어 문제행동이 수정되고 새로운 방향을 설정할 수 있는 것이다.

미술치료와 미술교육은 전반적으로 다른 목적과 목표를 가지고 있지만, 아동에게서 만큼은 둘 다 미술이라는 매체를 통해서 보다 나은 인간형성과 창조적이고 원만한 삶을 살아갈 수 있도록 도와준다는 점에서 근본적으로 같은 맥락이라고 할 수 있다(김형숙, 2008). 따라서 미술치료의 효과를 적용한 미술교육을 교육현장에서 실시한다면, 아동의 전인적 발달과 함께 자신감을 향상시키고 문제행동을 수정하면서 자아를 성장하게 하여 교육적 목표의 성취는 더욱 쉬워질 것이다.

2. 미술치료에 기초한 아동미술이 되어야 하는 이유

현대 아동미술교육의 중요성에 따른 목적 달성과 미술치료의 목적을 보다 훌륭히 성취하기 위해서는 아동미술치료와 아동미술교육의 접목으로 자발적 창의성과 창의적 문제해결 능력을 바탕으로 스스로 내적 성장을 이루어 가는 미술치료에 기초한 아동미술이 되어야 한다. 그 이유를 정리하면 다음과 같다.

첫째, 미술재료와 아동과의 만남, 그리고 창작 작업은 그 자체가 아동미술이며 아동미술치료이다.

미술교육과 미술치료는 미술이라는 예술형태를 기본으로 두고 있으며 창조적 표현을 가장 중요시한다. 창조성은 기존의 질서와 규칙의 한계를 뛰어넘은 새로운 시각과 관점을 갖는 것이고 이러한 관점으로 창조적 사고를 하게 되면 기존 문제에 대한 새로운 해결방법을 갖출 수 있다. 따라서 미술의 창조적인 작업은 자신의 문제에 대한 새로운 인식과 통찰을 가능케 할 수 있다(최재영, 2004). 루빈(Rubin, 2006)은 "미술치료는 사람들이 창작하도록 도와주는 작업을 포함하기 때문에 자연히 교육적인 요소가 있다."라고 하였다. 미술작업은 이러한 창조성의 표현과정이며 창조과정 그 자체가 종합적인 성격을 가지고 있어서, 미술교육과 치료가 서로 공유할 수밖에 없다. 따라서 미술재료와 아동과의 만남, 그리고 창작 작업은 그 자체가 아동미술이며 아동미술치료이다.

둘째, 아동미술이나 아동미술치료 모두 개인의 성장과 발달이라는 전인적 기능을 담당한다.

내적 동기를 바탕으로 자신의 생각과 상상을 마음껏 표현하기 위해 자기 주도적으로 작업에 몰입하고 자신과 대화를 하거나 주변사람과의 생각을 공유하면서 부딪치는 많은 문제를 창의적으로 해결하여 작품을 완성한다. 이와 같은 아동기의 미술표현은 인지, 정서, 신체, 사회 등 아동의 전인적 발달과 함께 자아성찰과 자아성장 촉진이라는 인간의 성장과 발달에 중요한 영향을 끼치며 모든 영역에 있어 균형과 조화가 이루어지게 한다. 이처럼 아동미술이나 아동미술치료 모두가 개인의 성장과 발달이라는 전인적 기능을 가진다.

셋째, 아동미술교육에는 치료적인 요소를 포함하고 있다.

미술의 동기부여 활동을 통해 아동의 자발성을 이끌어 내고 이러한 자발성은 자아 정체감, 자아 효능감, 자기 존중감을 고양시키는 치료적인 효과를 가져와 정상 아동이나 비정상 아동을 막론하고 전인적인 발달을 촉진한다는 교육적 입장을 취하고 있다(이경원·노용, 2004). 아동에게서 창조적 미술활동은 인지 발달, 정서발달, 사회관계성 증진 등의 전인적 발달을 가져오며 표현 능력이 부족한 아동들에게 효과적인 비언어적 의사소통 기회를 제공하며 작품 완성이라는 성공의 경험은 자신감, 성취감, 자아 존중감을 높여 준다. 또한 마음속에 숨어 있는 이야기들을 표현하도록 해 주며, 스트레스를 발산하고 공격성을 대체하는 등 유용한 치료적 요소들을 가지고 있다. 이것은 교육적 측면이 강하면서도 곧 미술치료인 것이다.

넷째, 창작과정과 치료의 과정에는 많은 유사점이 있다.

아동미술치료는 창조적 미술활동을 통하여 개인의 변화와 성장을 이룰 수 있어 미술의 창작 작업 자체가 치료가 된다. 따라서 아동이 창의적 작품을 몰입하여 제작하는 과정을 전인발달과 함께 치유의 기능을 가진 미술활동을 하고 있다고 말할 수 있다. 미술활동을 지지하는 것은 창작 작업으로 성취감과 자신감을 부여하고 문제행동을 수정하여 자아 성장을 이루어 나가는 것으로서 이러한 미술활동은 미술교육과 미술치료에 있어서 절대적으로 필요한 요소이다. 그 이유는 치료의 과정과 창작의 과정 간에는 너무나 많은 유사점이 있기 때문이다.

다섯째, 미술의 창작행위가 곧 치료이다.

아동은 성인과는 다른 세계를 가지고 있으며 사람들과의 관계에서 위계적 체계가 복잡하지 않아 성인들과 같은 많은 치료적 관계 형성보다 미술의 창작행위를 치료행위로 간주한 '치료로서의 미술(art as therapy)'을 설명한 크레이머(Kramer, 1916~2014)의 관점이 포괄적으로 적용될 수 있다. 그는 아동미술치료에 대한 그림의 치료적 역할을 긍정적으로 확인한 선구자적 학자라고 할 수 있다(유봉자, 2007). 따라서 아동들은 미술작품을 창작하는 과정 자체가 미술 교육적 목표를 이루어 가는 것이며 미술 치료적 효과를 누리는 것이다.

사람의 인생에 있어 가장 중요한 시기이며 상징활동이 가장 왕성한 시기인 아동기에 아동중심의 창작미술인 미술치료에 기초한 아동미술은 매우 중요한 역할을 한다. 시각적 매체를 사용한 자발적 창의성의 작품 제작과 작품 완성까지의 몰입, 완성된 작품과의 스토리텔링은 아동의 전인적 발달과 함께, 자존감을 상승시키고 자아를 성장하게 하여 보다 행복한 가운데 생활할 수 있도록 한다. 이것은 곧 아동미술교육의 목적을 훌륭히 성취하는 것이며 아동의 심리적 갈등과 고통, 불행에서 벗어나 보다 행복한 생활을 할 수 있도록 하는 미술치료의 목적을 달성하는 것이 된다.

3. 미술치료에 기초한 아동미술에 접목되는 상담심리학 이론

아동미술교육의 교육적 요소와 아동미술치료의 치료적 요소를 접목한 미술치료에 기초한 아동미술은 표현기능 중심 미술교육, 창의성 중심 미술교육, 학문에 기초한 미술교육 등의 지금까지의 아동미술사조와 지시적이며 구조화된 미술치료와는 달리 아동중심의 창작으로서 보다 자유롭고 창의적인 가운데 아동미술교육의 목적과 아동미술치료의 치료적 목적을 모두 달성할 수 있다.

이러한 교육적·치료적 효과를 높이기 위해서는 미술교육이론과 치료이론이 함께 조화되어야 하는데 본 단원에서는 미술치료에 기초한 아동미술에서 주로 사용될 수 있는 상담심리학 이론들을 살펴보고 이러한 이론이 어떻게 사용되는지를 이해할 수 있도록 하였다. 다루고자 하는 상담심리학 이른에는 인지 · 정서 · 행동, 상징, 카타르시스, 승화, 통찰, 일치성, 합리적 사고, 행동수정, 역할연기, 행동발생요인 제거가 있으며 그 내용은 다음과 같다.

1) 인지, 정서, 행동

모든 심리치료는 사람들을 부조화에서 조화로운 상태로 이동하여 자아성장과 자아실현을 할 수 있도록 변화시키고자 한다. 그래서 문제 상황에서 다르게 생각할 수 있도록 하고(인지), 다르게 느낄 수 있도록 하며(정서), 다르게 행동할 수 있도록 한다(행동). 모든 심리치료는 이러한 세 가지 양식이 조합된 것이지만 서로 연관성을 가지고 있어 한 부분만 변화가 생겨도 다른 두 부분에 영향을 주게 된다.

가령 "아하, 이렇게 하면 되네. 다음에는 더 잘할 수 있을 거야."라는 인지적 깨달음이 생기면 기쁨과 자신감의 정서적 만족감이 생기며 이러한 정서적 만족감과 깨달음의 인지는 아동이 보다 밝게 행동하도록 한다. 또한 작품 완성이라는 높은 만족감의 정서는 자신감과 함께 다음에 또 성취하고 싶다는 인지에 영향을 주며 이러한 인지와 정서는 아동을 더욱 자신감 있는 긍정적 행동을 하도록 한다. 그리고 친구들과 함께 즐겁고 재미있게 한 미술활동은 부정적 감정을 순화하여 '좋다'라는 감정에 의해 정서발달을 가져가며 자기표현에 대한 자신감과 함께 서로 함께하는 것이 즐겁다는 인지에 영향을 주게 된다.

(1) 인지

인지의 사전적 정의는 '어떤 대상을 인정하여 아는 것'을 말한다. 우리는 호기심이 생겨 주의를 집중할 때 무엇을 지각하게 되며(소리가 들리는데 무슨 소리지? 아 ~ 북소리구나) 그 지각된 것이 자기화될 때 인지되었다고 할 수 있다(북소리가 흥겹게 들린다.). 아동이 내적 동기를 바탕으로 창작 작품을 완성하였다는 것은 창의적 인지 발달이 이루어진 것이라고 할 수 있다.

가. 인지의 종류

인지의 종류에는 신경인지, 정서인지, 상호인지 등으로 크게 나눌 수 있다.

① 신경인지: 오감을 통해 받아들여 뇌에서 반응하는 것으로 신경을 통한 경험을 인지화한 것을 말한다(딱딱하다, 부드럽다).

② 정서인지: 사람의 마음에 일어나는 여러 가지 감정을 불러일으키는 기분이나 분위기를 말한다. 부정적 정서는 긍정적 정서로 바꾸어 주어야 한다(기분이 좋다, 기분이 나쁘다).

③ 상호인지: 사람과의 관계에서 느끼는 것과 사람과 함께하고자 하는 욕구에 의해 나타나는 것 등을 말한다(이 사람이 좋다, 이 사람은 믿을 만하다).

나. 인지의 방법

인지의 방법에는 능동적 인지와 수동적 인지로 나눌 수 있다.

① 능동적 인지: 직접적 경험으로 인지한 것을 말한다.

예 방금 구운 뜨거운 것을 직접 만져 봄으로써 뜨거운 것을 인지함

② 수동적 인지: 정보나 학습을 통하여 인지한 것을 말한다.

예 "방금 구운 것은 뜨거워서 손을 데이니 만지면 안 돼."와 같이 직접경험은 아니지만 외부 정보에 의해 알게 되는 인지

(2) 정서

정서의 사전적 정의는 '사람의 마음에 일어나는 여러 가지 감정. 또는 감정을 불러일으키는 기분이나 분위기'를 말한다. 정서는 인간 심리의 중요한 부분으로서 우울하게 하거나 불안하게 하며, 화가 나게 하는 등의 부정적 정서가 있다면 희망을 갖게 하는 긍정적 정서로 바꾸어 주어야 한다.

작품 제작과정에서 성취경험이 반복되어 나타나거나 자기의 생각을 마음껏 표현하여 창작 작품으로 승화되었을 때, 또는 집단 작품 제작에서 함께함의 즐거움 속에 자신의 존재를 인정받았을 때 등에서 부정적 정서는 순화되고 정서안정과 정서발달을 가져가게 되어 밝고 건강하게 생활하게 된다.

(3) 행동

행동의 사전적 정의는 '인간과 동물이 내적·외적인 자극에 대하여 보이는 반응의 총칭'을 말한다. 행동이 변하면 마음을 변화시킬 수 있기 때문에 행동도 여러 심리치료에서 사용된다. 심리치료를 하는 대표적인 예로는 연극적인 요소를 사용해서 개인의 문제를 치료하는 '드라마치료'와 움직임을 통히 몸과 마음에 대한 기능을 개선하고, 구조적인 정렬을 새롭게 하는 '동작치료' 등이 있다.

창작 작품을 제작한다는 것은 뇌와 눈, 손의 협응에 의한 신체적 행동으로 나타나며 작품의 크기와 목적에 따라서는 전신행동으로 나타날 수 있다. 기쁨이나

만족감에 의한 행동과 성취경험에 의한 자신감 있는 행동 등은 아동의 인지와 정서에 긍정적인 영향을 주게 된다.

2) 상징

상징의 사전적 의미는 사물을 전달하는 매개적 작용을 하는 것을 통틀어 이르는 말이지만 아동미술에서의 상징은 '무엇을 나타내는 것'을 말한다. 아동기는 상징활동이 가장 왕성하여 자신의 생각을 자연스럽게 상징으로 표현하려 하며, 상징화하는 행위에서 기쁨을 느끼고 상징작품의 완성에서 만족감을 느낀다. 예를 들어 아동이 아빠 차를 그리거나 만드는 행위에서 기쁨을 느끼고 완성된 작품을 다른 사람에게 자랑한다. 이러한 상징활동은 자신의 마음속에 어떤 형상을 지각하고 유지하며 조직화하여 실제화할 수 있는 인지적 능력을 갖추어야만 가능하므로 이렇게 상징을 만들고 사용하는 능력은 인간만이 가능하다. 따라서 상징은 아동이 미술작품을 하는 데 있어 매우 중요한 역할을 하게 된다. 상징을 나타내는 활동에서 기쁨과 즐거움, 만족감을 느끼고 창의성과 창의적 문제해결 능력을 향상하기 때문이다. 이렇게 상징화하는 능력은 여러 가지 자아기능과 연결되어 있다. 보편적으로 4세경 이름 붙이는 난화기기가 되었을 때 아동이 그림을 그리고는 '아빠 차' 하면서 상징을 말한다. 아동에게서 상징화된 작품의 완성은 고양된 만족감을 가져다주어 자신감이 상승하고 자아를 성장시킨다. 초기의 상징 기능은 통합적이고 구체적인 방식으로 나타나고, 이후에 이르러 추상적이고 개념적인 수준으로 발달하게 된다(Rubin, 2015).

3) 카타르시스(catharsis)

카타르시스의 심리학적 의미로는 마음속에 억압된 감정의 응어리를 언어나 행동을 통하여 외부에 표출함으로써 정신의 안정을 찾는 일이라고 정의한다. 미술치료의 선구자인 나움버그는(Margaret Naumburg, 1890~1996) 어린 아동의 '자발적' 미술표현을 보고 고무되었고, 또 자신의 개인적인 정신 분석적 경험을 통해 자유로워진 것을 느꼈다. 따라서 그녀는 이미지를 통해 억압된 무의식을 해방하는 것이 카타르시스를 가져오고 의사소통하도록 함으로써 치료적이라고 보게 되었다고 하였다(Rubin, 2015).

미술치료에 기초한 아동미술에서는 다음과 같을 때 카타르시스를 경험하게 된다.

첫째, 스스로의 자발성으로 자신의 생각과 상상을 마음껏 표현하면서 내면의 문제와 감정을 자유롭게 표출할 때: 이미지를 통해 자유로워지는 카타르시스

둘째, 작품 제작과정에서 작은 부분이라도 스스로의 노력으로 성취경험이 생기고 이러한 성취경험의 반복이 일어났을 때: 자신감에 의한 카타르시스

셋째, 직면하는 많은 문제를 창의적으로 해결하여 작품을 완성하고 이러한 작품에 대해서 말할 기회를 갖거나 대화를 나누면서 자각하고 알아차려 깨달았을 때: 자기성장 촉진에 의한 카타르시스

4) 승화

아동은 상징활동에 의한 성취경험으로 정서적 만족감과 함께 자신감이 상승하여 이제는 못마땅하여 토라지거나 뜻대로 안 된다고 떼를 쓰며 구석에 가서 울지 않는다. 지금은 자기의 의사를 표현하며 수업에 적극적으로 참여하고 있다. 토라지거나 울면서 누가 도와주기를 바라는 것보다 친구들과 함께하며 자신의 일을 스스로 성취해 나가는 것이 더 즐겁고 유익이 있다는 것을 알게 된 것이다. 이것은 승화가 일어난 것이다.

정신 분석에 따르면 승화는 '본능적 욕동(instinctual drive)' 에너지가 자아와 초자아에게 보다 용납될 수 있는 목표를 위해 전환되는 것을 일컫는 용어를 말한다(정신 분석 용어사전, 2002). 즉 본능적 욕동 에너지가 사회적 가치를 지닌 것으로 옮겨지는 것을 말하는데 이는 자아가 경험에 압도당하는 것이 아니라 경험을 통해 강해지는 것이 된다. 임상 실제에 있어 승화된 만족감은 강력한 에너지의 원천이 되므로 아동에게 승화가 일어날 수 있는 분위기와 환경, 그 바탕을 만들

어 주는 것은 무엇보다 중요하다.

자신과의 대화로써 몰입하여 창의적으로 문제를 해결하는 아동중심의 창작 작업일 때 승화의 성취가 일어나지만 강요되거나 강제로 얻은 정보는 완전히 동화되기 어려워 승화로써 아동에게 지속적으로 영향을 끼치지 못한다. 또한 미술에서의 승화는 지속적 과제로 남는다. 그것은 진부해지거나 공허해지지 않고, 새로운 작업은 이전 작업보다 더 강력하고 흥미로워지게 되는 것이다(Rubin, 2015).

5) 통찰

정신 분석에 따르면 통찰은 자신이 처한 상황 또는 자기 문제의 본질을 이해하는 능력이나 행위를 말한다(정신 분석 용어사전, 2002). 이러한 통찰에 대해 샤피로(Shapiro, 1976)는 "통찰은 지적인 것이 아니라 생생한 깨달음으로서 깊이 느끼고 이해하고 받아들이면 내면의 변화가 생겨서 진실하고 지속적인 변화로 연결되며 이는 진정으로 놀라운 일이 된다."고 하였다. 따라서 통찰 중심적 접근에서 미술을 사용하는 것이야말로 미술치료에서 중요한 요소가 된다.

미술치료에 기초한 아동미술에서 아동은 다음과 같은 과정을 거칠 때 깊은 깨달음으로 자기 문제의 본질을 이해하는 통찰이 일어나게 된다.

첫째, 창작 작업을 하기 위해 무엇을 표현하고 어떻게 표현할지를 생각하거나 자신의 마음속 깊은 내면을 표현하기 위해 탐색하다 보면 느끼고, 이해하고, 받아들이게 되는 깊은 깨달음이 생긴다.

둘째, 미적 요소에 대한 노출로서 새롭거나 아름답게 표현하기 위해 작업에 몰입하여 부딪치는 많은 문제를 창의적으로 해결할 때 깊은 깨달음이 일어난다.

셋째, 완성된 작품에 대한 통합적이고 문제해결 중심적인 다양한 스토리텔링으로 자각하고 알아차리는 깊은 깨달음이 생긴다.

6) 일치성

일치성이란 치료자(교사)의 사고와 말, 행동이 일치한다는 것을 말하며, 치료자가 진실하여 치료기간에 완전히 신뢰할 만하다는 뜻이다. 치료자에게는 거짓된 태도가 없고 그의 내적 경험과 외적 표현은 일치하며 긍정적이든 부정적이든 자신의 행동이나 감정에 솔직하다는 것이다.

아동에게서 부모나 교사(치료사)는 너무나 큰 존재이다. 따라서 아동은 교사의 행동을 모방하며 교사가 아동을 어떻게 대했느냐에 따라 아동이 다음의 행동을 결정하기도 한다. 아동의 말을 들어 주고 공감하며 아동의 마음을 읽어 줄 때 아동은 치료사(교사)에게 더욱 다가가 상호관계를 가지려 하며 치료사(교사)의 일치성으로 신뢰하게 될 때 도덕적 관계성과 사회적 관계성을 가지게 되어 교육적·치료적 효과를 더욱 높이게 된다.

사람과의 관계성 발달단계

주의집중 → 지각 → 인지 → 상호관계성 → 사회관계성

- 그 사람에 대해서 집중한다(저 사람은 누구지?): 주의집중
- 집중하고 나면 그 사람에 대해 인식작용을 한다(키가 크다): 지각
- 인식된 그 사람에 대해 자기화하는 작업을 한다(좋은 사람이다): 인지
- 긍정적인 인지화가 되었을 때 그 사람과 상호관계를 가지려 한다(그 사람과 만나 이야기를 나눈다): 상호관계성
- 서로의 상호관계가 이루어지면 사회관계나 도덕성 관계를 가질 수 있다(상호관계를 가지니 고민을 달하고 조언을 구한다): 사회관계성

만약 치료사가 아동에게 사회성과 도덕성에 관하여 충분히 조언을 해 주고 싶다면(사회관계성) 먼저 아동과 '사회관계성'의 아래 단계인 '상호관계성'이 선행되어 있어야 한다.
치료사는 아동과 상호소통을 하고자 한다면(상호관계성) 역시 아래 단계인 좋은 사람, 믿을 수 있는 사람이라는 '긍정적 인지'가 선행되어 있어야 한다.
좋은 사람이라는 인지는 되어 있지만, 상호관계성을 가지지 않은 상태에서 아동에게 사회성과 도덕성에 관하여 조언을 한다면 아동은 이를 잘 받아들이지 않거나 말은 하지 않지만, 상황에 따라서는 거부할 수 있다. 따라서 타인과의 원활한 관계를 위해서는 이러한 발달단계에 유념하여 접근하는 것이 중요하다.

7) 합리적 사고

사람들은 합리적(자기 건설적)으로 될 잠재성뿐 아니라 비합리적(자기 파괴적)으로 될 잠재성도 가지고 태어난다(Corsini & Wedding, 2007). 따라서 사람은 사고를 할 수도 있지만, 비합리적 사고를 할 수도 있다. 문제성을 가진 아동들에게는 비현실적이고 비합리적 신념을 포함하고 있다. 이러한 비합리적인 생각이나 신념 등의 인지적인 면들이 정서와 행동에 영향을 주게 되는 것이다. 따라서 미술치료에서는 아동의 비합리적 생각을 보다 합리적이고 융통성 있는 생각으로 바꾸어 주어야 한다.

A 선행사건 → B 신념 → C 결과

- A, 선행사건: 아동이 고집을 피우면서 운다. (강아지가 죽었다.)
- B, 신념: 내가 이렇게 울어야만 선생님의 관심을 끌 수 있고 선생님이 내 요구를 들어주게 된다. 만약 선생님이 내 요구를 안 들어주면 더 크게 울거나 떼를 부리면 된다. (나는 그 강아지를 사랑한다.)
- C, 결과: 욕구가 충족되거나 원하는 것을 가지게 된다. (슬프다.)

선행사건인 A가 C를 일으킨 것처럼(아동이 고집을 피우면서 울면 욕구가 충족되거나 원하는 것을 가지게 된다./강아지가 죽어서 슬프다.) 보이지만 실제로는 신념인 B에 의해 생겨난다. 바람직하지 않은 결과가 일어날 때는 개인이 가지고 있는 신념이 비합리적인 데 그 원인이 있다. 따라서 이러한 신념들을 합리적인 신념으로 바꾸어 바꾸어 주어야 한다.

비합리적 신념을 합리적 신념으로 바꾼 사례

비합리적 신념에 의해 아동은 아무것도 하지 않고 흐느끼며 구석에서 혼자 울고 있다. 치료사(교사)가 감정을 읽어 주면서 친구들하고 같이 놀자고 하니 아동은 대답도 하지 않고 계속 고집 피우며 운다.

치료사: "네가 울기보다 친구들과 같이 노는 것이 더 재미있는데, 생각 잘하는 아이가 왜 울까? 그러지 말고 재미있게 친구들하고 놀자." 아동은 그래도 반응 없이 구석에서 계속해서 운다.
치료사: "그렇구나. 네가 고집 피우고 싶은 모양이구나. 그런데 난 네가 울거나 고집 피우는 것에는 관심이 없어. 그건 네 마음대로 해. 그 대신 울려거든 여기에 들어오지 마라. 그러나 울지 않으면 여기 와서 같이 신나게 친구들과 같이 놀 수 있단다. 여기 오면 친구들도 좋아하고 선생님도 기분 좋을텐데."

아동은 약 5분여 동안 눈치 보며 울다 말다 한다. (아동의 생각: '엄마나 다른 선생님들은 이정도 울면 나를 달래 주는데, 그러면 내 마음대로 할 수 있는데 왜 이러지? 차라리 친구들과 같이 놀까? 노는 게 더 재미있을 것 같은데. 어차피 울어드 선생님은 내 말을 안 들어 주잖아?')

치료사: "다 울었니? 멋있는 친구가 울긴 왜 우니? 그만 울고 이리 들어와서 같이 놀자." 하면서 치료사가 아이의 팔을 당기며 친구들과 함께 놀 수 있도록 만들어 준다. 처음에는 아동의 행동이 소극적이었지만 함께하는 즐거움에 곧 또래들과 같이 어울려 놀았다.

함께 재미있는 시간을 보내고 있을 때 아동에게

치료사: "이야~ 이렇게 함께하니까 선생님이 너무 기분 좋은데. 역시 넌 멋있는 친구야. 조금 전에 보니 친구들도 좋아하고 너도 좋아하고. 앞으로 울지 말고 선성님에게 말로 이야기해 줘. 그러면 도와줄 수 있는 것은 도와줄게, 알았지? 우리 약속하자. 약속!"

아동은 엄마에게 한 것처럼 '울어야만 선생님의 관심을 끌 수 있고 내 마음대로 할 수 있다.'라는 비합리적 신념에서 '고집을 피우면서 울기보다 친구들과 어울려 함께 하는 것이 더 좋다.'라는 합리적 신념으로 바뀌게 되었다.

8) 행동수정

행동수정은 부적응 행동을 소거하거나 적응행동을 증가, 형성시키는 것을 목표로 한 심리치료이다(Corsini & Wedding, 2007). 많은 교사들은 아동의 잘못된 행위에 대해 꾸지람하여 같은 행동을 반복하지 못하게 하려 한다. 그러나 이러한 방법은 아동이 선생님의 억누름에 위축되어 일시적 효과를 보이는 것이지 아동의 내적 뉘우침이 아니므로 효과를 거두기 힘들다. 또한 누군가가 잘못하면 그 대가를 받아야 한다는 생각을 아동에게 심어 주게 되는 등의 부작용을 갖게 한다. 따라서 이때는 강화와 처벌을 적절히 사용하여 부정적 행동을 소거하고 행동을 수정하여야 한다.

행동수정 사례

대부분 부모와 교사는 아동이 잘못하고 있을 때, 그렇게 하면 안 된다는 꾸지람의 처벌은 잘하면서도 비해 칭찬으로써 강화를 주는 데는 부족하다.
예를 들어, 아동이 손을 입에 넣어 빨고 있다면 대부분의 교사(부모)는 "너 왜 손을 입어 넣어 빨고 있니? 병균 들어가게" 하면서 아동에을 꾸지람하는 것은 잘한다. 그러나 이러한 꾸지람은 자칫 그 행동을 고착화시키고 개선 의지가 없도록 만든다.
그러나 아동이 손을 입에 넣어 빨고 있을 때, 꾸지람을 하기보다 교사(부모)는 그냥 한 번 안아 주고 입에 든 손을 내려 주기만 한다. 즉 안 좋아 보인다는 것을 가벼운 행동으로만 보여 주는 것이다(약한 처벌). 그렇게 한 후 아동이 손을 빨지 않고 있을 때 빨리 가서 "손을 빨지 않으니까 이렇게 멋있는 친구인데 왜 그렇게 하는지 선생님이 이해를 못하겠네. 역시, ○○는 멋있는 친구야."라며 칭찬으로 강화를 주면 아동은 내적 동기에 의해 손을 빨지 않으려 노력하게 된다. 하면 안 되는 행위를 할 때는 처벌을 주지만 그 행위를 하지 않을 때는 즉각 칭찬하여 강화를 주면 아동은 강화를 주는 쪽으로 행동하게 되는 것이다.

(1) 강화와 처벌, 소거

이해를 돕기 위해 앞 페이지 '비합리적 신념을 합리적 신념으로 바꾼 사례'를 재사용하여 예문으로 제시하였다.

가. 강화(reinforcement)

아동이 하고 있는 긍정적 행동에 발생 빈도를 증가시킬 수 있는 자극을 제시한다.

예 "이야 ~ 이렇게 함께 하니까 선생님이 너무 기분 좋은데, 조금 전에 보니 친구들도 좋아하고 너도 좋아하고. 역시 넌 멋있는 친구야."

나. 처벌(punishment)

아동이 하고 있는 부정적 행동에 발생 빈도를 감소시킬 수 있는 자극을 제시한다.

예 "난 네가 우는 것에는 관심이 없어. 그건 네 마음대로 해. 그 대신 울려거든 여기에 들어오지 마라."

다. 소거(extinction)

아동의 부정적 행동이 강화되어 나타날 때 더 이상 보상을 주지 않거나 강화나 처벌을 주어서 그 행동이 없어지게 한다.

예 '고집을 피우면서 울기보다 친구들과 어울려 함께하는 것이 더 좋으며 내가 필요한 것을 선생님에게 말하면 들어주실 거야.'

(2) 강화의 종류

가. 정적 강화

행동이 발생한 직후에 후속자극(보상, 칭찬, 인정 등)을 제시하여 행동을 증가시키는 강화 방법이다.

예 "(손을 빨고 있는 아이가 손을 빨지 않을 때) 네가 손을 안 빠니까 이렇게 멋있는 아이인데 왜 손을 빨았지? 역시 넌 멋있는 친구야."

나. 부적 강화

행동이 발생한 직후에 불쾌한 자극(체벌, 꾸중, 제재 등)을 제거하여 행동을 강화하는 방법이다.

예 "이야~ 이걸 네가 정리 다 했어? 네 덕분에 오늘 선생님이 해야 할 일이 줄어 기분 너무 좋은걸, 이제 지난번 어질러서 사용 못하게 했던 이 상자에 있는 재료도 네가 마음대로 사용해도 되겠다. 도와줘서 고마워."

(3) 처벌의 종류

처벌은 아동의 부정적인 행동을 감소시키거나 억압시키기 위해 아동이 싫어하는 자극을 제시하거나 누리고 있는 좋은 것을 더 이상 하지 못하게 하는 것을 말한다.

가. 제시형 처벌

아동이 하기 싫어하는 자극(벌점부과, 청소 등)을 제시하여 행동을 감소시키는 방법이다.

예 "네가 그렇게 하니까 친구들이 모두 싫어하잖아? 친구들이 싫어하지 않도록 네가 친구들을 도와주면 안 되겠니? 만약 다음에 또 이런 일이 있다면 점심시간에 넌 놀이터에서 놀지 말고 친구들을 위해 쓰레기통을 모두 비워야 해 알았지."

나. 박탈형 처벌

아동의 부정적인 행동을 소거하기 위해 개인이 가지고 있는 특권, 권리, 자유, 이득을 더 이상 가지지 못하게 하는 방법이다.

예 "네가 그렇게 하니까 친구들이 모두 싫어하잖아? 만약 다음에 또 이런 일이 있으면 네가 이번에 인사상 받기로 한 것을 취소하도록 하겠다. 알겠지?"

9) 역할 연기

미술의 창작활동과 더불어 치료의 효율을 높이기 위해 여러 가지 '책략'들을 필요에 따라 사용한다.

(1) 역할 연기

역할을 선택하여 그것을 연기하는 것으로 이러한 역할 연기를 통해 아동이 지각하지 못했던 자신의 일부분들을 알게 된다.

예 "나는 너의 친구할게 같이 역할을 맡아서 이 상황에 대해 대화를 해 보자."

(2) 역할 바꾸기 연기

아동이 역할을 바꾸어 상대역을 해 봄으로써 자신의 말과 행동, 생각을 상대방이 어떻게 느끼고 있는지를 인식할 수 있게 된다. 이를 통해 아동은 타인의 입장을 더 잘 이해할 수 있고 자신을 돌아보고 반성하는 기회를 얻게 된다.

역할 바꾸기 연기의 사례

아동은 거짓말을 많이 하여 부모나 담임 선생님을 힘들게 한다.
(대화에서 선생님은 A, 아동은 B로 표기함)

A: 지금부터 네가 엄마가 되고 나는 네가 되어 역할을 바꾸어 대화하는 거다.
엄마 유치원 다녀왔습니다.
B: 응 그래.
A: 오늘 친구들이랑 재미있게 놀았다.
B: 잘했네.
A: 엄마. 나 오늘 친구들이랑 놀다가 친구들에게 거짓말해서 다 속였다. 엄마 나 잘했지?
B: 그러면 안 돼.
A: 왜 안 돼 엄마, 앞으로도 친구들 속이고 선생님도 속이고. 야~ 재미있겠다. 엄마 그치.
B: (얼굴이 붉어지며) 그러면 안 돼.
A: 왜 안 되는 거야, 엄마?
B: 그렇게 되면 나중에 나쁜 사람이 될 거야.
A: 엄마, 그러면 거짓말을 하면 안 되는 거야?
B: 그래. 그러면 안 돼.
A: 그러면 어떻게 해야 해?
B: 친구들과 잘 지내야 하고, 거짓말도 하면 안 되고
A: 아, 그렇구나. 친구들과 잘 지내야 하고, 거짓말도 하면 안 되는구나. 친구들과 잘 지내려면 어떻게 해야 해, 엄마?
B: 친구들과 놀고, 친구들에게 양보하고
A: 또 어떻게 해야 해?
B: 거짓말하면 안 돼.
A: 아 그렇구나, 친구들과 잘 지내려면 재미있게 놀고, 친구들에게 양보하고, 친구들에게 거짓말을 안 하면 되는 거야.
B: 그래.
A: 그러면 내일부터 유치원에서 친구들과 재미있게 놀고, 친구들에게 양보하고, 친구들에게 거짓말을 안 하면 되는구나.
B: 그래.
A: 알았어. 엄마, 내일부터 친구들과 재미있게 놀고, 친구들에게 양보하고, 친구들에게 거짓말을 절대 안 할게.

10) 행동발생 요인 제거

프로이트의 정신 분석에서는 과거가 현재의 정신적 활동에 지배적이고 영속적인 영향을 주며 심리적 사건은 우연한 것이 아니고, 과거와 인과적으로 관련되어 있다고 하였다. 이는 과거의 일이 현재 속에 스며들어 현재의 생각, 행동 및 감정을 형성하게 되는 것을 말한다. 대표적인 증상으로는 트라우마나 외상 후 스트레스 장애, 외상 후 분노조절 장애 등이 있다.

아동이 필요 이상으로 화를 내거나, 과하게 고집을 부리거나, 자신이 없고 자기 표현력이 부족한 것 등은 이러한 행동이 발생하도록 하는 요인이 과거에서부터 지금까지 계속해서 영향을 주었기 때문이다.

〈표 3〉 아동의 문제행동 발생 요인과 소거방법

아동의 행동	행동발생 요인	소거방법
필요 이상의 화를 낸다.	부모가 아동에게 자주 화를 내고 부모의 생각을 강요하며 지시(이렇게 해), 억압(왜 안 했어), 통제(너 혼나야겠다)가 심하여 마음 가득 화를 담고 있다.	부모가 화를 내지 않고 슬기롭게 문제를 해결하는 모습을 아동에게 보여 주며 부모의 생각을 강요하기보다 아동의 말을 들어 주고 감정을 읽어주어야 한다.
과하게 고집을 부린다.	아동이 떼쓰며 고집을 부릴 때마다 부모가 아동의 요구조건을 들어주었다.	아동이 고집을 브릴 때마다 부모가 들어줌으로써 자기고집이 강화되었으므로 들어주면 안 되는 고집에는 무관심하거나 훈육하여 올바른 가치관을 심어 준다.
자신감이 없고 자기 표현력이 부족하다.	아동의 생각이나 표현을 무시하고 부모의 생각을 강요하고 부모의 생각대로 아동이 행하도록 하였다.	부모가 자신의 생각을 강요하기보다 아이 말을 들어 주고 수용하고 공감할 수 있도록 하여야 한다.

따라서 현재 일어나는 아동의 문제행동을 효율적으로 치료하기 위해서는 과거에서부터 지금까지 이러한 행동을 하도록 만드는 행동발생 요인을 소거하는 것이 무엇보다 중요하다.

4. 미술치료에 기초한 아동미술의 교육적·치료적 효과

미술치료에 기초한 아동미술에서의 아동의 미술활동 행위를 서술하고 그에 따른 세부적인 교육적·치료적 효과에 대해 다음의 다섯 단계로 나누어 설명하였으며 그 내용은 다음과 같다.

전체적인 아동의 행위

아동은 10여 분간 몸 놀이를 하면서 신나고 즐거운 웜업(warm-up)의 시간을 가진 후 흥미와 호기심으로 미술작업에 임하였다. 여느 때와 같이 재료를 모아 둔 곳에서 작업할 재료를 선택하여 자기 책상 위에 두었다. 그러고는 작업할 미술도구를 하나씩 챙겨와 자리에 앉았다. 작업할 것을 미리 연결해 보고는 테이프를 잘라 붙이거나 크레파스로 그림을 그려나가는 등의 자기만의 생각과 표현방법으로 작업에 임하였다. 때때로 다른 친구에게 재료를 빌려주거나 빌리는 등 서로 필요로 한 것을 주고받거나 작품 제작과 관련하여 친구나 선생님과 이야기를 나누었다. 작업이 진행되는 동안 쉼 없이 자신과의 대화를 나누면서 작업에 몰입하였고 이러한 몰입으로 부딪치는 많은 문제를 해결하면서 작품을 완성하였다. 아동은 작품 완성이라는 성공의 경험으로 높은 만족감을 느끼며 너무나 기뻐하였다. 완성된 작품에 대해서 아동이 발표하며 친구들이랑 선생님과 함께 스토리텔링의 시간을 가졌다. 마지막으로 지금까지 사용하였던 재료들을 제자리에 넣어 두는 등 뒷정리를 하며 작업을 마무리하였다.

1) 아동의 미술행위에 따른 교육적·치료적 효과

(1) 세부적 아동의 행위 1

아동은 10여 분간 몸 놀이를 하면서 신나고 즐거운 시간을 가진 후 흥미와 호기심으로 미술작업에 임하였다. 아동은 여느 때와 같이 재료를 모아 둔 곳에서 작업할 재료를 선택하여 자기 책상 위에 두었다. 그러고는 작업할 미술도구를 하나씩 챙겨와 자리에 앉았다.

교육적 · 치료적 효과

① 10여 분간의 신남과 즐거움의 웜업(warm-up)의 시간으로 부정적인 감정을 순화하면서 무엇을 하고자 하는 도전의식을 자극하게 되고 이러한 도전의식은 흥미와 호기심 가지게 하는 데 반응한다(이러한 흥미와 호기심은

미술작업에 대한 내적 동기를 가지게 하며 이러한 내적 동기는 자발성과 창의성을 자극하면서 자기 주도성을 가지게 한다).

② 작업할 재료를 스스로 선택한다는 것은 많은 것 중에서 자기가 필요한 부분을 스스로 선택할 줄 아는 선택과 분별의 능력, 매체탐색 능력이 향상된 것이라 할 수 있다. 또한 허용적 분위기에서 자기 존중을 받음으로 인해 부정적 감정 해소에 도움을 준다.

③ 아동의 미술은 다양한 재료의 선택과 창의적 표현방법으로 진행되기 때문에 재료, 주제, 표현방법, 색상 등을 스스로 선택하고 결정해야 하며 이러한 선택에 따른 창의적 표현에서 만나는 다양한 문제의 해결을 통해서 자기 주도적 문제해결 능력과 창의적 문제해결 능력이 길러지며 자신감이 강화된다.

(2) 세부적 아동의 행위 2

작업할 것을 미리 연결해 보고는 테이프를 잘라 붙이거나 크레파스로 그림을 그려나가는 등의 자기만의 생각과 표현방법으로 작업에 임하였다.

교육적 · 치료적 효과

① 자발적인 결정과 창의적인 사고의 표현은 사람의 본능을 만족시켜 주는 것으로 작품 완성이라는 성공의 경험 시 얻는 만족감과 자신감의 근원을 제공한다.

② 새로운 통찰력과 지식을 익히며 탐구력과 창의력, 사고 능력의 향상 등 창의적 인지 능력이 발달한다.

③ 주변 환경에 관심을 가지게 되어 주변 사물에 대한 이해력을 확장해 나가게 된다. 또한 자신의 생각과 느낌을 마음껏 표현하는 것 자체가 즐거움이 되어 부정적 감정을 해소하고, 일상생활에서의 긴장이 해소되어 건강한 사고를 형성하는 데 도움을 준다.

④ 자기 주도적 의사결정 능력과 문제해결 능력으로 자신감이 강화되며 책임감이 증진된다.

(3) 세부적 아동의 행위 3

> 때때로 다른 친구에게 재료를 빌려주거나 빌리는 등 서로 필요로 한 것을 주고받거나 작품 제작과 관련하여 친구나 선생님과 이야기를 나누었다.

교육적 · 치료적 효과

① 제작하는 과정의 기쁨은 정서를 순화하고 긍정적인 자아개념의 정서 능력을 함양한다.

② 규칙과 질서를 지키며 서로 함께 어우러지면서 협상하는 기술이나 협력하는 태도 등의 긍정적인 상호작용을 경험하게 되며 서로의 갈등도 경험하고 그 갈등을 효과적으로 해결하는 과정에서 사회관계성 발달이 이루어진다.

③ 표현, 전달, 이해하는 언어활동을 통하여 형용사나 수식어의 표현이 정교해지면서 언어발달이 증진되며 자기표현 능력이 향상된다.

(4) 세부적 아동의 행위 4

> 작업이 진행되는 동안 쉼 없이 자신과의 대화를 나누면서 작업에 몰입하였고 이러한 몰입으로 부딪치는 많은 문제를 해결하면서 작품을 완성하였다. 아동은 작품 완성이라는 성공의 경험으로 높은 만족감을 느끼며 너무나 기뻐하였다.

교육적 · 치료적 효과

① 창조활동을 통하여 사건의 계열성과 인과관계에 대한 이해, 탐구력이나 상상력, 사고 능력의 향상 등 인지 능력이 발달하고, 자신과 자신, 자신과 타인, 자신을 둘러싼 주변에 대한 이해력을 확장해 나간다.

② 다양한 감각기관이 발달과 뇌와 손, 시각과의 협응력을 비롯한 뇌 발달에

탁월한 효과를 주면서 다양한 신체발달을 이룬다.

③ 창작 작품의 제작과정은 인지, 언어, 정서, 사회, 신체발달의 전인적 발달과 함께 아동의 전인적 성장을 촉진한다.

④ 창작 작업에 대한 집중은 최적의 몰입 경험을 가져다주며 이러한 몰입은 기분을 최상으로 끌어올려 최고의 성과를 내게 해 주는 최적의 의식상태가 되어 직면하는 문제를 창의적으로 해결하는 최고의 성과가 나타난다.

⑤ 창작 작업에 대한 몰입은 창의적 문제해결 능력을 향상으로 이어지고 이러한 창의적 문제해결 능력은 창작 작품을 완성할 수 있도록 한다. 이러한 가운데 깊은 깨달음의 '아하경험'이 많아지게 되고 완성한 창작 작품과 주변의 칭찬이 만났을 때 고양된 만족에 의한 '절정경험'을 하게 된다. 이러한 창의적 문제해결 능력은 아동이 생활 속에서 만나는 다양한 문제를 스스로 해결하면서 새로운 방향을 설정하고 자기 이해의 증진에 따른 자아 성장을 촉진하며 책임감이 증진된다.

⑥ 창작 작품의 완성은 아동에게 자기만족감과 함께 자신감이라는 피드백을 가져다준다. 작품 완성이라는 성공의 경험이 주변의 칭찬과 만났을 때 기쁨의 승화작용으로 높은 자기 효능감이 생긴다(이때 뇌에서는 즐거움이라는 흥분 때문에 신경전달물질인 도파민이 분비되고 뇌는 그것을 좋은 기억으로 저장하면서 그 행동을 계속 반복하도록 자극한다). 성공의 경험은 신경전달물질인 도파민의 역할에 의해 다시 성공하고자 하는 욕구의 반복으로 이어지게 되며 이러한 성공의 경험 반복은 자존감 상승으로 이어져 문제행동이 수정될 뿐만 아니라 자기 성장을 촉진시킨다.

⑦ 구체적인 상징물로 표현하면서 대상의 아름다움을 느끼고 이해하는 심리적 안목뿐만 아니라 세상을 미적으로 바라보고 이해하는 미적 안목이 육성되고 조형 능력을 함양한다. 아동은 창조행위의 결과인 자신의 작품에 대하여 성취감, 만족감, 자부심을 느끼며 아동 내면의 여러 갈등이 정화되어 심리적 안정과 정신건강에 도움을 받아 행복감이 증진된다.

(5) 세부적 아동의 행위 5

완성된 작품에 대해서 아동이 발표하며 친구들이랑 선생님과 함께 스토리텔링의 시간을 가졌다. 마지막으로 지금까지 사용하였던 재료들을 제자리에 넣어 두는 등 뒷정리를 하며 작업을 마무리하였다.

교육적 · 치료적 효과

① 스토리텔링을 하면서 아동의 상상력과 창의성을 자극하고 문제해결 중심적이며 통합 중심적 대화로 이어지면서 굳이 다음에 해야 할 방법을 교사가 가르쳐 주거나 지도하지 않아도 자각하고 알아차림으로써 깨달아 자신의 내적 발달을 이루어간다.

② 스토리텔링으로 자신을 표현함으로써 타인과 쉽게 상호작용하며 자신을 객관적으로 볼 수 있게 한다. 또한 자신과 타인의 감정을 인지하거나 표현하고 조절하는 것 등으로 인하여 자기 표현력과 정서 능력을 향상시켜 준다.

③ 작업의 뒷정리를 스스로 하면서 자신이 한 일에 대해서는 책임을 질 줄 아는 자율성과 책임감의 건강한 사고를 형성한다.

이상과 같이 미술치료에 기초한 아동미술의 창작행위에 따른 치료적 · 교육적 효과에 대해서 자세히 살펴보았다. 이는 지금까지의 아동미술교육 사조의 문제점을 해결하면서 더욱 창의성과 창의적 문제해결 능력으로 아동의 전인적 발달에 기여하며, 아동의 상태에 맞춰 지시적이며 구조화된 미술치료보다 더 자유롭게 창작작업에 임할 수 있도록 한다.

2) 미술치료에 기초한 아동미술의 교육적 · 치료적 효과적용과 임상사례

(1) 미술치료에 기초한 아동미술의 교육적 · 치료적 효과적용

미술치료에 기초한 아동미술은 아동의 창의성과 창의적 문제해결 능력을 바탕으로 현대 아동미술교육의 중요성에 따른 아동미술교육의 목적과 미술치료의 목적을 충분히 성취해 낼 수 있는데 다음 일곱 가지 적용에서 확인할 수 있다.

〈표 4〉 미술치료에 기초한 아동미술의 교육적 · 치료적 효과적용

사례	문제점	해결해야 할 과제	미술치료에 기초한 아동미술의 교육적 치료적 효과
사례 1	자신감이 부족하여 자기표현을 잘 하지 못하고 자존감이 낮다.	· 자기 표현력 향상 · 정서적 안정과 정서발달 · 자신감에 따른 자존감 향상 · 사회관계성 발달	· 자발적 창의성의 작품 완성은 창의적 문제해결 능력과 함께 자신감을 심어 주며 작품 완성이라는 성공의 경험 반복은 자기 효능감과 함께 자존감을 상승시켜 준다. · 자신의 내적 사고에 의한 감정표출의 작품은 자기표현과 함께 정서 순화로 긍정적인 정서발달을 가져다준다. · 작품 제작과정에서의 대화와 작품 완성 후의 스토리텔링 등의 다양한 어휘의 사용과 표현기회를 통해 아동에게 언어 능력과 자기 표현력을 향상한다. · 작품 제작과정에서 서로 필요한 물건을 주고받거나 친구의 말에 귀를 기울일 줄 알고 사용했던 자료와 도구들을 스스로 정리하는 등의 규칙과 질서를 지키는 여러 행위를 통해 다른 아동들과 자연스럽게 어울리며, 작품 제작과정에서 느낀 정서를 다른 사람과 자연스럽게 표현하고 나누면서 사회관계성이 발달한다.

사례	문제점	해결해야 할 과제	미술치료에 기초한 아동미술의 교육적 치료적 효과
사례 2	자기중심적 사고에 의해 친구들과의 관계성이 부족하다.	· 왜곡된 인지의 수정과 사회관계성 발달 · 창의적 문제해결 능력 향상 · 자신감에 따른 자존감 향상	· 함께 창작 작업을 한다는 것은 서로 가까워지면서 공동체 의식을 갖게 되어 규칙과 질서를 지키며 협상하는 기술이나 협력하는 태도 등의 사회관계성 발달을 이룰 수 있다. · 서로 도움을 주고받으며 함께 어울릴 수밖에 없는 공동 작업으로 사회관계성이 발달한다. · 창작 작업에 대한 집중은 최적의 몰입을 경험하게 하며 문제가 해결되는 최고의 성과를 가져다준다. · 창작 작품의 완성이라는 성공의 경험은 창의적으로 문제를 해결하도록 하고 만족감과 함께 자신감을 심어 준다. 이러한 성공의 경험을 반복하면 낮아진 자존감을 상승시키는 효과가 있다. · 작품 제작과정의 대화와 완성된 작품에 대한 스토리텔링은 다른 사람의 감정과 조율할 수 있는 능력과 소통할 수 있는 능력을 향상한다.
사례 3	잠시도 가만히 있지 못하고 산만하여 집중력이 부족하다. (ADHD)	· 내적 동기에 의한 집중력 향상 · 자발적 문제해결 능력 향상 · 자신감에 따른 자존감 향상 · 사회관계성 발달	· 흥미와 호기심의 내적 동기에 의한 미술작업은 아동이 자기 주도성을 가지고 작업에 집중하도록 만들며 이러한 집중력은 산만한 행위의 빈도수를 낮추게 된다. · 작업에 대한 집중은 최적의 몰입 경험을 가져다주어 문제가 해결되는 최고의 성과를 이룬다. · 작품 제작과정에서 스스로 성취한 경험과 작품 완성이라는 성공의 경험은 만족감과 함께 자신감을 심어 주고 이러한 성공의 경험 반복은 자존감을 상승시킨다. · 작품 제작과정에서 서로 필요한 물건을 주고받거나 작품 제작과정에서 느낀 정서를 다른 사람과 자연스럽게 표현하고 나누면서 함께함의 즐거움을 경험함으로써 사회관계성이 향상된다.

사례	문제점	해결해야 할 과제	미술치료에 기초한 아동미술의 교육적 치료적 효과
사례 4	전반적 발달이 늦어 문제가 된 아동 (발달장애)	· 전인적 발달 능력 향상 · 자신감의 반복에 의한 자존감 향상 · 창의적 문제해결 능력 향상	· 발달이 늦어 상징활동이 되지 않는 아동은 미술로써 놀이하거나 아동이 스스로 할 수 있는 부분에서 하나씩 성취경험을 준다. · 자발적 창의성의 작품 제작과정과 작품 완성은 인지, 언어, 정서, 사회, 신체발달의 전인적 발달을 가져다준다. · 스스로 주도하여 성취한 성공의 경험(작품 완성)은 만족감과 함께 자신감을 심어 주고 이러한 성공의 경험 반복은 자존감을 상승시켜 준다. · 창작 작업에는 아동의 사고와 감정이 표현되어 있어 카타르시스(katharsis)적 승화로서 정서적 안정감을 가져다준다. · 작품 제작과정에서의 대화와 작품에 대한 스토리텔링 등의 다양한 어휘의 사용과 표현기회는 언어발달의 증진과 자기 표현력을 향상하며 다른 사람과 감정소통의 방법을 알게 한다.
사례 5	언어와 신체 활동에 감정을 동반하고 의도적으로 상대에게 해를 입히는 아동(반항장애)	· 정서안정과 정서발달 · 감정의 긍정적 표현방법과 감정소통의 방법 이해로 합리적 사고로의 전환 · 사회관계성 발달	· 자신의 생각과 정서를 마음껏 표현한 창작 작업은 감정표출에 의한 정서 순화로 부정적 감정을 해소하고 정서발달을 가져온다. · 스스로 주도한 작품 완성이라는 성공의 경험은 창의적 문제해결 능력 향상과 함께 자신의 작품에 대하여 성취감, 만족감, 자부심을 느끼며 아동의 여러 갈등을 정화해 심리적 안정과 정신건강에 도움을 주어 행복감이 증진된다. · 자신의 감정을 표현한 다양한 작품과 그 작품에 대한 스토리텔링으로 감정을 긍정적으로 표현하는 방법을 스스로 찾아가도록 하여 다른 사람의 감정과 조율할 수 있는 능력을 향상한다. · 서로 도움을 주고받아 함께 협력할 수밖에 없는 공동 작업으로 사회관계성을 향상한다

사례	문제점	해결해야 할 과제	미술치료에 기초한 아동미술의 교육적 치료적 효과
사례 6	가족과 같이 친한 사람들과는 말을 잘하나 다른 사람과는 말을 하지 않고 관계성을 가지지 않는다. (선택적 함구증)	· 정서안정과 정서발달 · 감정소통의 방법 이해와 자기 표현력 향상 · 사회관계성 발달 · 자신감에 따른 자존감 향상	· 창작 작업에는 아동의 사고와 감정이 표출되어 있어 정서적 안정감을 가져다주며, 작품 제작과정과 완성된 작품에서 느끼는 정서를 다른 사람에게 표현하고 나누려고 하면서 자기 표현력 향상과 함께함의 즐거움을 깨닫는다. · 협력하여 제작하는 협동 작업을 하거나 서로 도움을 주고받게 되는 미술작업을 하면서 사회관계성을 향상한다. · 작품 제작과정에서의 대화와 작품 완성에 대한 스토리텔링은 자기 표현력과 함께 다른 사람과 감정소통의 방법을 알게 한다. · 작품 완성의 성공의 경험은 자기효능감과 함께 낮아진 자존감을 상승시켜 준다. · 작품을 제작하는 과정에서 부딪치는 많은 문제의 해결력은 아동에게 창의적 사고와 함께 스스로 문제를 해결하는 능력을 길러 준다.
사례 7	긍정적인 발달로서 스스로의 자아성장을 하고자 하는 아동	· 전인적 발달과 함께 창의성과 창의적 문제해결 능력 향상 · 자존감 향상 · 자기 표현력 향상과 사회관계성 발달	· 자발적 창의성의 작품 제작은 미적 안목을 육성하고 조형 능력을 함양하며 전인적 발달을 가져다준다. 또한 다양한 어휘의 사용과 표현기회를 통해 자기 표현력과 함께 규칙과 질서를 지키면서 사회관계성이 발달한다. · 자기 주도적 몰입에 의한 작품 완성이라는 성공의 경험은 창의성과 창의적 문제해결 능력 향상과 함께 자신의 작품에 대하여 성취감, 만족감, 자부심으로 자신감이라는 피드백을 심어 준다. 이러한 성공의 경험 반복은 자존감을 상승시켜 아동 내면의 여러 갈등을 정화시키고 직면한 문제를 해결하여 심리적 안정과 정신건강에 도움을 주어 내적 발달의 자아성장을 이루며 즐거움과 만족감에 의해 행복감이 증진된다.

이상과 같이 이론적 고찰과 실사례로써 아동에게 아동미술치료와 아동미술교육의 접목인 미술치료에 기초한 아동미술교육이 되었을 때 현대 아동미술교육의 중요성과 아동미술치료의 목표를 보다 훌륭히 성취하여 아동을 더욱 행복하

게 할 수 있음을 살펴보았다. 비록 치료와 교육, 개인적 성장을 위해 사용하는 미술이 다르게 보일지는 모르지만, 사실 그 차이는 주로 의미론적이다. 그 이유는 좋은 치료는 교육과 성장을 동시에 이끌고, 좋은 교육도 개인에게는 성장을 일으키기 때문이다(Wadeson, 2012).

(2) 미술치료에 기초한 아동미술의 교육적 · 치료적 효과의 임상사례

임상사례 1

- **연령:** 5세 여자 아동
- **특징:** 아동은 스스로 무엇을 알아서 움직이는 자발운동능력이 부족하여 행동이 수동적이며 신체발달이 늦어 미끄럼틀을 타기 위해 계단을 올라가는 것도 힘겨워 손으로 먼저 앞 계단을 잡고 올라간다. 또한 언어발달도 늦어 자기 표현력이 부족하고 자신감이 없어 위축되어 보인다.
- **원인:** 엄마는 소극적이어서 자기표현을 잘 하지 않고 대인관계를 폭넓게 가지려 하지 않는다. 아빠는 자기중심적 성향이 강하여 사회관계성이 원만하지 않고 아동의 육아에 무관심하다. 따라서 엄마의 소극적인 성향과 아동의 일을 많이 도와주고 개입하는 육아방식으로 인해 아동의 자발적 행동과 창의적 사고력이 부족해지고 이러한 부족은 아동의 신체발달을 비롯하여 인지, 정서, 사회성 등 전인적 발달에 대한 부족으로 이어지게 되었다. 타인과의 관계성이 부족한 부모에 의해 아동이 또래와 만날 기회가 적어 혼자서 하는 놀이를 많이 하게 되었는데 이는 곧 늦은 언어발달과 자기표현력 저하로 이어지게 되었다.
- **치료목표:** 자발운동능력 향상, 언어발달과 아동의 전인적 발달, 자기 표현력 향상과 자신감 향상

⊗ 치료과정

① 자발운동능력 향상을 위하여 미술 수업을 하기 전 여러 아동들과 함께하는 놀이의 시간을 음악과 함께 20여 분간 가졌다. 음악을 배경으로 몸으로 부딪혀서 하는 놀이와 공으로 하는 놀이, 음악과 함께하는 율동과 노래 부르기 등 함께하는 몸 놀이를 하였다. 이로써 언어능력 향상, 자기 표현력 향상, 사회관계성 향상, 신체발달과 정서발달 등에 도움을 주었다.

그리고 색 비눗방울 놀이, 물감으로 낙서하기와 같은 흥미 위주의 미술작업에서 출발하여 점점 수업의 깊이를 더하되 매체 선택에서부터 작품 완성까지 아동 자신이 하기에는 힘겨운 것을 제외하고는 스스로 모든 것을 할 수 있도록 하였다. 또한 작업의 방향을 잡기 위해 선생님이 유도할 때는 반드시 아동의 동의를 구하여 결정권을 양보하였다. 이로써 자발성 능력과 자기 주도성 향상, 창의성과 창의적 문제해결 능력 향상 등에 도움을 주었다.

② 미술작업 과정에서 아동에게 다음과 같은 말을 늘 해 주었다.

- 격려: "○○가 오늘도 열심히 하는구나. 넌 할 수 있어."
- 위로: "이야 ~ 힘든데도 참고 노력하니까 선생님이 너무 기분이 좋은데."
- 방법설명: "아하~ 네가 여기서 잘 안 되었구나. 이렇게 하면 할 수 있을 것 같은데 다시 한번 해 봐."
  (해결방법을 알게 된 아동이 드디어 성취하였다.)
- 칭찬: "이야~ 드디어 성공했구나. 선생님은 네가 해낼 줄 알았단다. 역시 넌 마음먹으면 잘할 수 있어. 우리 파이팅 한 번하자. 손 내 봐(손을 마주 치며) 파이팅."

이와 같이 수업마다 아동에게 격려하고 위로하며 아동이 스스로 하지 못할 때는 방법을 설명하였고, 성취하였을 때는 칭찬을 아끼지 않는 방법으로 성취경험을 주었다. 이로써 자발성 능력과 자기 주도성 향상, 창의적 문제해결 능력 향상과 자신감 향상 등에 도움을 주었다.

③ 색종이를 스스로 잘라 모양을 만드는 작은 성취경험에서부터 작품 완성이

라는 성공의 경험까지 아동에게 계속해서 성공의 경험이 일어날 수 있도록 하였다. 이는 정서안정과 정서발달, 자신감과 자신감의 반복에 따르는 자존감 향상 등에 도움을 주었다.

④ 작품 제작 가운데서도 작품에 대해서 아동에게 자주 질문하였으며 완성된 작품에 대해 스스로 말할 수 있도록 최대한 유도하였고 완성된 작품으로 대화하며 함께 놀아주었다. 이를 통해 언어발달과 자기 표현력 향상, 자각과 알아차림에 의한 내적 발달을 이룰 수 있도록 하였다.

- 놀아준 예: "비행기를 누구랑 타고 갈래? 어디로 가고 싶니? 누가 운전할래? 자 이제 비행기가 출발합니다, 모두들 선생님 뒤에 서세요. 슈~웅 빨리 따라오세요." 하며 달린다.

치료결과

이렇게 매주 1시간씩 1년을 수업한 결과 다음과 같은 교육적 · 치료적 효과가 나타났다.

① 아동의 자발성과 자기 주도성, 창의적 사고 능력이 향상되어 자신의 일은 스스로 하려 하고 스스로 문제를 해결하여 성취하려고 노력하였다. 이러한 자발성은 아동중심의 창작행위와 만나 아동의 전인발달에 많은 도움을 주었다.

② 계속되는 성취경험에 의해 아동의 자신감도 높아지고 자존감도 많이 상승하여 보다 밝고 건강하게 생활하게 되었다. 그러나 자기표현을 잘 하다가도 주변의 분위기에 따라 쉽게 위축되는 것은 아쉬움으로 남는다.

③ 여러 아동과 함께 몸으로 놀이하거나 작품 제작 가운데 주고받는 대화와 작품에 대한 스토리텔링 등으로 자기표현을 하게 됨으로써 아동의 언어능력과 자기표현 능력, 사회관계성 발달에 많은 향상을 가져왔다. 주변 사람들이 아동에 대해 너무 많이 변했다는 말을 들을 때마다 엄마가 좋아서 교사에게 연신 고맙다고 하였다. 그러나 지금까지 아동의 발달을 가로막았던

여러 요소를 제거하기 위해 부모 상담을 하려고 몇 번이나 부모를 불렀지만 이런저런 핑계로 결국 만나지 못해 아쉬움으로 남는다.

임상사례 2

연령: 7세 남자아동

특징: 발달에 큰 문제가 없는 일반 아동이지만 자기중심적 사고가 강하여 뜻대로 되지 않으면 소리를 지르며 신경질을 내는 등 또래 아이와 함께하는 데 어려움이 있다.

원인: 말을 할 때 부정확한 발음이 있을 만큼 아동은 어려서부터 혼자서 노는 것을 많이 하여 또래와의 관계성이 부족하였으며 첫 남자아이라 부모가 아동의 버릇없는 행동에도 관용하고 아동의 요구를 많은 부분 수용하고 고집을 받아 줌으로 인해 자기중심의 사고가 발달하였다.

치료목표: 자기중심의 비합리적 사고를 합리적 사고로의 전환, 사회관계성 향상, 자존감 향상

치료과정

처음 아동은 미술작업하는 것을 원치 않았으나 10분간의 몸 놀이를 통해 재미있는 시간을 가지고 색 비눗방울과 같은 미술놀이를 하니 너무나 좋아하였다. 이러한 방법으로 3회기를 보내고 나니 아동은 미술작업을 즐기기 시작하였다. 마치 자기중심적 사고에 의해 친구관계에서 받은 스트레스를 미술작업에다 푸는 것처럼.

아동이 처음에는 자동차를 자주 만들었으나 시간이 지나면서 파충류를 그리거나 만드는 것을 좋아하였다. 대부분 뱀과 악어를 소재로 재활용품을 이용하여 만들기를 하였다. 스스로 선택한 재료로 자기의 생각대로 작품을 만들어 완성하면 아동은 너무나 기뻐하며 만족해하였다. 10여 분간 함께하는 몸 놀이 후 미술

작업에 들어가려 준비를 하고 있으면 아동은 벌써 자신이 할 매체를 다 챙겨와 자리에 앉아 기다리고 있는 경우가 많았다. 작업의 횟수가 증가하면서 자기 표현력이 늘어나고 또래들과 대화를 나누는 시간이 많아지면서 함께 몸으로 장난치는 시간도 잦아졌다.

사회관계성 향상을 위해 함께하는 협동 미술작업을 처음 하게 되었을 때, 아동은 자신의 것만을 하려고 고집을 피우거나 다른 친구와 함께 작업하지 못하고 혼자 작업한 것을 협동 작업에 붙이려고 하였다. 그래서 의도적으로 아동을 친구들 중간 자리에 앉힌 후 서로 협의하여 작품을 완성하라고 하였다. 시간이 어느 정도 지나고 나니 아동은 또다시 함께 만드는 작업을 하지 못하고 혼자만 하는 작업을 하였다. 그러나 협동 작업의 횟수가 증가하면서 아동은 장난을 치는 행동도 늘어났지만, 친구들과 함께 즐거운 가운데 협동 작업에 임하게 되었으며 친구에게 양보하는 모습도 자주 눈에 띄었다. 아동에게 악어만 만들지 말고 다른 것도 생각해 보라고 권유하였더니 그 다음은 큰 로봇을 만들고는 너무나 즐거워하였다. 작품에 대하여 스토리텔링을 한 후 아동에게 로봇 옆에 서 보라고 하면서 사진을 찍어 주었다. 아동은 연신 싱글벙글하면서 사진을 엄마에게 보내 달라고 하였다.

치료결과

아동이 주도한 작품 완성이라는 성공의 경험과 그에 따른 만족감은 아동의 정서안정과 발달에 도움을 주었으며 자신감을 심어 주었다. 이러한 성공의 경험반복은 아동의 자존감을 향상시켰으며 이러한 자존감은 아동의 문제를 스스로 해결하면서 내적 발달을 이루어 나갔다. 아동은 협동 작업으로 함께함의 즐거움을 알게 되어 자기중심의 비합리적 사고에서 타인과 함께하는 합리적 사고로 전환되어 자연스럽게 사회관계성 발달을 가져가게 되었다. 그러나 늘어나는 장난과 합리성에 필요한 말대꾸는 '자기 주도성이나 창의성이 뛰어난 아이를 키우는 부모는 아이를 성가시게 여긴다.'라는 말에 저절로 공감하게 되는 것 같았다.

임상사례 3

연령: 초등학교 2학년 여자아동

특징: 자신과 친한 부모와 형제간에는 말을 잘하나 다른 외부의 사람과는 말을 하지 않으려 하며 자기 고집이 강화되어 자기 뜻대로 되지 않으면 신경질을 낸다. 또한 자신의 일에 자신감이 부족하고 다른 사람과 함께하는 것을 힘겨워한다.

원인: 엄마의 과잉보호와 아버지와의 정서소통 부재는 아동이 다른 사람과의 관계를 맺는 데 어려움을 가지게 한다. 사회관계성과 문제해결력을 모방하고 배워야 하는 아버지와의 정서소통의 어려움은 타인과 원만하게 관계 맺는 방법을 알아가기에 부족하게 만들며 엄마의 과보호는 이러한 어려움에 부채질을 하는 것과 같은 결과를 가지게 한다. 즉 영유아기에 이러한 정서소통의 부재와 과잉보호의 만남은 학령기 또래들과 함께하는 데 어려움을 가지게 하며 타인에게 자기표현을 하지 못하고 함구하게 된다. 이러한 요소는 아동에게 많은 스트레스로 이어지며 자신감이 위축되고 원만한 사회관계성을 맺지 못하는 결과로 이어진다.

치료목표: 자기 표현력 향상, 사회관계성 향상, 자존감 향상

치료과정

아동과 치료에 임하기 전 엄마에게 미리 약속을 받아 두었다. '좋다'라는 감정으로 치료에 임할 수 있도록 하는 것은 당연하지만 모든 것을 아동의 기분에 맞춰 수업을 진행할 수 없으므로 만약 아동이 미술수업(치료)을 그만두겠다고 하면 그 마음을 읽어 주되 그 말을 들어주지 않기로 하였다. 본 사례의 경우에는 많은 것을 들어주는 엄마의 과잉보호가 치료를 어렵게 하는 요인이 되기 때문이다.

치료 초기에는 아동과 라포르를 형성한 후 약 15여 분간을 신나게 몸 놀이하는 데 시간을 투자하였다. 신나는 율동 게임을 하거나 흥겹게 난타 북을 칠 수 있도

록 하였다. 때에 따라서는 트램펄린 위에 올라가 노래를 부르거나 음악의 리듬에 맞춰 신나게 뛰뛰기도 하였다. 이는 충분히 자신의 스트레스를 풀어 부정적 감정을 정화할 수 있도록 하고 자기 표현력을 향상하기 위함이었다. 이러한 즐거운 몸 놀이는 치료 중반기에 와서는 자기주장 훈련과 겸할 수 있도록 하였다.

아동은 미술수업에 적극적이었다. 마치 완성된 작품에서 자기의 마음을 위안받는 것 같았다. 자발성을 가지고 자기 생각을 마음껏 표현하는 아동중심의 창작 작품으로 아동의 창의성과 창의적 문제해결 능력을 향상하였으며, 작품 완성의 성공의 경험으로 자신감이 상승하였다. 또한 자발성과 자기 주도성의 발달은 적극성을 가진 아동으로 변화되도록 하였다. 부딪치는 문제를 해결하면서 생기는 성취경험에서 나오는 만족감과 작품 완성이라는 성공의 경험에서 나오는 만족감은 정서안정과 정서발달에 기여하여 아동을 더욱 즐겁게 생활할 수 있도록 하였다. 창의적 문제해결 능력의 발달은 아동이 스스로 문제행동을 수정할 수 있는 능력을 갖추도록 만들며 몰입에 의한 작품 완성의 성공 경험과 그러한 성공의 경험 경험 반복은 아동의 자존감을 향상하고 자아를 성장하도록 하는 데 기여하였다.

필요에 따라서는 자신의 마음을 그림으로 표현하게 하거나 그렇게 표현된 그림과의 대화를 글로 적어 보게 하는 등 자신의 내면적 생각을 끄집어내어 표현하는 표현적 창작 작품에 임하였다. 작품을 완성한 후에는 자신의 작품에 관해 설명하도록 하였으며 필요에 따라서는 "너는 이 그림에게 뭐라고 말할래? 그렇게 말하면, 이 그림들이 너에게 뭐라고 말할 것 같니?"와 같이 개방식 질문으로 대화를 나누거나 필요에 따라 역할 연기나 역할 바꾸기 연기로 대화를 나누면서 자기 표현력과 다른 사람의 입장을 이해하는 사회관계성을 향상하여 나갔다.

또한 월 1회 정도는 함께하는 협동 작업을 하였다. 주제를 협의하여 정한 후 그 주제에 맞게 찰흙으로 개인작품을 만든 뒤 이를 모두 모아 서로 배치하여 하나의 작품으로 완성되도록 하거나 함께 협동하여 하나의 작품으로 완성하도록 하였다. 특별한 날에는 여러 아동들과 함께 놀이터 출입구를 꾸미기도 하고 벽화를 그리기도 하였다. 다른 아동들과 함께 작업한다는 것만으로도 사회관계성은 향상되어 가기 때문이다.

치료결과

이처럼 치료의 목표에 맞춘 다양한 수업진행으로 아동은 자기 표현력이 늘어나면서 자존감도 점점 상승하기 시작하였으며 사회관계성도 향상하여 강화된 자기 고집은 '함께하는 것'으로 바뀌어 가고, 선택적 함구도 거의 없어졌다. 어느 날 아동의 엄마는 매우 기뻐하면서 "처음으로 교회에서 하는 2박 3일간의 여름캠프를 친구들과 같이 다녀왔다."라고 하였다. 그리고 개학하려면 아직 며칠 남았는데도 아동이 "학교에서 친구랑 놀고 싶다."라고 하였다는 것이다.

5. 미술치료에 기초한 아동미술의 일반화를 위한 실천이론

모든 병리적 원인의 근본을 유아기 성에서 찾고자 한 정신 분석의 창시자인 프로이트(Sigmund Freud, 1856~1939년)는 인간과 동물이 성적 욕구를 가진 존재라는 사실은 생물학에서 배고픔, 즉 섭취 본능과 유사한 '성적 본능'이라는 가설로 표현하며 '리비도(libido)'라는 단어를 사용하였다. 처음 리비도의 뜻은 라틴어에서 유래하였는데 리비도는 에너지 자체를 말하며 본래 인간이 가지고 있는 신체의 비밀스런 차원, 가장 근본적인 욕구, 그러한 힘을 지칭한 말이다. 이를 프로이트는 리비도의 에너지로 명명한 셈이다(서복희, 2009).

융(Carl Gustav Jung, 1875~1961년)은 "리비도는 자연 상태에 있는 일종의 욕망 혹은 욕구로써 사람들에게 무엇인가를 추구하게 하는 힘"이라고 말하면서 그는 성적 특징만 가지고 있다고는 생각하지 않고 오히려 인간의 모든 동기, 욕망, 의지의 원천이 된다고 생각하였다. 그러므로 리비도는 사람들에게 무엇인가를 하게 하는 관심 전반, 또는 쇼펜하우어(Schopenhauer, 1851)가 말한 '의지'나 베르그송(Bergson, 1907)이 말한 '생의 약동' 등과 같은 에너지라고 생각할 수 있다.

본 단원에서는 미술치료에 기초한 아동미술교육의 일반화를 위한 실천이론으로 하나는 리비도인 인간의 본능적 욕구를 실현하기 위한 이론으로 설명하였고 또 하나는 미술치료에 기초한 아동미술을 실시할 때 교사 또는 치료사들이 실천해야 하는 내용으로 설명하였으며 그 내용은 다음과 같다.

1) 삶의 본능적 욕구실현을 위한 실천이론

사람의 욕구는 생물학적 욕구와 사회적 욕구로 크게 두 가지로 구별한다. 생물학적 욕구는 인간의 생존을 위해 가장 필수적인 욕구로서 물, 공기, 음식, 수면, 배설, 성(性), 등과 같이 모든 사람에게 있어야 하는 필수적인 욕구를 말한다. 사회적 욕구는 사회에서 좋은 인간관계를 맺고 유지하려는 욕구로서 사랑에 대한 애정의 욕구, 집단에서 소외되지 않으려는 욕구, 다른 사람들에게 인정받고자 하는 욕구 등과 같이 인간이 사회적 존재여서 생기는 욕구를 말한다.

사람은 성공하는 삶을 위한 본능적이고 심리적인 에너지이자 욕구인 '리비도(libido)'를 가지고 태어난다. 그러나 성장 과정에서 그 본능적 욕구는 양육자나 주변 환경에 의해 존중받지 못하고 점점 위축되어 문제가 생기는 경우가 많다.

따라서 아동의 심리치료나 미술교육은 이러한 삶의 본능적·심리적 욕구를 밑바탕에 굳건히 자리 잡고 있을 수 있도록 발전시켜 주는 것이 중요하다. 그 때문에 본 단원에서는 미술치료에 기초한 아동미술의 일반화를 위한 교사의 실천이론에 도움을 주기 위해 삶의 본능적 욕구인 자발성 운동의 행동 욕구, 성취 욕구, 창의적 사고의 인지 욕구, 문제해결 욕구, 자기표현의 정서 욕구, 사회관계성 욕구로 설명하고자 하며 그 내용은 다음과 같다.

(1) 삶의 본능적 욕구 첫째, '자발성 운동의 행동 욕구'

① 행위의 주체자가 움직이거나 작용하기 시작하는 행동 양상으로, 아동은 본능적으로 스스로 성취하려 하고 스스로 깨달아 가려고 한다. 개별 아동은 자발성을 통해 그 자신을 드러내고 억제된 충동을 표면으로 드러낼 수 있다(이경원 · 노용, 2004).

② 자발성 욕구의 존중은 창조성을 일으키는 가장 좋은 태도와 활동이 되며 자기 주도적이며 독립심을 가진 자신 있는 아동이 되도록 한다.

③ 자기 주도성이 높은 아동은 정보나 지식을 스스로 탐색, 수집하고 이를 분석하여 적절하게 활용하는 능력이 뛰어나다. 이러한 자율적이고 창의적인 인재를 길러 내는 교육에서 자기 주도적인 미술활동은 창의적이고 문제해결 능력을 함양하는 데 매우 효과적인 수단이라는 것이 미술학자들의 공통된 견해이다(김지희, 2010).

④ 자발적 욕구가 나오지 않는 이유는 양육자가 자녀를 많이 도와주어 과보호한 경우 또는 아동의 행동에 답답해하여 아동 스스로 무엇을 다 할 때까지 기다려 주지 못하고 대신해 준 양육자 등에 의해서이다. 자발운동능력이 부족하면 과제수행에 있어 또래 아동들에 비해 어눌하고 서툴러서 함께하고자 하는 데 어려움이 생긴다. 따라서 아동의 자존감을 저하하고 다른 사람과의 관계성을 부족하게 하여 여러 심리적 문제의 근원이 된다.

미술치료에 기초한 아동미술

미술작품을 위한 매체 선택에서부터 작품 제작까지 많은 것을 아동 스스로 선택하고 결정하며 사고할 수 있도록 하는 허용적이며 안정된 분위기를 조성해 주어 흥미와 호기심의 내적 동기가 일어나도록 한다. 이에 대해 와드슨(Wadson, 2012)은 "미술작업에 임할 때 많은 미술지도자는 미술적인 지시를 내린다. 나는 주제, 스타일, 재료에 관한 결정권을 내담자에게 맡기는 것을 선호한다. 그들이 나보다 무엇을 어떻게 표현하기를 원하는지 더 잘 알고 있다고 믿기 때문이다."

라고 하였다. 자발적이며 자기 주도적인 미술활동은 자기 주도적 학습능력과 창의성 신장에 의미 있는 영향을 줄 것이며 이로 인해 개방성, 긍정적 자아개념, 내재적 동기, 자율성, 창의성, 창의적 문제해결 능력 등에 영향을 끼치게 된다(김지희, 2010). 젠킨스(Peggy Davison Jenkins, 1980)는 "지시적 미술 지도법에 의한 학습 경험을 지닌 대부분 아동은 구상을 위한 자발적 자극이 결여되고 자신의 사고나 감정을 표출할 기회를 상실하게 되어 아동의 창의적인 표현을 막게 된다."고 하였다.

(2) 삶의 본능적 욕구 둘째, '성취 욕구'

① 자발행위의 행동 욕구가 확장되어 나타나는 것으로, 아동은 성취로 인해서 기분 좋은 정서를 경험하게 되며, 이 기분 좋은 정서를 추구하기 위해서 성취활동에 더 적극적으로 참여하게 되는 것이다.

② 성취 욕구에 의한 성공의 경험은 아동에게 자신감을 심어 주며 이러한 성공의 경험 반복은 아동의 자존감을 높여 준다. 아동이 수행해야 할 과제를 스스로 노력해서 마침내 해결했던 경험, 자신이 이뤄 놓은 결과에 대해 칭찬을 듣고 자신을 뿌듯하게 생각했던 경험 이런 것들이 반복적으로 이루어질 때 자존감이 높은 아이가 되는 것이다.

③ 성취 욕구가 부족한 아동의 원인은 부모의 과보호로 인해 자발 운동능력이 부족하기 때문이다. 이것은 부모가 자녀의 일에 지나치게 개입하여 문제를 해결해 주려 하고, 자녀를 지시·억압·통제하거나 비난하는 것이 원인이 되며, 궁극적으로 부모가 자녀를 믿지 못하는 데 있다.

④ 성취 욕구가 낮은 아동은 스스로 하고자 하는 자발성이 부족하여 만족감이 적고 자존감이 낮으며 양육자에게 의존적이다.

미술치료에 기초한 아동미술

다음의 성취경험이 생겼을 경우, 아동은 만족감과 함께 자신감이 생기며 이러한 자신감의 반복으로 자존감이 향상된다. 첫째, 자신의 생각을 마음껏 창의적으로 표현할 때. 둘째, 작품 제작과정에서 직면하는 여러 문제를 창의적으로 해결하였을 때. 셋째, 창의적 문제해결에 의해 완성한 창작 작품으로 또 하나의 성공의 경험이 되었을 때와 이러한 성공의 경험이 반복되어 일어날 때. 넷째, 자신의 작품에 관하여 상상활동이나 상징활동, 스토리텔링의 시간을 가졌을 때이다. 여기서 중요한 것은 작은 과제로써 성취 욕구를 충족시키되 성취 욕구의 레벨(level)을 서서히 올려 큰 성공을 이루어 나가도록 하는 것이다. 즉 작은 성공의 경험으로 자신감을 심어 주고 이러한 성공의 경험 반복으로 자존감을 향상하는 것이다.

만약, 아동이 작업하는 것을 힘겨워하거나 못 하겠다고 할 때 교사가 개입하여 대신 해결해 주면서 이렇게 해 보라고 하는 것은 아동의 성취동기를 떨어뜨리고 의존성을 조장할 수 있다. 교사는 아동에게 잘할 수 있다고 격려하고 힘겨워하는 부분에 대해 문제를 해결할 방법을 가르쳐 주어 스스로 성취경험을 가질 수 있도록 하여야 한다.

(3) 삶의 본능적 욕구 셋째, '창의적 사고의 인지 욕구'

① 창의성은 새로운 독창성으로 유용한 것을 만들어 내는 능력을 말하며, 모든 사람이 선천적으로 지닌 보편적인 잠재능력으로서 교육으로 증진될 수 있는 능력이다.

② 아동은 자신에게 입력된 정보를 자신의 것으로 재해석하여 스스로의 창의적 사고로 표현하려 한다. 그러나 부모와 교사들은 창의력 계발이 필요하다고 주장하는 반면에 많은 질문을 하거나 이상한 행동을 하는 창의력이 높은 아동을 변덕스럽고 고집스러우며 불편하게 하는 존재로 받아들이는 경우가 많다. 그러나 분명한 것은 사람들이 창조적일수록 문제점을 파악하

는 능력이 뛰어나고 문제해결 능력이 높고 해결 의지도 강한 사람들이어서 자신의 삶을 더 의미 있게 경험하면서도 사회에 유익을 준다.

③ 아동의 창의성이 부족한 이유는 양육자가 아동의 의견을 잘 수용하지 않고 양육자의 생각대로 아동을 끌어당기거나, 아동의 일에 일일이 개입하여 도와주고 가르쳐 주고 문제를 해결하여 주거나, 아동에게 지시 · 억압 · 통제의 태도를 강하게 나타내는 경우 등에 의해서이다.

④ 창의성이 부족한 아동은 오감을 통하여 들어오는 다양한 정보에 둔감하고, 다양한 아이디어나 다양한 방식으로 생각하는 능력이 부족하여, 융통성과 문제해결력이 떨어진다는 문제점이 나타난다. 아동이 창조적인 눈을 갖고 이를 유지하기 위해서는 자기중심적인 편협한 사고를 버리고, 습관과 타성에 젖은 시각을 배제하고, 현재에 머물고자 하는 소극적인 자세에서 벗어나 적극적으로 접근하는 것이 중요하다.

미술치료에 기초한 아동미술수업

수업 시 외형 중시의 형태나 기술을 가르치는 것이 아니라 아동이 느끼고 경험한 사고를 자유로운 가운데 자신만의 방식으로 표현할 수 있는 활동이 되어야 한다. 교사는 자유롭고 심리적으로 안전한 분위기에서 아동이 작업할 수 있도록 도와주되 수동적으로 주어진 공간이 아니라 능동적으로 만들어 나가야 할 미술 작업실 공간을 만들어 창의성을 촉진할 수 있는 공간 구성을 한다(Moon, 2010). 아동의 자발성으로 내적 생각과 감정을 창의적으로 표출하도록 격려하되 어떤 창의작업을 할지는 많은 부분 아동에게 달려 있도록 하여야 한다. 교사가 아동의 작품을 해석하고 분석하여 가르치려는 것이 창작활동을 깊고 풍부하게 만드는 경우는 드물기 때문이다.

(4) 삶의 본능적 욕구 넷째, '문제해결 욕구'

① 창의적 사고의 인지 욕구가 확장되어 나타나는 것으로, 일상생활에서 직면하게 되는 문제 상황들에 효과적으로 대처하는 방법을 찾아 나가는 과정을 말한다.

② 아동은 창의성을 바탕으로 주어진 상황에서 쉬운 방법으로 스스로 문제를 해결하려 하므로 굳이 가르쳐 주지 않아도 스스로 문제를 해결할 능력이 있다.

③ 문제해결 욕구가 부족한 이유는 아동들이 크고 작은 문제에 봉착할 때마다 양육자가 간섭하거나 개입하여 문제를 해결하여 주거나 아동의 생각을 조정하려 하여 스스로 생각하고 탐구하는 기회를 뺏어갔기 때문이다. 만약 의사 결정에 있어 자율성을 존중받아 아동 스스로 하게 된다면 아동은 책임감과 함께 창의적으로 문제를 해결하려 노력할 것이며 객관적인 사고로서 또래 관계에 도움이 되는 긍정적이고 유능한 행동을 하게 될 것이다.

④ 창의적 문제는 어떤 상황에 대한 문제에서 그 문제와 관련된 여러 정보를 수집하여 자신과의 대화로 문제를 해결하는 사고의 과정을 말한다. 문제해결 욕구가 부족한 아동은 하나의 문제에 훨씬 많은 시간 동안 매여 있게 되므로 다른 여러 문제에 시달리게 되어 우울해지기 쉬우며, 자기 주도성과 독립심이 부족해진다.

미술치료에 기초한 아동미술

아이스너(Eisner, 1988)는 "창작을 하기 위해서 아동들은 재료사용 방법을 알아야 하고 상징화할 이미지를 갖고 그 이미지를 표현하기 위해 무엇이 필요한가를 이해하고, 이미지를 창작해서 마지막으로 이를 판단하게 된다. 미술활동 중에 아동은 문제해결을 하기 위해 자신들의 상상을 활용하게 되며, 문제를 해결하고 프로젝트를 마무리할 때 자기 스스로 판단하는 방법을 배우게 되는데, 이러한 창작을 위해 미술을 사용함에 있어 옳고 그른 규칙은 없다."라고 하였다.

작품 제작을 위해 아동이 자발적으로 선택하고 결정하면 자기 주도성을 가지고 창의적으로 사고하고 표현하려 하는 것이다. 이러한 창의적 사고의 표현은 작품을 완성하기까지 작업에 몰입하도록 만들고 이러한 몰입은 많은 문제를 해결하는 과정에서 창의적 문제해결 능력을 향상한다. 즉 미술작품을 완성하기까지의 창작과정과 창작 작품의 완성이라는 성공의 경험에서 문제해결 능력을 발전시키고 문제를 수정하며 자존감 향상에 도움을 주게 되는 것이다. 이 과정에서는 굳이 지적해서 의도적으로 가르쳐 주려는 것보다 스스로 문제를 해결할 때까지 격려와 지지로 기다려 주는 것이 중요하다. 자유로운 학습자 중심의 환경에서 아동 스스로 미술활동에 몰입하고 자신을 조율하며 거기서 즐거움을 찾고 문제를 해결할 수 있어야 하기 때문이다(강영미 · 최명희, 2009).

(5) 삶의 본능적 욕구 다섯째, '자기표현의 정서 욕구'

① 사람은 언어적 표현이나 울음, 웃음, 미소 등과 같은 비언어적 표현으로 자기 자신을 상대에게 표현하려는 본능성을 가진다. 자기표현은 '대인 간의 의사소통 과정에서 상대방의 권리를 침해하지 않고, 상대방이 불쾌감을 느끼지 않는 범위 내에서 자신의 주장, 권리, 욕구, 의견, 생각, 느낌 등의 감정을 비교적 솔직하게 표현하는 일종의 대화 기법'이라고 할 수 있다(박경묵 · 방혜영, 2006).

② 자신의 생각이나 감정을 적절하게 표현한다는 것은 지속해서 겪게 되는 긴장감을 해소할 기회가 될 뿐만 아니라 정서적인 배출을 하게 됨으로써 자연스레 욕구 충족의 경험을 하게 되고 긍정적인 자아 형성의 원동력이 된다. 또한 자기표현의 확산적 질문을 통해 다른 사람의 관점을 이해하기 위해 추론하는 과정에서 친사회적인 행동이 형성되는 긍정적인 변화를 보이며 정서적인 구속의 경향성에서 자유롭게 해 준다(Corsini & Wedding(2007).

③ 자기표현 욕구가 떨어지는 이유는 주변으로부터 모방의 기회가 부족하거나 자기표현 행동을 하는 방법이나 기술 또는 요령을 몰라서 못 하는 경우이다. 또는 아동의 표현이나 감정을 들어 주고 수용하기보다 양육자의 생각을 강요하거나, 자주 나무라는 등의 정서 소통이 부족한 관계에 의해서도 나타난다.

④ 자기표현을 잘 못 하는 아동은 다른 아동들과 잘 어울리지 못하여 불안, 우울 등의 정서 스트레스를 겪게 되고 이러한 정서 스트레스의 반복은 자신감과 자기표현 능력 부족으로 이어져 사회관계성 발달이 떨어지게 된다.

미술치료에 기초한 아동미술

교사가 아동의 말을 들어 주고 수용하고 공감하며 '신뢰할 수 있다'라는 일치성을 보일 때 아동은 더욱 자기표현에 자신감을 가지게 된다. 작품 제작과정에서 주고받는 대화와 작품 완성 후 자기 작품에 대해 말할 기회를 가지며 스토리텔링을 할 때 자기표현의 기회를 제공받아 다양한 어휘를 사용하게 된다. 이러한 미술활동에 있어 자기표현과 자기개방은 자기인식과 자기조절의 기회를 제공받아 정서안정과 정서발달을 이루어 나간다.

자기의 생각을 구체적인 작품으로 나타내는 행위는 자신의 내면을 외형적 이미지로 표현하는 것으로 내면적 자기표현이 되며 작품 제작과정에서 주고받는 대화와 완성된 작품에 대한 스토리텔링은 외형적 자기표현이 된다. 또한 집단 미술활동에서는 자신의 사고와 감정을 지나치게 의식하지 않아도 되는 분위기에서 상징표현 활동이 이루어지므로 소극적인 아동도 부담감 없이 자기표현을 할 수 있다.

(6) 삶의 본능적 욕구 여섯째, '함께 어울리고자 하는 사회관계성 욕구'

① 자기표현의 정서 욕구가 확장되어 나타나는 것으로, 인간은 사회 속에서 불완전한 존재로 태어나며 사회 속에서 여러 형태의 사회적 과정을 거쳐서

형성된다.

② '사회성'이란 개인이 속한 사회 속에서 생활을 영위하기 위해서 그 사회에 의하여 공인된 언어, 사고, 감정, 행동 등을 포함하는 생활양식을 학습하여 다른 사람과의 상호 접촉을 통해 그 사회에서 적응해 나가는 것을 의미한다(김명숙, 2008).

③ 어려서부터 개인활동보다 공동활동이 더 많이 요구되는 사회에 잘 적응한 아동은 개인이 가진 정보를 자신이 속한 사회의 구성원들과 함께 나누고 공유할 줄 안다. 또한, 사회에서 필요한 정보를 취할 줄 아는 성인으로 성장하여 친사회적 행동을 하게 되며 도덕성 발달, 사회적 조망 수용 능력, 가치관 등의 사회성 발달과 관련된 행동특성을 하게 된다.

④ 아동의 사회관계성이 부족한 이유는 어릴 때부터 양육자가 아동이 사랑스럽다고 많은 행동을 허용하고 아동의 요구를 무분별하게 들어주어 혼자만 아는 이기적인 아동으로 성장하였거나, 양육자가 엄격하여 정서소통이 부족한 환경에서 성장하였기 때문이다. 이러한 양상들은 환경적 스트레스를 스스로 극복할 수 있는 능력의 결여로 이기주의, 위축, 고립의 문제를 초래하게 된다. 특히 고립된 아동들은 발달이 늦고 회피 동기가 강하여 혼자 노는 것을 선호하게 되어 관계성을 가지려 하지 않는다.

미술치료에 기초한 아동미술

아동은 작품 제작과정에서 느낀 정서를 다른 사람과 자연스럽게 표현하고 나누면서 함께함의 즐거움을 깨닫는다. 협력하여 제작하는 협동 작업을 통해 집단원의 의견 교환과 공동의 목표를 성취했을 때 아동은 긍정적인 상호작용을 경험하게 되고 서로 협력하여 또래들과 같이 어울리면서 적절한 통제와 사회적 규칙을 집단 속에서 지킴으로써 개인의 문제행동에도 영향을 준다(양선, 2012). 또한 집단 미술활동으로 함께 창작 작업을 한다는 것은 서로가 가까워져 자신을 적극적으로 표현하는 기회가 많아지게 되며 협상하는 기술이나 협력하는 태도 등의 타인과의 관계 형성에 긍정적인 영향을 미친다. 따라서 조화, 동화, 어우러짐이 있는 협동 작업, 함께하여 제작하는 집단 미술활동의 창작 작업으로 사람들과의 어우러짐, 사회와의 어우러짐이 '좋다'라는 것을 느낄 때, 아동들은 자기중심에서 벗어나 사회관계성을 맺으려 한다.

앞서 살펴본 삶의 본능적 욕구와 미술치료에 기초한 아동미술을 〈표 5〉와 같이 요약해서 살펴보겠다.

〈표 5〉 삶의 본능적 욕구와 미술치료에 기초한 아동미술

순번	삶의 본능적 욕구	미술치료에 기초한 아동미술 수업
1	자발성 운동의 행동 욕구	• 미술작품을 위한 매체 선택에서부터 작품 제작까지 많은 것을 아동 스스로 선택하고 결정하며 사고할 수 있도록 하는 허용적이며 안정된 분위기를 조성해 주어 흥미와 호기심의 내적 동기가 일어나도록 한다. • 자발적이며 자기 주도적인 미술활동은 자기 주도적 학습능력과 창의성 신장에 의미 있는 영향을 주게 된다. 지시적 미술지도법에 의한 학습경험을 지닌 대부분의 아동은 구상을 위한 자발적 자극이 결여되고 자신의 사고나 감정을 표출할 수 있는 기회를 상실하게 되어 아동의 창의적인 표현을 막게된다.
2	성취 욕구	• 다음의 성취경험이 생겼을 경우, 아동은 만족감과 함께 자신감이 생긴다. - 첫째, 자신의 생각을 마음껏 창의적으로 표현할 때 - 둘째, 작품 제작과정에서 직면하는 여러 문제를 창의적으로 해결하였을 때 - 셋째, 창의적 문제해결에 의해 완성한 창작 작품으로 또 하나의 성공의 경험이 되었을 때 - 넷째, 자신의 작품에 관하여 상상활동이나 상징활동, 스토리텔링의 시간을 가졌을 때 • 교사는 아동에게 잘할 수 있다고 격려하고 힘겨워하는 부분에 대해 문제를 해결할 방법을 가르쳐 주어 아동 스스로 성취경험을 가질 수 있도록 하여야 한다.

순번	삶의 본능적 욕구	미술치료에 기초한 아동미술 수업
3	창의적 사고의 인지 욕구	• 수업 시 외형 중시의 형태나 기술을 가르치는 것이 아니라 아동이 느끼고 경험한 사고를 자유로운 가운데 자신만의 방식으로 표현할 수 있는 활동이 되어야 한다. • 교사는 자유롭고 심리적으로 안정된 분위기에서 아동이 작업할 수 있도록 도와주되 수동적으로 주어진 공간이 아니라 능동적으로 만들어 나가야 할 미술작업실 공간을 만들어 창의성을 촉진할 수 있는 공간 구성을 한다. • 아동의 내적 생각과 감정을 창의적으로 표출하도록 격려하되 어떤 창의 작업을 할지는 많은 부분 아동에게 달려 있도록 하여야 한다.
4	문제해결 욕구	• 작품 제작을 위해 아동이 자발적으로 선택하고 결정하면 자기 주도성을 가지고 창의적으로 사고하고 표현하려 한다. 이러한 창의적 사고의 표현은 작품을 완성하기까지 몰입하도록 하고 이러한 몰입은 많은 문제를 해결하면서 창의적 문제해결 능력을 향상한다. • 지적해서 의도적으로 가르쳐 주려는 것보다 스스로 문제를 해결할 때까지 격려와 지지로 기다려 주는 것이 중요하다. 자유로운 학습자 중심의 환경에서 아동 스스로 미술활동에 몰입하고 즐거움을 찾으며 문제를 해결할 수 있어야 하기 때문이다.
5	자기표현의 정서 욕구	• 교사가 아동의 말을 들어 주고 수용하고 공감하며 '신뢰할 수 있다'의 일치성을 보일 때 아동은 더욱 자기표현에 자신감을 가지게 된다. • 작품 제작 과정에서 주고받는 대화와 작품 완성 후 자기 작품에 대해 말할 기회를 가지며 스토리텔링을 할 때 자기 표현기회를 제공받아 다양한 어휘를 사용하게 된다. • 집단 미술활동에서는 자신의 사고와 감정을 지나치게 의식하지 않아도 되는 분위기에서 상징표현 활동이 이루어지므로 소극적인 아동도 부담감 없이 자기표현을 할 수 있다.
6	사회관계성 욕구	• 아동은 작품 제작과정에서 느낀 정서를 다른 사람과 자연스럽게 표현하고 나누면서 함께함의 즐거움을 깨닫는다. • 협력하여 제작하는 협동 작업을 통해 집단원의 의견 교환과 공동의 목표를 성취했을 때 아동은 긍정적인 상호작용을 경험하게 되고 서로 협력하여 또래들과 같이 어울리면서 적절한 통제와 사회적 규칙을 집단 속에서 지킴으로써 개인의 문제행동에도 영향을 준다. • 집단 미술활동으로 함께 창작 작업을 한다는 것은 서로가 가까워져 자신을 적극적으로 표현하는 기회가 많아지게 되며 협상하는 기술이나 협력하는 태도 등의 타인과의 관계 형성에 긍정적인 영향을 미친다.

이상과 같이 어떠한 혜택을 누리고자 하는 감정이자 삶의 본능적 에너지인 여섯 가지 욕구에 대해서 살펴보았다. 인간은 이와 같은 욕구에 의해 성장 지향적인 내적 동기를 가진 존재이고, 이러한 내적 동기의 만족이 삶에 긍정적 영향을 미친다. 따라서 이러한 삶의 본능적 욕구는 아동의 발달과 성장에 있어서 필수적인 역할을 하며 성공의 길을 달리는 삶에 있어서 그 원천이 된다.

2) 미술치료에 기초한 아동미술의 일반화를 위한 교사(치료사)의 실천이론

미술치료에 기초한 아동미술교육의 목적을 보다 훌륭히 성취하기 위한 교육의 일반화를 위해서는 교육현장에서 직접 아동을 지도하는 교사(치료사)의 역할이 무엇보다 중요하다. 교사(치료사)는 방임으로 흐르지 않고 이론적 지식함양과 함께 이를 실천하고자 하는 의지와 노력이 필요하다. 이를 위해 교육현장에서 직접 지도하는 교사(치료사)가 반드시 알고 실천해야 할 열다섯 가지 이론을 선행 연구하여 제시한다.

〈표 6〉 **미술치료에 기초한 아동미술의 일반화를 위한 교사(치료사)의 실천이론**

순번	내용	의미
첫째	교사(치료사)는 아동을 독립된 인격체로 인정하고 아동의 세계를 존중하여야 한다.	아동에 대한 마음자세
둘째	아동에게 공감적 이해와 수용적 태도로써 안전한 환경을 제공한다.	
셋째	좋은 주제는 작업의 방향을 주는 것이고 상상력과 창의성을 자극하는 것이다.	주제 선정
넷째	흥미와 호기심, 성취감 등의 내적 동기에 의한 계단식 발달이 이루어져야 한다.	미술작업의 방향
다섯째	자발성을 바탕으로 한 자기 표현적 창작 작품이어야 한다.	
여섯째	가장 좋은 아동 교육은 스스로 해내었을 때 주어지는 칭찬의 피드백으로 자신감을 심어 주는 것이다.	

순번	내용	의미
일곱째	아동이 좋은 감정으로 편안하게 작업할 수 있도록 도와주되, 때에 따라서는 교사가 작업을 더 즐겨야 한다.	미술작업의 방법과 구체적 기법
여덟째	아동이 스스로 문제를 해결할 수 있도록 바탕을 마련해 주고 기다려 주며 믿어 주어야 한다.	
아홉째	자신과 주고받는 대화로써 몰입하는 가운데 창의적으로 문제를 해결하면서 완성한 작품이어야 한다.	
열째	작품 제작 과정에서의 잘한 점과 작품을 완성하기까지의 노력에 대하여 칭찬하여 자기만족의 승화가 되도록 한다.	
열한째	'이렇게 하면 되는구나'라는 깨달음의 '아하경험'과 완성한 창작물의 성취감에서 '절정경험'을 할 수 있도록 노력한다.	
열두째	교사는 아동의 창작과정을 돕는 손이어야 한다.	교사의 역할
열셋째	스스로 주도한 창작 작품의 완성으로써 또 한 번의 성공의 경험이 되어야 한다.	성공의 경험
열넷째	작품 완성 후 자기 작품에 대해서 말을 하거나 함께 스토리텔링의 시간을 갖는다.	미술작품의 감상 및 평가
열다섯째	아동은 누구나 '무의식적 지각, 자각, 알아차림의 깨달음'이 있어 완성된 작품에 대해 굳이 평가하지 않아도 된다.	

이러한 열 다섯 가지의 이론을 구체적으로 살펴보면 다음과 같다.

첫째, 교사(치료사, 이하생략)는 아동을 독립된 인격체로 인정하고 아동의 세계를 존중하여야 한다.

아동이 남보다 잘하거나, 남에게 인정받아야 소중한 것이 아니라 있는 그대로가 소중하고 그 자체만으로 인격적으로 존중받아야 한다. 또한 아동은 어른과는 다른 아동의 권리와 세계를 인정받고 공감받아 아동의 세계를 담아낼 수 있어야 한다. 이렇게 될 때 아동은 보다 행복하게 생활할 수 있으며 사람들을 존중하게 될 것이다.

아동에게 훌륭한 교사가 되기 위해서는 아동들을 배려하고 그들과 감정적으로 소통하면서 칭찬의 힘을 아는 것으로 먼저 사과할 줄 알고 매사에 계획과 목적을 갖고 행동하되 아동들에게 꿈과 희망을 심어 줄 수 있어야 한다.

둘째, 아동에게 공감적 이해와 수용적 태도로써 안전한 환경을 제공한다.

아동이 지금까지 경험해 온 관계 안에서의 문제들을 서서히 펼쳐 나갈 수 있도록 교사는 공감적 이해와 수용적 태도로써 안전 기지와 피난처로서의 환경을 제공해야 한다. 또한 아동에게 안정감을 경험할 수 있도록 안정적인 분위기를 형성하며 교사를 서서히 신뢰해 나가도록 하는 역할을 하여야 한다.

아동의 문제점은 지속해서 영향을 준 가족과 사회적 압력 속에서 그렇게 발달하여 왔으므로 교사는 아동의 문제행동에 대해 그렇게 행동하는 것은 당연할 수 있다는 인식과 함께 아동은 자기 자신에 있어서(무엇을 잘하는지, 어떤 능력을 갖추고 있는지, 무슨 생각을 하고 있는지 등에 관해) 전문가라는 아동의 가치를 높게 평가하는 교육적, 치료적 관계를 제공해야 한다(Moon, 2010).

셋째, 좋은 주제는 작업의 방향을 주는 것이고 상상력과 창의성을 자극하는 것이다.

미술치료에 기초한 아동미술에서의 주제는 자신에게 주어진 재료나 선택한 재료를 가지고 무엇을 할지를 스스로 정하는 오픈식의 비지시적인 방법을 기본으로 하지만 필요에 따라 다양한 가능성이 열려 있어서 아동의 창의력이 잘 나타날 수 있다면 지시적이거나 구조적인 방법을 사용할 수도 있다.

그러나 전통적인 미술지도방법은 교사의 지시적인 것이 주류를 이루었으며 이러한 지시적 미술지도법에 의한 학습 경험을 지닌 대부분의 아동은 구상을 위한 자극이 결여되고 자신의 사고나 감정을 표출할 기회를 상실하였다. 또한 아동은 그들의 생각이 받아들여지지 않는다고 느끼게 되며 틀에 박힌 형태(stereo type)를 닮아가게 되면서 인습적인 사람이 되었다(송행화, 2007).

따라서 지나치게 지시적인 주제나 강의하듯 알려 주는 주제는 아동이 창조하는 것에 관하여 지나치게 자의식적으로 스스로를 억제하는 효과를 준다. 좋은 주제는 작업의 방향을 주는 것이고 창의성과 상상력을 자극하는 것으로 기본적인 한정 선을 제공하되, 그 틀 안에 여러 가지 가능성을 열어 놓는 것이다(Moon, 2010). 그렇지만 반드시 해야만 하는 의도성이 아닌 경우 대부분의 결정권은 아동에게 양보하며, 교사는 아동에게 의견과 염려를 충분히 전달하는 것이다.

넷째, 흥미와 호기심, 성취감 등의 내적 동기에 의한 계단식 발달이 이루어져야 한다.

아동이 아름다운 물감을 찾아내고는 "이거 어떻게 사용해요?"라고 물을 때, 붓으로 색칠하는 보편적 방법을 가르쳐 주는 것보다, 물감을 장난감 자동차 바퀴에 묻혀서 신나게 굴려 물감 자국이 나타나게 하거나, 물감을 물과 섞인 식기 세척기용 세제에 짠 뒤 이를 혼합하여 빨대로 색 비눗방울이 나타나게 분다든지 하여 아동에게 흥미와 호기심을 심어 주며 상상력을 자극하는 내적 동기를 불러일으키는 것이 중요하다. 흥미는 내적 동기유발에 공헌하며, 즐거움은 활동성을 지속시켜 내적 동기유발을 촉진시킨다. 흥미와 즐거움의 정서는 내적 동기유발을 산출하는 데 서로 상호작용한다. 흥미, 호기심, 과제가 가져다주는 성취감 등 학습자의 내부에서 학습동기를 찾는 내적 동기는 자기 결정성에 의해 영향을 받으므로 개인은 자신이 원해서 스스로 선택한 활동을 할 때 더 흥미를 느끼고 몰입하며, 그 활동을 지속하게 된다.

리브(Reeve, 2003)는 "내적 동기는 사람들에게 지속성, 창의성, 개념적 이해와 주관적 안녕을 포함하는 많은 중요한 이점을 초래하기 때문에 육성되고 촉진될 가치가 있다."라고 하였다. 아동의 흥미와 관심사를 반영한 내적 동기유발은 미술활동 그 자체로부터 즐거움을 찾아 몰입하도록 하며, 호기심과 열정을 가지고 미술활동에 참여하게 하여, 아동의 미술표현에서 개성적인 표현 및 창의성과 다양성을 크게 증가시키게 된다.

다섯째, 자발성을 바탕으로 한 자기 표현적 창작 작품이어야 한다.

미술작업 시 매체 선택에서부터 작품 제작까지 아동 스스로 선택하고 결정하며 사고할 수 있는 자발성과 창의성이 존중받아야 한다.

젠킨스(Jenkins, 1980)는 그의 저서『흥미를 위한 미술』에서, "미술작업을 위한 주제나 표현할 방법, 그것에 대한 구성이나 아동의 미술교육에 있어서 모든 선택 과정이 아동에게 개방되지 않고 교사의 선택을 일방적으로 받아들이는 것이라면, 그것은 곧 지시된 미술(dictated)이다."라고 하였다. 지시적 미술 지도법은 아동이 자기의 생각을 마음껏 표현할 수 없으므로 아동의 창의적인 표현을 제한하는 결과를 가져와 성취감에 따른 자신감을 가져오지 못하게 된다.

로웬펠드(Lowenfeld, 1993)는 "스스로 생각하는 아동은 머리에 떠오르는 어떤 것이든 표현할 수 있을 뿐 아니라 생활에서 만나게 되는 어떤 정서적, 지적 문제도 직접 대면하여 해결하려고 하며, 표현은 정서적 배출구 역할을 하게 되고, 창조적 활동을 이용하는 아동은 불필요한 긴장에서 해방되어 자유와 융통성을 얻게 된다."고 하였다. 따라서 아동의 모든 아이디어를 수용적인 자세로 받아들여 자기 표현적 창작 작품이 되도록 하여야 한다. 만약 작품표현에서 창의성 중시의 창작 작업이 아니라 형태나 기교 중시의 개념화가 된다면 아동에게 구속감을 주어 상상력을 떨어뜨리고 미술에 대한 거부감으로 이어질 수 있다.

여섯째, 가장 좋은 아동 교육은 스스로 해내었을 때 주어지는 칭찬의 피드백으로 자신감을 심어 주는 것이다.

교사의 강요나 지시에 의한 미술활동은 아동 스스로의 내적 계단식 발달을 가로막으며 미술작업에 대한 흥미를 떨어뜨리는 결과를 가져온다. 따라서 교사의 역할은 아동 스스로의 선택과 생각으로써 문제를 해결하고자 노력할 때 잘할 수 있다고 격려하고, 힘들어할 때 위로하며 모를 땐 방법을 가르쳐 주어 스스로의 성취경험을 가져갈 수 있도록 하는 것이다. 즉 혼자 힘으로 해결방법을 찾아내는 아동들의 무한한 가능성이 더 큰 힘으로 자라날 수 있도록 그들의 능력을 믿어 주고 격려해 주는 것이다. 스스로 해내었을 때 주어지는 칭찬과 격려는 아동에게 만족감과 함께 큰 힘이 되어 자신감을 심어 주며 다시 스스로 해내어 성공하고 싶다는 욕구를 가지게 해 준다.

일곱째, 아동이 좋은 감정으로 편안하게 작업할 수 있도록 도와주되, 때에 따라서는 교사가 작업을 더 즐겨야 한다.

평상시 아동들은 '싫다'라는 경험을 많이 하게 된다. 그러나 미술작업실에서는 편안한 감정의 '좋다'라는 정서적 만족감에서 작업할 수 있도록 도와주어야 한다. 이때 아동은 두려움과 거부감 없이 자신의 생각을 마음껏 표현할 수 있을 것이다. 바람직한 교사의 자세로서 무엇보다 중요한 것은 아동에 대한 진심 어린 애정과 사랑을 통하여 아동들이 자신의 느낌과 생각을 자유롭게 표현할 수 있도록 하여야 하며, 이를 통하여 개인의 정서 함양과 자기표현의 확장을 돕도록 지원하며, 창의성을 발전시키는 데 조력하여야 한다(최윤철, 2004).

아동은 모방에 의해서 다음 행동을 결정하므로 때에 따라서는 교사가 행복하게 자신의 미술활동을 더 즐길 수 있어야 한다. 이때 아동은 '아! 저렇게 해야 하는구나'라는 생각으로 모방을 하며 미술활동에 더 적극적으로 참여하게 된다. 특히 재료사용의 극복이 부족한 아동 앞에서 교사가 다양한 재료로 작업을 즐기면 아동은 호기심과 모방을 통해 자연스럽게 다양한 재료를 접하게 되고 이를 통해 재료사용의 한계점을 극복하려 할 것이다. 단, 교사의 숙련된 완성작은 아동에게 열등감을 조장하거나 좌절의 위협을 줄 수 있으며 교사 자신이 미술표현을 할 때 지나치게 자기 작업에 몰입하다 보면 아동의 작업에서 교사의 역할을 등한시할 수 있음을 유의하여야 한다.

여덟째, 아동이 스스로 문제를 해결할 수 있도록 바탕을 마련해 주고 기다려 주며 믿어 주어야 한다.

교사는 아동을 많이 도와주어야 하고 가르쳐 주어야 한다고 생각하거나 문제를 해결해 주면서 이렇게 하는 것이라고 설명해 주어야 한다고 생각한다면 그것은 큰 착각이다. 굳이 가르쳐 주지 않아도 아동은 스스로 문제를 해결할 능력이 있으므로 교사는 아동 스스로 문제를 해결할 수 있는 바탕을 마련해 주는 것이 더 중요하다. 교사는 아동이 스스로 문제를 해결할 때까지 기다려 주어야 하며, 아동이 못 하고 있을 때는 문제해결의 방법을 가르쳐 주면서 잘할 수 있다고 격려해 주고, 힘들어할 때 위로해 주고, 성취경험이 생겼을 때 칭찬으로 자신감의 피드백을 주는 것만으로도 충분하다. 그리고 교사는 아동을 늘 믿어 주어야 하며 한결같아야 한다. 아동의 입장에서 믿어 주고 지지해 준다는 것은 큰 힘이 되며 아이를 더 크게 성장시키는 덕목이 된다.

아홉째, 자신과의 주고받는 대화로써 몰입하는 가운데 창의적으로 문제를 해결하면서 완성한 작품이어야 한다.

아동은 자유로운 가운데서 자신만의 생각과 사고의 창의적 미술표현을 하여야 하며, 작업 진행 과정에서 최선의 몰입으로 직면한 문제를 창의적으로 해결한 창작 작품이어야 한다. 몰입은 주위의 모든 잡념, 방해물을 차단하고 자신이 원하는 어느 한 곳에 모든 정신을 집중하는 것을 말하며 미술 제작자를 일상생활에서 벗어나 창조적인 과정이라는 영역으로 옮겨놓고, 마지막에 이르러서는 만족스러운 결과물을 만들어낸다(Wadeson, 2012).

칙센트미하이(Csikszentmihalyi, 1975)는 "인생에서 행복감을 느끼기 위해서는 삶의 순간순간 '몰입'이 필요하다."라고 말했다. 또한 그는 "몰입에 의해 오는 행복은 스스로의 힘으로 만든 것이므로 더 값지다."라고 하면서 "자신의 능력에서 적당한 과제를 수행하면서 몰입할 때 최고의 성과가 나타나므로 몰입을 통하여 우리는 삶의 질을 높일 수 있다."라고 하였다. 또한 몰입은 창의성과 창의적 문제해결 능력을 기르는 교육에 있어서 핵심이 되며 창의적으로 문제를 해결하여 제작한 창작 작품은 높은 만족감과 함께 자신감을 심어 주며 이러한 자신감은 자존감을 높여 주어 문제행동을 수정하고 자아를 성장하게 한다.

열째, 작품 제작 과정에서의 잘한 점과 작품을 완성하기까지의 노력에 대하여 칭찬하여 자기만족의 승화가 되도록 한다.

크레이머(Kramer, 1979)는 "성인이 아동의 발달적 특징을 이해하기보다는 자신이 중요하다고 생각하는 예술 과정이나 미술작품에 대한 일반적인 미적 가치를 아동에게 강요하는 것은 자신의 경험을 자발적이고 독창적인 것으로 표현하려는 아동의 내적인 욕구를 점점 소멸시키고 있다."라고 하였다. 따라서 적극적이고 자유로운 자신만의 창의적 표현에 대해 칭찬하여 자기만족의 승화가 되도록 하여야 한다.

또한 아동에게 "잘 그렸네.", "잘 색칠했네."라는 작품에 대한 외형을 칭찬하는 것은 아동에게 미술작업이 힘겨움으로 다가가 흥미를 떨어뜨리게 하며, 작품 결과물에 대한 칭찬은 작업 과정의 교육적·치료적 효과를 가볍게 여기게 되고 지나친 경쟁심을 유발하게 된다. 따라서 교사는 아동 서로 간에 도움을 주고받는 긍정적인 상호작용과 부딪치는 문제를 창의적으로 해결하여 완성한 창작 작품 등의 작품 제작 과정에서의 잘한 점과 작품 완성을 위한 노력에 대하여 칭찬하여 자기만족의 승화가 되도록 하여야 한다. 이때, 아동은 의미를 가지며 내적 성장을 스스로 이루어 나가게 되는 것이다. 승화는 진부해지거나 공허해지지 않고 또 다른 부분적 해결로 이끌기 때문에 새로운 작업은 이전 작업보다 더 강력하고 흥미로워진다(Rubin, 2015).

열한째, '이렇게 하면 되는구나'라는 깨달음의 '아하경험'과 완성한 창작물의 성취감에서 '절정경험'을 할 수 있도록 노력한다.

아동이 작품 제작에서 문제해결이 많아질수록 '아하, 이렇게 하면 되는구나' 라는 더불어 깨달음의 '아하경험'이 많아지게 된다. 이러한 경험은 의지와 자신감의 증가로 이어져 자기 확신과 자기 믿음에 낙관론을 가지게 되며, 그 결과 헌신, 자비심 및 공감으로 의지와 용기가 증가된다(Corsini & Wedding, 2007). 매슬로(Maslow, 1970)는 심미적 경험, 창조적 순간, 영적인 경험, 경기에서의 성취감, 사랑하는 사람과의 만남 등을 맛보는 최상의 행복감과 완성감을 느끼는 순간에서 기본적으로 나타나는 인지적 현상들을 '절정경험'이라고 하였다. 아동미술에서는 자기가 주도하고 몰입하여 부딪치는 문제를 해결한 창작 작품의 완성과 교사와 주변 사람들로부터의 칭찬이 만났을 때 최상의 행복을 느끼게 되는 '절정경험'을 하게 된다. 이러한 경험은 자기실현을 가능케 하며 '나' 자신을 받아들이고 사랑하고, 내면의 갈등이나 불안에서 자유로울 수 있다. 절정경험을 통해 인간은 통합을 경험하게 되며 더욱 건강하게 사고하고 행동하고 느낄 수 있는 능력을 배양하게 된다. 그 절정의 경험에서 능력을 최대로 발휘한다고 하였다(정현주 외, 2014).

열둘째, 교사는 아동의 창작과정을 돕는 손이어야 한다.

교사는 창작에 도움을 주는 환경을 만들거나, 미술용품을 잘 관리한다거나, 작품에 따라 적절한 미술도구나 재료를 제공하는 것, 작품의 진실성이 위협당할 때 도움을 주는 것 성취경험이 일어날 수 있도록 바탕을 마련해 주는 것 등의 역할을 하는 제3의 손이 되어야 한다. 제3의 손은 '의미를 왜곡하거나 시각적인 아이디어나 선호하는 바를 아동에게 요구하지 않는 손으로, 침입적이지 않고 대신 그들의 창작과정을 돕는 손'이다(Moon, 2010). 교사가 유의해야 할 점은 아동의 시각언어를 무시하거나 교사의 예술 스타일이나 선호하는 바를 강조하는 것이다.

열셋째, 스스로 주도한 창작 작품의 완성으로써 또 한 번의 성공의 경험이 되어야 한다.

자발적 활동과 창의적 사고로써 자기가 주도하여 완성한 창작 작품, 작품 제작 과정에서 부딪치는 문제를 해결하면서 완성한 창작 작품은 아동에게 전인적 발달과 함께 높은 만족의 자신감이라는 피드백을 가져다준다. 또한 작품 완성이라는 성공의 경험은 주변의 칭찬과 만나 기쁨의 승화작용으로 높은 자기 효능감이 생기며 자존감 및 개인의 성장을 촉진할 뿐만 아니라, 정화 혹은 승화의 기능을 수행한다(오가영, 2006). 이때 생긴 성공의 경험은 신경전달물질인 도파민의 역할에 의해 다시 성공하고자 하는 성취 욕구의 반복으로 이어지며 이러한 성공의 경험 반복은 자존감 상승과 함께 문제행동을 수정하며 자아성장에 도움을 준다.

열넷째, 작품 완성 후 자기 작품에 대해 말을 하거나 개방식 질문과 역할놀이 등의 심상의 스토리텔링으로 자기표현의 시간을 가진다.

스토리텔링(Storytelling)은 '스토리(story)'와 '텔링(telling)'의 합성어로서 '이야기하다'라는 의미이다. 스토리텔링은 아동들의 상상력을 자극하고, 비판적 능력을 키워 주며 감성적 성장을 도와 해결 중심적이며 통합 중심적 사고를 하게 하는 등의 광범위한 교육적 가치를 지닌다. 아동들에게는 자신의 생각을 표현한 이미지에 대해 말할 기회를 갖는 것 자체가 중요하기 때문에 여러 사람 앞에서 발표하는 스토리텔링은 반드시 필요하다. 자신의 창조물을 여러 사람 앞에서 말하는 발표 활동을 통해 기존의 것들이 재조직되는 경험을 함으로써, 아동의 창의력이 집중적으로 발휘되는 것이다(이유미, 2014).

완성된 작품으로 역할놀이나 상상놀이의 스토리텔링을 하면 첫째, 자기중심적 사고에서 탈피할 수 있게 되며, 둘째, 자발적인 문제해결 능력이 증진되며, 셋째, 토론하는 과정에서 최선의 해결 방안을 도출해 낼 수 있다는 사실을 깨닫게 됨으로써 집단의식이 증진되며, 넷째, 언어능력을 증진하고 도덕관념을 발전시키고, 다섯째, 타인의 역할을 자꾸 해 보게 됨으로써 새로운 행동이나 기술을 습득하게 한다(Shaftel & Shaftel, 1982).

열다섯째, 아동은 누구나 '무의식적 지각, 자각, 알아차림의 깨달음'이 있어 내적 발달을 스스로 이루어 가므로 완성된 작품에 대해 굳이 평가하지 않아도 된다.

머릿속에서 벌어지는 기억의 점화 현상을 우리가 모두 의식하기 힘들 듯이, 두뇌 활동에 관해 우리가 의식할 수 있는 부분은 상당히 제한되어 있다. 많은 일이 무의식적으로 혹은 자동으로 이루어지므로 우리는 항상 의식할 필요가 없다.

자각과 알아차림은 모든 사람에게 일어나는 보편적인 정신 현상이다. 자각(awareness)은 현실을 판단하여 일정한 상황에 놓인 자기의 능력, 가치, 의무, 사명, 입장 등을 스스로 깨닫는 것을 말한다. 즉 자각은 자기 자신을 의식하는 상태로 자기가 인식한 내용에 대한 자기점검과 자기반성이 포함된다고 볼 수 있다. 이것은 건강한 자기조절에서 자연적으로 일어나는 것이다(구진순, 2010). 알아차림은 지각된 자극이 자동으로 반응하는 것으로 자신이 현재 일어나고 있는 내적, 외적인 현상을 있는 그대로 지각하고 체험하는 행위를 두고 말한다. 따라서 교사는 작품 제작과정과 완성된 창작 작품, 작품에 따른 스토리텔링 등에서 지각, 자각, 알아차림의 깨달음으로 스스로 변화가 일어나 내적 발달을 이루어 가므로 굳이 감상 및 평가를 통해 지적하여 개선하려 하지 않아도 된다.

이상과 같이 창의성과 창의적 문제해결 능력을 바탕으로 한 미술치료에 기초한 아동미술이 일반적인 교육으로 자리 잡고 교육현장에서 보다 질 높은 수업이 이루어지기 위하여 교사의 실천이론 열다섯 가지를 정리하여 보았다. 교사는 가장 강력한 학습 환경이며 교사의 행동은 교육활동의 중심이자 교육행위의 실체로서 중요한 위치를 차지한다. 따라서 미술치료에 기초한 아동미술을 실시하는 교사는 아동을 사랑하는 마음으로 아동과 공감적 조율을 하고 아동을 돕는 제3의 손으로서 이러한 이론적 지식함양과 함께 이를 실천하고자 하는 의지와 노력이 무엇보다 필요하다.

실기편

Ⅰ. 미술치료에 기초한 아동미술의 프로그램 사례와 효과성 연구

제목: 내적 계단식 발달
사용재료: 캔버스 위에 크레파스(크레파스 가루를 목공풀로 혼합하여 붙이거나 크레파스로 칠한 부분을 식용유로 문질러 부드럽게 함)

사람은 태어나면서부터 자발적 행동과 창의적 사고를 바탕으로 한 경험과 자극에 의해 스스로의 내적 발달을 이루고 환경에 적응해나간다. 그리고 이러한 내적발달은 한 단계씩 깨달아 올라가면서 발달하는 계단식일 때 가장 효과적이게 된다. 미술치료에 기초한 아동 미술도 마찬가지이다. 어떤 내용으로 어떻게 표현 할 것인지에 대한 결정과 직면하는 문제를 창의적으로 해결하면서 완성한 성공의 경험, 완성한 작품에 대한 스토리텔링 등에서 아동은 지각하고 알아차린 깨달음으로 스스로의 내적 계단식 발달을 이루게 된다. 그런데 아동이 지난 시간에 알아차리고 깨달은 것이 있어 며칠 동안 미술시간만 기다렸다가 드디어 작품을 제작하려는데 교사(치료사)가 "오늘은 사진 붙여 물감으로 꾸미기 할 거니까 다른 것은 안 된다."라며 교사가 지시하며 구조화 한다면 아동 스스로의 내적, 계단식 발달은 어떻게 될까?

미술치료에 기초한 아동미술의 프로그램을 하나의 사례로 개발하여 이미지와 함께 체계적이고 구체적으로 제시하였으며 이와 함께 실제 그 프로그램이 아동의 창의적 문제해결 능력에 얼마만큼 효과가 있는지 한국판 창의성 검사로서 그 효과성을 입증하였다.

1. 미술치료에 기초한 아동미술의 프로그램 사례

현대 아동미술교육의 중요성에 따른 아동미술교육의 목적과 심신의 발달과 안녕을 바라는 미술치료의 목적을 달성하기 위해서는 아동의 창의성과 창의적 문제해결 능력에 의한 미술치료에 기초한 아동미술이 되어야 함을 이론 편에서 살펴보았다. 본 단원에서는 이러한 이론을 바탕으로 미술치료에 기초한 아동미술의 프로그램을 만들어 사례로 제시하여 실제 교육현장에서의 아동미술지도에 도움이 되고자 한다.

프로그램 진행절차 및 단계별 목표

본 프로그램 진행절차 및 단계별 목표는 초기단계, 실행단계, 종결단계로 진행하였으며 각 단계별 목표는 다음의 그림과 같다.

초기단계 (1~2회기)	실행단계 (3~8회기)	종결단계 (9~10회기)
· 라포르 형성, 수업 방향과 수업규칙 이해 · 평면과 입체로 나누어 자신이 선택한 매체로 자신의 생각을 마음껏 표현	〈3~4회〉 평면작업과 입체작업에 의해 프로그램의 목적과 목표, 기대 효과에 따른 실질적 활동 〈5~6회〉 아동의 선택에 따른 작업으로 프로그램의 목적과 목표, 기대 효과에 따른 실질적 활동 〈7~8회〉 자연물을 중심으로 한 작업에 의해 프로그램의 목적과 목표, 기대효과에 따른 실질적 활동	· 자기 표현적 협동 작품의 완성과 완성된 작품의 전시로 자존감과 사회 관계성 향상

☞ **프로그램 진행절차에는 없지만, 미술치료에 기초한 아동미술교육에서 이루어져야 할 두 가지**

① 작품 제작에 임하기 전 10분간 몸 놀이

작품 제작에 임하기 전 교육적·치료적 효율을 높이기 위해 매회기 10분 정도 몸 놀이로 신나게 함께하는 시간을 가져 내적 동기를 높이고자 하였다. 존슨과 파킨슨(Johnson & Parkinson, 1999)은 회기마다 미술활동에 들어가기 전 웜업(warm-up)시간을 갖는 것이 심리를 드러내는 데 효과적이라고 하였다. 이러한 견해와 같이 10분간의 몸 놀이는 아동들에게 신남과 즐거움을 주어 흥미와 호기심의 내적 동기를 불러일으킨다. 흥미는 내적 동기를 유발하고, 즐거움은 활동성을 지속시켜 흥미와 즐거움의 정서는 내적 동기유발을 산출하는 데 서로 상호작용하기 때문이다(김청자, 1995). 이러한 내적 동기는 자기 결정성에 의해 영향을 받으므로 개인은 자신이 원해서 스스로 선택한 활동을 할 때 더 흥미를 느끼고 몰입하며 그 활동을 지속할 가능성이 크다(정보람, 2014). 또한 함께하는 즐거운 감정으로 미술수업과는 다른 방법으로 부정적 감정을 순화시켜 주며, 자기표현력 향상과 함께 사회관계성 발달이 이루어진다.

② 작품 완성 후의 스토리텔링(storytelling)

창작 작품 완성 후 완성된 작품에 대해서 상상과 창의의 스토리텔링의 시간을 가진다. 아동에게는 자신의 내면을 표현한 이미지에 대해 말할 기회를 얻는 것 자체가 중요하기 때문이다. 작품 제작과정에서 작품에 대해 대화를 하거나 작품 완성 후 충분히 스토리텔링을 갖는 것은 학문중심예술교육(Discipline-Based Art Education: DBAE)의 감상 및 평가를 대신하는 것으로 자각과 알아차림, 상상력을 자극하여 자신을 객관적으로 바라볼 수 있게 하고 자신의 생각을 재구성할 수 있도록 하며 창의성 계발에 도움을 주어 통합적으로 문제를 해결할 수 있도록 한다.

(1) 초기단계(1~2회기)

초기단계는 1회기에서 2회기까지로 구성하였다. 자신이 선택한 다양한 재료로 자신의 생각을 마음껏 표현하는 것으로서 그 목표는 다음과 같다.

첫째, 참여 교사와 참여 아동들, 아동들과 아동들 간의 라포(rapport)를 형성하여 원활한 수업이 될 수 있도록 한다. 라포르는 사람과 사람 사이에 생기는 상호신뢰 관계로서 감정적으로나 이성적으로 충분히 이해하는 상호관계를 말한다. 라포르가 형성되어야 좋은 인지로써 상호관계성을 가질 수 있으며 깊은 마음속의 사연까지 말을 할 수 있기 때문이다.

둘째, 수업의 방향을 이해하고 적극적으로 참여할 수 있도록 한다. 수업의 방향은, 스스로 매체를 탐색하고 선택하여 결정하며 자신만의 창의적 사고로 작업을 한다. 작품을 제작하는 동안 몰입하여 부딪치는 문제를 스스로 해결하도록 하며, 작품이 완성되면 스토리텔링의 시간을 가지는데 이때 자기 생각을 마음껏 표현하도록 한다.

셋째, 수업 도중 지켜야 할 규칙을 알고 실천하도록 한다. 지켜야 할 대표적 규칙으로는 자율적으로 선택하고 마음껏 자기의 생각을 표현하도록 하며, 자신의 문제는 스스로 해결하려고 노력하여야 한다. 작업 도중 문제가 잘 해결되지 않거나 도움이 필요할 땐 선생님에게 말하며, 수업을 마치고 나면, 흩어진 도구는 서로 도와 정리한다.

넷째, 자유로운 가운데 자기의 생각을 마음껏 표현한다. 이는 부정적 감정을 순화하고, 창의적으로 문제를 해결하면서 높은 만족감을 느끼게 한다.

가. 1회기

도입 과정으로 관계 형성하기를 위한 내용을 근거로 프로그램을 구성하였다. 아동들과 첫 만남을 갖는 시간으로서 교사 소개를 하고 미술치료에 기초한 아동미술교육의 방향과 규칙에 대해 안내하며, 다양한 미술재료와 함께 물감놀이를 신나게 하면서 '좋다'라는 분위기에서 연구자와 아동들이 상호 협력적 관계 형성과 친밀감을 갖도록 한다.

나. 2회기

비정형화된 다양한 재료와 미술도구를 이용하여 자신의 창의적인 생각으로 작품을 완성한다. 처음 입체작업을 함으로써 알아야 할 규칙과 주의점을 이해하도록 하며 재료를 빌려주고 빌리는 과정에서 관계성 향상이 나타나도록 한다. 구체적인 주제 없이 자신이 생각한 것을 스스로 만들어야 하므로 교수자는 창의성의 시발점(始發點) 역할을 잘하여 표현에 대한 부담감을 감소시킬 수 있도록 한다.

단계	회기	프로그램명	활동내용	활동목표	기대효과
초기단계	1	다양한 미술재료+물감놀이	신체운동과 율동으로 즉각적 몸표현: 10분간 신나게 함께하기		
			1. 다양한 재료와 함께 물감놀이를 한다. (다양한 재료로 표현한 후 물감놀이를 하거나 물감놀이를 한 후 다양한 재료로 표현한다.) 2. 작품 완성 후 스토리텔링으로 상상력과 자신감의 피드백을 준다.	1. 라포르를 형성한다. 2. 다양한 미술재료를 탐색한다. 3. 물감놀이로 신나게 표현한다.	1. 만족감과 함께 자신감 상승 2. 창의적 문제해결 능력 향상 3. 사회관계성 향상
	2	재활용둠을 활용한 입체조형 작품	리듬을 이용한 신체표현과 율동으로 즉각적 몸표현: 10분간 함께하기		
			1. 스스로 매체를 선택한다. 2. 자신의 생각을 담아 창의적 입체작품으로 완성한다. 3. 작품 완성 후 스토리텔링으로 상상력과 자신감의 피드백을 준다.	1. 자기 생각을 입체로 표현한다. 2. 몰입으로 부딪치는 문제를 스스로 해결하여 완성한다.	1. 만족감과 함께 자신감 상승 2. 창의적 문제해결 능력 향상

1회기 작품 사례

2회기 작품 사례

(2) 실행단계(3~8회기)

실행단계는 실행단계 1차: 3~4회기와 실행단계 2차: 4~5회기, 실행단계 3차: 6~7회기, 실행단계 4차: 7~8회기로 나눌 수 있다. 프로그램 전체의 목적과 목표, 기대효과에 부응하는 활동을 하는 단계로서 그 목표는 다음과 같다.

첫째, 자발적으로 유용한 매체를 선택, 결정하고 자신만의 생각과 사고의 창의적 표현이 되도록 한다.

둘째, 작품을 진행하는 동안 필요한 물건을 서로 빌려주고 빌리는 등의 행위와 작품과 관련된 대화를 나누면서 상호관계성을 향상한다.

셋째, 자신과의 대화를 주고받으며 몰입하는 가운데 부딪치는 여러 문제를 창의적으로 해결하면서 완성한 창작 작품이 되도록 한다.

넷째, 완성된 작품에서 높은 만족의 성취감을 가지는 성공의 경험이 되도록 하며 이러한 성공의 경험은 좋은 기억으로 남아 또다시 새로운 성공의 경험으로 이어질 수 있도록 한다.

다섯째, 완성된 작품으로 역할놀이를 하거나 통합적이고 문제해결 중심적 스토리텔링을 함으로써 작품에 대한 자각과 알아차림에 도움을 주어 아동 스스로의 내적 발달을 이룰 수 있도록 한다.

가. 실행단계 1차(3~4회기)

실행단계 1차인 3~4회기는 평면작업과 입체작업을 통해 프로그램의 목적과 목표, 기대효과에 따른 실질적 활동을 하였다.

① 3회기

스스로 매체를 선택하는 것과 자신의 생각으로 콜라주 작업하는 것을 기초하여 프로그램을 구성하였다. 콜라주 기법에 대해 골딩(Golding, 1950)은 "'풀칠', '풀칠하여 붙이기' 등의 뜻을 가진 프랑스어로 하나의 받침 위에 각기 다른 재료의 단편들을 붙여 제작된 작품"이라고 정의하였다. 콜라주 기법은 그림으로 표현해야 한다는 부담감을 덜어 주는 동시에 다양한 재료들과 재질에 따른 표현방법으로 아동들의 흥미와 자신감을 유도해 낸다. 이런 과정에서 아동은 자신의 세계를 부담 없이 마음껏 표현할 수 있다(강경래 · 이근매, 2005).

	회기	프로그램명	활동내용	활동목표	기대효과
실행단계	3	잡지사진을 이용한 자발적 창의성의 자기 표현적 평면작품(콜라주)	신체운동과 달크로즈(dalcroze)활동: 10분간 함께하기		
			1. 스스로 매체를 선택한다. 2. 자신의 창의적 생각으로 평면작품을 완성한다. 3. 작품 완성 후 스토리텔링으로 상상력과 자신감의 피드백을 준다.	1. 자발적 창의성의 평면작품을 표현한다. 2. 몰입으로 부딪치는 문제를 스스로 해결하여 완성한다.	1. 만족감과 함께 자신감 상승 2. 창의적 문제해결 능력 향상

② 4회기

재활용품의 비정형 매체와 다양한 미술도구를 이용하여 창의적인 상징활동을 한다는 내용을 기초하여 프로그램을 구성하였다. 스스로 매체를 선택하고 창의적으로 작품을 제작하며 창의적 문제해결에 의해 작품을 완성한다. 이렇게 완성된 창작 작품은 만족감과 함께 자신감의 상승으로 자아성장을 촉진시킨다.

	회기	프로그램명	활동내용	활동목표	기대효과
실행단계	4	재활용품을 이용한 자발적 창의성의 자기 표현적 입체작품	론도형식(rondo form)으로 둘러앉아 노래 가사 이어가기: 10분간 신나게 함께하기		
			1. 스스로 매체를 선택한다. 2. 자신의 창의적 생각으로 입체작품을 완성한다. 3. 작품 완성 후 스토리텔링으로 상상력과 자신감의 피드백을 준다.	1. 자발적 창의성의 입체작품을 표현한다. 2. 몰입으로 부딪치는 문제를 스스로 해결하여 완성한다.	1. 만족감과 함께 자신감 상승 2. 창의적 문제해결 능력 향상

3회기 작품 사례

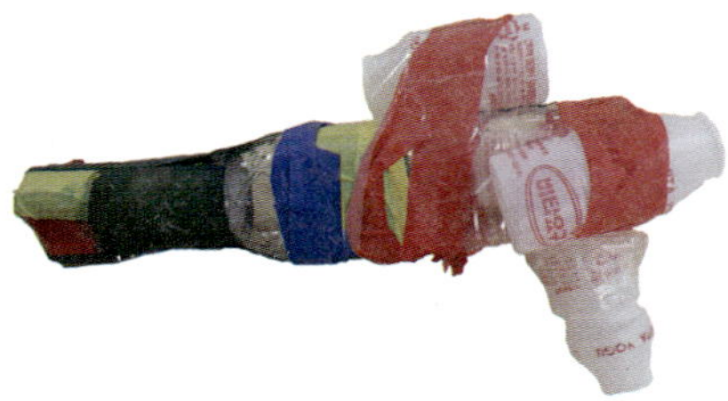

4회기 작품 사례

나. 실행단계 2차(5~6회기)

실행단계 2차인 5~6회기는 아동의 선택에 따른 오픈식 스튜디오 방식으로 평면이든 입체적이든 아니면 평면과 입체를 혼합하든 아동 스스로 생각하고 선택하게 하여 자발적 창의성과 창의적 문제해결에 의한 창작 작품으로 프로그램의 목적과 목표, 기대효과에 따른 실질적 활동을 하였다.

① 5회기~6회기

다양한 재료를 이용하여 아동이 원하는 상징의 창의적 입체작업을 하거나 콜라주나 찢어 붙이기, 그림 그리기 등의 평면작업 또는 평면과 입체를 조화시켜 작업하는 등 어떠한 형식에도 구속됨이 없이 자유롭게 작업에 임하여 비지시적 비구조화 프로그램으로 구성하였다. 비구조적이란 개인이나 집단원들이 서로 의논을 통해서 미술매체와 작업활동을 선택하여 진행하는 방식을 말하며, 비지시적이며 비구조적일 때 아동은 재료 및 조형방법에 선택의 자유를 부여받게 되어 아동 스스로 결정하고 생각하면서 자발성과 긍정적인 상호작용이 높아지고 문제해결의 기회가 많아지게 된다(차미성, 2005).

	회기	프로그램명	활동내용	활동목표	기대효과
실행단계	5	자발적 창의성의 자기 표현적 작품	4회기까지 완성한 작품을 사진으로 다시 보며 감상하기		
			1. 스스로 매체를 선택한다. 2. 자신의 창의적 생각으로 창작 작품을 완성한다. 3. 작품 완성 후 스토리텔링으로 상상력과 자신감의 피드백을 준다.	1. 평면과 입체의 구분 없이 자유롭게 자신의 생각을 표현한다. 2. 몰입으로 부딪치는 문제를 스스로 해결하여 완성한다.	1. 만족감과 함께 자신감 상승 2. 창의적 문제해결 능력 향상
	6	자발적 창의성의 자기 표현적 작품	음악을 배경으로 한 신체운동-10분간 신나게 함께하기		
			1. 스스로 매체를 선택한다. 2. 자신의 창의적 생각으로 창작 작품을 완성한다. 3. 작품 완성 후 스토리텔링으로 상상력과 자신감의 피드백을 준다.	1. 평면과 입체의 구분 없이 자유롭게 자신의 생각을 표현한다. 2. 몰입으로 부딪치는 문제를 스스로 해결하여 완성한다.	1. 만족감과 함께 자신감 상승 2. 창의적 문제해결 능력 향상

5회기 작품 사례

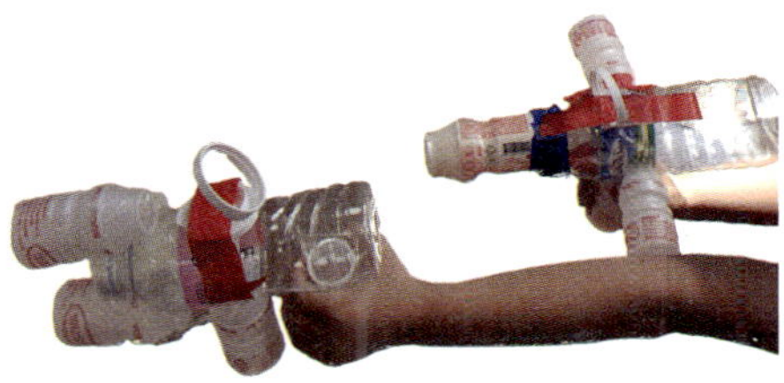

6회기 작품 사례

다. 실행단계 3차(7~8회기)

꽃잎과 나뭇잎 등의 자연물로 표현하는 내용을 근거로 프로그램의 목적과 목표, 기대효과에 따른 실질적 활동을 하였다. 본회기를 통해 아동이 창의성의 보고인 자연과 더욱 가까워질 수 있도록 역할을 하며 주변의 다양한 재료들을 활용함으로써 자신과 주변 사물과의 관계를 이해하고 깨달을 수 있도록 하였다. 아동이 자연에서 얻을 수 있는 자연물을 오감각을 이용하여 탐색하고 경험함으로써 상상력과 창조력이 자연스럽게 길러져 인지적, 사회적 발달과 정서적으로 안정을 준다.

① 7회기

자연에 있는 여러 가지 자연물(주로 풀, 꽃)을 채취하여 화지 위에 비구조화의 방법으로 개별 작업을 한다.

	회기	프로그램명	활동내용	활동목표	기대효과
실행단계	7	말린 자연물로 표현한 자기 표현적 작품	론도형식으로 둘러서서 몸 표현하기-10분간 신나게 함께하기		
			1. 스스로 매체를 선택한다. 2. 말린 자연물을 이용하여 자유롭게 표현한다. 3. 작품 완성 후 스토리텔링으로 상상력과 자신감의 피드백을 준다.	1. 자연물을 중심으로 한 자기의 생각과 사고를 표현한다. 2. 몰입으로 부딪치는 문제를 해결한다.	1. 자신감 상승 2. 창의적 문제해결 능력 향상 3. 자연의 소중함 알기

② 8회기

야산에서 채취한 다양한 자연물을 이용하여 3명 기준으로 전지 위에 협력적 협동 작업을 한다.

	회기	프로그램명	활동내용	활동목표	기대효과
실행단계	8	자연물을 이용한 공동작품	7회기까지 완성한 작품을 사진으로 다시 보며 감상하기		
			1. 다양한 나뭇잎과 솔방울, 나뭇가지 등의 자연물을 이용하여 3명을 기준으로 창의적 작품을 완성한다. 2. 작품 완성 후 스토리텔링으로 상상력과 자신감의 피드백을 준다.	1. 자연물을 중심으로 함께 협력하여 창의적 작품을 제작한다. 2. 몰입으로 부딪치는 문제를 함께 해결하여 공동작품을 완성한다.	1. 창의적 문제해결 능력과 사회관계성 향상 2. 자연의 소중함 알기

7회기 작품 사례

8회기 작품 사례

(3) 종결단계 (9~10회기)

종결단계는 9회기에서 10회기로 구성하였으며, 함께하는 협동 작업과 협동으로 완성한 작품을 전시하는 것으로 마무리하는 단계로써 그 목표는 다음과 같다.

첫째, 함께하는 자기 표현적 협동 작업으로 긍정적인 상호 관계적 능력을 향상한다. 협동 작업에서 타인과 함께한다는 것은 다른 아동들이 표현한 다양한 이미지에 대하여 의사소통을 하며 마음에 와닿는 것을 자기탐색으로 활용하기 때문에 곧 또래 간의 상호작용을 활발히 촉진시키는 효과성을 나타낸다. 함께하는 협동 작업은 개인 작업에서는 엄두도 못 낼 커다란 작품을 짧은 시간에 쉽게 완성함으로써 뜻밖의 대담성을 맛볼 수 있으며, 집단원의 의견 교환으로 공동의 목표를 성취했을 때 아동은 긍정적인 상호작용을 경험하게 되고 사회적 능력 발달이 이루어질 수 있다. 따라서 협동 작업은 또래 관계의 기능을 향상시키고 친사회적 행동을 학습하게 함으로써 아동의 자존감을 높이고 문제행동 감소에 긍정적인 효과를 기대할 수 있다(양선, 2012).

둘째, 협동작품이 전시될 공간과 그 주변을 다양한 표현으로 모든 아동이 함께 꾸며 멋있는 미술공간이 되도록 하는 과정에서 자존감 향상과 함께 사회관계성 발달을 이룰 수 있다. 서로 의견을 교환하고 도와줌으로써 공동의 독표를 성취했다면 아동은 긍정적인 상호작용과 함께 자존감 상승, 사회관계적 능력이 발달한다.

협동 작업은 집단 내에서 창의적 문제해결로써 자존감을 높여 주고 사회성을 향상시켜 준다. 쉐퍼(Shaffer, 2008)는 사회성을 '다른 사람들과 상호작용을 하고 그들의 관심과 인정을 구하려는 아동의 자발성'이라고 하였고, '타인을 칭찬하거나 위로하고 도우며 이롭게 하는 행동'을 친사회적 행동이라고 하였다.

가. 9회기

집단원들이(5명 기준) 서로 협의하여 정한 주제에 맞게 비 정형매체와 미술도구를 이용하여 협동작품을 만든다.

나. 10회기

모든 아동이 공통된 목적으로 함께하는 협동 작업을 한다. 잡지의 컬러 종이를 일정한 간격으로 좁게 잘라 그것을 낱개씩 붙여 길게 이어 작품전시 공간과 주변을 꾸민다(이것은 교사가 작업의 방향을 정한 것으로 세부적 결정권은 아동에게 주어짐). 9~10회기 동안 협력하여 제작한 협동작품을 출입구에 배치하여 주변 공간을 꾸며 당분간 미술전시회를 가진다. 또한 투명 팩이나 투명 페트병 등에 그림을 그리거나 다양하게 표현하여 협동작품이 전시된 공간 위에 높이 쳐진 색노끈에 매달아 전시공간을 더욱 다양한 볼거리로 만든다. 작품 완성 후, 지금까지 함께하며 노력한 것에 대해 서로에게 격려하고 칭찬하는 시간을 갖는다. 많은 사람으로부터 격려와 칭찬을 받는다는 것은 아동들에게 최상의 만족감과 자신감을 심어 주며 그러한 자신감에 의해 자존감이 향상되어 개인의 성장과 사회관계성을 발달시킬 수 있다. 아동은 지금까지의 창작활동을 통해 아동미술교육과 아동미술치료의 목적 달성과 함께 창의적 문제해결 능력을 더욱 향상하게 되었다.

	회기	프로그램명	활동내용	활동목표	기대효과
종결단계	9	재활용품을 이용한 입체 공동작품	음악과 하는 게임-10분간 신나게 함께하기 1. 함께 협력하여 입체 작품을 만든다. 만든 작품을 교실 입구 복도에 배치하여 조형물로서의 기능을 하도록 한다. 2. 작품 완성 후 함께하며 노력한 것에 대해 서로에게 격려한다.	1. 각자의 창의성을 표현하되 함께 어우러지는 작품이 되도록 한다. 2. 몰입으로 부딪치는 문제를 함께 해결하여 공동작품을 완성한다.	1. 만족감과 함께 자신감 상승 2. 창의적 문제해결 능력 향상 3. 사회관계성 향상
	10	공동작품이 전시되는 공간을 함께 협력하여 꾸미기	1. 투명 페트병을 멋있게 꾸며 공동작품이 전시되고 있는 공간 위에 색노끈으로 매달아 전시한다. 또한 잡지의 컬러 종이를 일정한 간격으로 좁게 잘라 낱개씩 붙여서 길게 이어 함께 작품전시 공간과 주변을 꾸민다. 2. 지금까지 완성한 공동작품을 배치하여 당분간 작품 전시를 한다.	1. 함께하는 작품이 되도록 서로가 협력한다. 2. 전시작품을 감상하면서 지금까지 함께 노력한 것에 대해 서로에게 격려와 칭찬을 한다.	1. 자존감 상승 2. 사회관계성 향상

9회기 작품 사례

10회기 작품 사례

2. 미술치료에 기초한 아동미술의 효과성 연구: 미술치료에 기초한 아동미술이 아동의 창의적 문제해결 능력에 미치는 영향

아동미술교육과 아동미술치료에서는 공통으로 아동의 창의성과 창의적 문제해결 능력으로써 그 목적을 달성한다. 따라서 본 단원에서는 앞서 제시한 미술치료에 기초한 아동미술의 프로그램이 아동의 창의적 문제해결 능력에 얼마만큼 영향을 미치는지를 검증하고자 하였다.

1) 연구대상

미술치료에 기초한 아동미술이 아동의 창의적 문제해결 능력에 미치는 영향을 알아보기 위해 연구대상의 실험집단 10명을 대상으로 사전 기초정보 및 특성을 제시하였다.

경상북도 경산시 소재의 원아 137명의 정원을 가진 한 공공형 어린이집의 7세 아동 10명을 연구대상으로 선정하였다. 연구대상 7세 아동 총 29명에게 표준화된 창의적 문제해결 능력 검사지로 검사를 시행한 결과 창의성 검사지수 평균이 73점으로 나왔다. 이 평균점을 기준으로 하여 상위 5명 하위 5명으로 나누어 실제적인 연구대상으로 선정하였고 나머지는 연구대상에서 제외하였다. 연구대상 프로그램 실시 기간은 2017년 9월 4일부터 2017년 10월 27일까지 실시하였으며, 주 1~2회에 걸쳐 각 60분씩 총 10회기를 어린이집 교실과 복도, 강당에서 실시하였으며 연구대상자에 대한 내용은 다음 〈표 7〉과 같다.

〈표 7〉 연구대상

집단구분	나이	성별(사례 수)		사례 수
미술치료에 기초한 아동미술 수업 집단	7세	남자 아동	3명	10명
	7세	여자 아동	7명	

2) 연구도구

본 연구에서 사용한 창의적 문제해결 능력 도구는(Williams, 2007) 윌리엄스(Williams) 모델을 이용하여 인지적·확산적 요인을 평가하기 위해 효율적이고, 실제적인 방법으로 설계된 한국판 창의성 검사(Korean-Creativity Assessment Packet: KCAP)를 실시하였다.

〈표 8〉 한국판 창의성검사(KCAP) 세부내용

인지적	행동	의미	원리
유창성	가장 많이 생각나는 것	· 양적인 산출 · 사고의 흐름 · 관련 반응의 수	· 창의적인 사람들은 생산적이므로 높은 유창성을 획득한다. - 얼마나 많은 그림을 그렸는가?
유연성	다른 접근을 시도하는 것	· 아이디어의 다양한 유형 · 범주를 이동하는 능력 · 사고의 방향을 바꾸기	· 창의적인 사람들은 한 가지 측면 또는 한 가지 범주에 고정되어 있기보다 자주 이동할 것이다. 고정된 것이 아니라 유연하다. - 첫 번째 그림에서 변화된 수
독창성	기발하고 독특한 방법을 생각하는 것	· 평범하지 않은 답변 · 명확한 아이디어 · 눈에 띄는 생산	· 창의성이 부족한 사람은 폐쇄된 부분에 의해 방해를 받거나 그것을 피하게 된다. 창의적인 사람들은 폐쇄된 부분의 내부에 그림을 그리고 외부를 조직하게 된다. 가장 창의적인 사람은 폐쇄된 부분 때문에 방해를 받지 않고 외부를 조직하지 않으면서 통합적으로 그림을 그릴 것이다. - 어디에 그림을 그리는가?
정교성	추가되는 것	· 생각을 꾸미기 · 단순한 아이디어나 반응을 더 우아하게 꾸미기 · 사고와 생각을 늘리거나 확충하기	· 세부적으로 그림이 비대칭으로 그린 것을 말한다. - 세부적으로 비대칭한 그림을 합한 것
제목	어휘 사용법의 길이와 복잡성		· 어휘 사용법에 의한 어휘 기술과 창의적 의미 - 다양한 어휘의 사용과 기술

3) 연구대상자의 사전 개인별 특성

아동들과 가장 오랫동안 생활하여 그 특성을 잘 알고 있는 담임 선생님에게 연구대상자의 사전 개인별 특성과 사후 특성을 의뢰하였다.

공공형 어린이집 7세 아동의 실험집단 개인별 특성과 사후 특성은 〈표 9〉와 같다.

〈표 9〉 실험집단의 개인별 특성

대상	A 아동(여)	작성자	담임교사
아동의 특성	• 예민하고 섬세한 성격이어서 평상시에는 무난하지만 자기 뜻대로 되지 않으면 조용히 울거나 자기 고집을 피워 자신의 문제를 스스로 해결하려 하지 않는다. • 소리에 민감하여서 때로는 동요 듣기나 노래 부르기를 할 때 우는 경우도 있다. • 역할영역에서 소꿉놀이를 즐거워하고 집에서 키우는 강아지 '해피'를 너무 좋아하여 '해피'에게 애착형성을 한 것 같다. • 아침 등원할 때 기분이 하루 종일 가는 편이다.		
수업 후 특성	• 울기 시작하는 날은 자주 울어서 수업에 방해될 때도 있었는데 본 수업을 하면서 감정의 기복이 많이 줄어들었고 우는 경우도 거의 없어졌다.		

대상	B 아동(여)	작성자	담임교사
아동의 특성	• 자신의 생각을 말하고 문제를 나름대로 해결할 수 있음에도 산만한 것이 늘 방해가 된다. • 마음이 여려 가끔 우는 경우가 있다. • 주의가 산만하여 이야기 나누기 시간에 가만히 있지 못하는 편이다. • 교실을 걸어 다니기보다 뛰어다니기를 좋아하고 활발하게 움직인다.		
수업 후 특성	• 주의가 산만하였던 아이가 본 수업 후 많이 차분해졌다. • 이야기 나누기 시간에도 과거와 달리 집중하는 모습을 보였다. • 미술활동을 할 때 좀 더 세심한 것까지 표현하고 자기만의 독특한 작품을 만들려고 노력하였다.		

대상	C 아동(남)	작성자	담임교사
아동의 특성	• 미술활동에 소극적이고 자신의 생각을 잘 표현하지 않지만 개별적으로 다정히 물으면 잘 말하며 권유를 하면 문제를 해결하려고 노력한다. • 다문화 가정에서 태어나 5세 때 언어치료를 받은 경험이 있다. • 마음이 여려 갈등 상황이 일어날 때 자주 울고 억울해하는 경우가 있다. • 대체로 성격이 유순하고 어떤 활동이든 무리 없이 잘하는 편이다.		
수업 후 특성	• 본 수업을 하면서 자신감도 많이 생기고 자신의 의사표현을 말로 정확하게 한다. • 미술활동에도 소극적으로 표현하던 부분에서 두려움 없이 그리기, 만들기를 하고 많은 것을 표현하려고 한다.		

대상	D 아동(여)	작성자	담임교사
아동의 특성	• 자신이 생각하고 문제를 해결할 수 있는 능력에 비해 자기표현을 잘 하지 않아 생각을 잘 알 수 없으며 문제를 해결하다가도 어려우면 말없이 가만히 있는 경향이 있다. • 언어표현에서 또래보다 조금 느린 편이다. • 말로 친구들과 소통하고 놀이하기보다 몸으로 장난을 치고 잡기놀이를 좋아한다. • 자유선택활동 시 영역에서 놀이하기보다 함께 장난칠 친구를 찾아다니는 경우가 많다.		
수업 후 특성	• 본 수업 도중에 자주 아파 수업에 참여는 하였지만 동기가 부족하여 다른 친구에 비해 수업 전 · 후 변화가 적은 것 같다. • 수업이 진행되는 동안 좀 더 적극적인 모습이 보이기도 하고 친구들과 함께 놀이를 하는 모습도 많이 보였다.		

대상	E 아동(여)	작성자	담임교사
아동의 특성	• 자기 위주의 행동으로 교사를 힘겹게 할 때가 있으나 나름의 합리성을 잘 말하며 자기가 필요한 부분에서는 창의성 있게 문제를 잘 해결한다. • 자신이 좋아하는 놀이나 활동에 매우 적극적이지만 스스로 해야 하는 생활습관에는 소극적이어서 교사의 도움을 받는 편이다. • 체육활동이나 실외활동 시 매우 활발하며 위험한 행동도 가끔 하는 편이다.		
수업 후 특성	• 평상시 자기주장이 강하고 뜻대로 되지 않으면 울음으로 고집을 나타낸다. • 본 수업을 하면서 큰 소리를 지르던 것과 울음으로 자신의 감정을 표현하던 것들이 많이 줄었으며 집중력도 좋아졌다.		

대상	F 아동(여)	작성자	담임교사
아동의 특성	• 활동적일 땐 자신의 생각을 잘 표현하고 문제를 해결하기 위해 나름대로 노력하나 아이들이 없거나 우울할 땐 현저하게 그렇지 않아 그 격차가 심하다. • 매우 활동적이다. • 친구에게 스스럼없이 말하여 친구가 속상해하는 경우가 있다. • 놀이 시 주도적으로 이끌고 가는 편이며 음률영역에서 다양한 리듬으로 두들기기를 즐거워한다.		
수업 후 특성	• 평상시 매우 활동적이지만 돌아가신 어머니 때문인지 때때로 많이 우울할 때가 있다. 본 수업 후 마음의 안정감을 많이 찾은 것 같다. • 1학기 때 그리기를 하면 선도 희미하고 색감도 단순한 몇 가지로 희미하게 색칠하였는데 지금은 모둠에서 작품을 할 때 큰 디자인을 자기가 하려고 하고 선과 색이 선명해졌다.		

대상	G 아동(여)	작성자	담임교사
아동의 특성	• 집에서와 달리 원에서는 자신의 생각을 잘 표현하지 않고 교사에게 의존하는 편이라 자신의 사고 능력에 비해 스스로 문제를 해결하고자 하는 의욕이 부족하다. • 자유선택 활동 시 역할놀이를 즐거워하고 많은 장난감을 꺼내서 바닥에 나열하는 편이다. • 놀이가 끝나면 정리를 잘 하려고 하지 않는다. • 원에서는 말 수가 적은 편이지만 가정으로 돌아가 어머니에게는 원에서 있었던 일이나 자신의 감정을 모두 이야기하는 편이다.		
수업 후 특성	• 자신감에 있어서 큰 변화가 생겼다. 교사에게 말하는 것도 쑥스러워서 자신의 감정표현을 잘 하지 못했는데 교사에게 스스럼없이 자신의 생각이나 감정을 표현한다. • 또한 많은 활동에도 적극적으로 참여하는 행동의 변화가 있었다.		

대상	H 아동(남)	작성자	담임교사
아동의 특성	• 다른 친구들에 비해 인정받고 싶은 욕구가 강해 자신의 생각을 잘 표현하며 창의적인 문제해결 능력도 뛰어난 편이다. • 일찍 한글을 깨우쳐(4세) 많은 정보를 책을 통하여 익히는 편이다. • 성격이 급한 편이어서 교사의 말이 끝나기도 전에 자신의 생각이나 의견을 계속 이야기하는 편이다.		
수업 후 특성	• 본 수업을 통하여 자신만의 개성 있는 작품과 정교함이 점점 발전되어 가는 것을 볼 수 있었다. • 다양한 재료를 적합한 곳에 사용할 줄 알고 세밀한 부분까지 잘 표현한다.		

대상	I 아동(남)	작성자	담임교사
아동의 특성	• 주제와 관련된 활동에서 자신의 생각을 그런대로 잘 표현하며 전반적으로 무난하게 문제를 해결한다. • 평소 조갯국을 싫어하는데 어린이집 배식으로 조갯국이 나올까 봐 울면서 등원을 거부한 적이 있다. • 상처를 잘 받고 내성적인 면을 가지고 있지만 친구와 놀이를 할 때는 과격할 정도로 행동을 하여 다칠 우려가 있다.		
수업 후 특성	• 본 수업을 통하여 미술활동이나 주제와 관계된 수업활동에서 자신의 생각을 정확하게 표현하게 되어 창의적으로 생각하는 능력과 자기 표현력이 향상되었다.		

대상	J 아동(여)	작성자	담임교사
아동의 특성	• 자기표현을 나름대로 할 수 있음에도 불구하고 자기중심성의 고집과 감정 기복이 많다 자신의 능력이 가려지게 된다. • 조금만 안 좋으면 우울한 마음이었다가 기분이 좋으면 웃음을 그치지 못할 정도로 감정기복이 있는 편이다. • 속상한 일이 있을 때는 해결되기 전까지 다른 활동을 하지 않고 멈추어 있고 주제에 관계된 활동 시 친구와 교사의 도움을 받는 편이다.		
수업 후 특성	• 우울함과 기분 좋음이 양극을 달렸는데 지금은 마음의 안정감이 많이 생긴 것 같다.(한 부모 가정) • 자신의 마음과 감정을 많은 어휘를 사용하여 표현하게 되었다.		

4) 연구결과

미술치료에 기초한 아동미술교육이 아동의 창의적 문제해결 능력에 미치는 영향을 검증하기 위해 한국판 창의성 검사(Korean-Creativity Assessment Packet) KCAP-A로써 사전 검사를 실시하였으며 프로그램 종료 후에는 KCAP-B로써 사후 검사를 하였다. 다음 〈표 10〉, 〈표 11〉의 연구 결과표와 함께 연구결과를 살펴보도록 하겠다.

〈표 10〉 실험집단 아동의 세부적 창의성 지수 검증 표(사전)

순번	실험집단	사전총점	사전 세부점수					
1	A	62	유창성	12	유연성	6		
			독창성	16	정교성	14	제목	14
2	B	81	유창성	12	유연성	8		
			독창성	30	정교성	19	제목	12
3	C	74	유창성	12	유연성	9		
			독창성	23	정교성	15	제목	15
4	D	72	유창성	12	유연성	7		
			독창성	25	정교성	16	제목	12
5	E	69	유창성	12	유연성	8		
			독창성	24	정교성	13	제목	12
6	F	74	유창성	12	유연성	8		
			독창성	25	정교성	15	제목	14
7	G	68	유창성	12	유연성	6		15
			독창성	24	정교성	11	제목	15
8	H	78	유창성	12	유연성	8		
			독창성	25	정교성	15	제목	18
9	I	66	유창성	12	유연성	8		
			독창성	22	정교성	11	제목	13
10	J	72	유창성	12	유연성	8		
			독창성	25	정교성	12	제목	15
	총점	716						

〈표 11〉 실험집단 아동의 세부적 창의성 지수 검증 표(사후)

순번	실험집단	사후총점	사후 세부점수					
1	A	95	유창성	12	유연성	8		
			독창성	27	정교성	25	제목	23
2	B	94	유창성	12	유연성	8		
			독창성	32	정교성	16	제목	26
3	C	92	유창성	12	유연성	10		
			독창성	28	정교성	18	제목	24
4	D	73	유창성	12	유연성	10		
			독창성	25	정교성	15	제목	11
5	E	76	유창성	12	유연성	7		
			독창성	28	정교성	15	제목	14
6	F	90	유창성	12	유연성	8		
			독창성	30	정교성	20	제목	20
7	G	91	유창성	12	유연성	8		
			독창성	30	정교성	23	제목	18
8	H	119	유창성	12	유연성	11		
			독창성	35	정교성	31	제목	30
9	I	90	유창성	12	유연성	8		
			독창성	33	정교성	20	제목	17
10	J	90	유창성	12	유연성	8		
			독창성	30	정교성	20	제목	20
	총점	910						

첫째, 아동의 창의적 문제해결 능력을 향상시키는 미술치료에 기초한 아동미술교육 프로그램은 본 연구의 목적과 이론적 고찰에 타당하게 개발되었다. 내담자의 증세에 적합하게 치료할 수 있도록 구조화한 지시적 기법을 사용한 미술치료나 지금까지의 여러 아동미술 사조와는 다르게 흥미와 호기심에 의한 내적 동기를 바탕으로 아동의 자발성과 창의성의 욕구를 존중하고 자기 주도성으로 작업에 몰입하여 부딪치는 문제를 창의적으로 해결하여 완성한 창작 작품이 되도록 하였다. 이렇게 완성된 작품을 바탕으로 주고받는 스토리텔링을 통해 지각하여 인지하고 알아차림으로 스스로의 내적 계단식 발달을 이루어 가는 방법으로 프로그램을 구성하였다.

프로그램 초기에는 라포르 형성과 매체탐색, 재료지배 능력 향상, 수업의 방향성 인지와 실행 등과 함께 자발적 창의성의 창작 작품 제작으로 구성하였으며 실행단계에서 6회기까지는 다양한 미술재료를 이용한 평면작업과 재활용품을 이용한 입체작업으로 자발적 창의성의 자기 표현적 작품을 제작하도록 구성하였다. 7회기와 8회기는 창의성의 보고인 자연과 함께 자연물을 이용한 창작 작업을 하여 생활 속에서의 미적 호기심과 자극을 주었으며, 종결단계인 9~10회기는 함께하거나 함께할 수밖에 없는 협동 창작 작업을 하여 아동의 자기 표현력과 사회성 발달, 집단 내에서 잘할 수 있다는 자신감을 심어 주었다. 완성한 협동작품들을 많은 사람이 다니는 출입구 부근에 전시하고 꾸며 높은 자존감 형성에 도움을 주고 보다 행복한 생활이 되도록 하는 것으로 프로그램 회기를 구성하였다.

아동이 미술재료의 사용방법을 모르거나(예: 양면테이프) 사용하지 않던 매체를 자유스럽게 활용하지 못해 힘겨워한 경우(예: 자동차가 기울어지지 않도록 병뚜껑으로 네 바퀴를 부착한다.) 또는 자기가 원하는 재료가 없다고 심통을 내는 것을 제외하고는 단 한 명도 예외 없이 자기 주도성을 가지고 최선을 다한 몰입으로 미술작업에 임하였다. 이러한 결과는 수업이 진행되어 갈수록 대부분 아동들에게서 긍정적 행동 변화가 나타나게 되었으며 이는 곧 창의적 문제해결 능력의 향상을 가져왔다.

둘째, 미술치료에 기초한 아동미술교육활동이 아동의 창의적 문제해결 능력(유창성, 유연성, 독창성, 정교성, 제목의 추상성) 향상에 효과가 있었다. 본 연구를 통해 한국판 창의성 검사(Korean-Creativity Assessment Packet) KCAP-A로써 사전 검사를 하였으며 프로그램 종료 후에는 KCAP-B로써 사후 검사를 실시하였다. 프로그램 종료 후 사전 검사와 사후 검사를 비교하였을 때 미술치료에 기초한 아동미술교육은 아동의 창의적 문제해결 능력에 효과가 있었다. 창의력의 하위 요인인 유창성, 유연성, 독창성, 정교성, 제목의 추상성에 대해 살펴보면 다음과 같다. 유창성은 사전·사후 동일하게 최고의 점수가 나와 효과성 검증에는 한계가 있었다. 유연성은 사전 총 76점에서 사후 86점으로 효과가 있었다. 독창성은 사전 총 239점에서 사후 298점으로 효과가 있었다. 정교성은 사전 총 141점에서 사후 203점으로 효과가 있었다. 제목의 추상성은 사전 총 140점에서 사후 203점으로 효과가 있었다.

Ⅱ. 미술치료에 기초한 아동미술의 수업진행 과정 사례

제목: 자기조절 능력
사용재료: 캔버스 위에 크레파스(크레파스 가루를 다리미로 다리거나, 식용유로 문질러 부드럽게 함)

자신의 욕구와 행동을 적절하게 조절하여 사회적 상황에 맞게 표현할 수 있는 정서능력을 자기조절 능력이라 한다. 이는 아동이 성공의 길로 달리게 하는 데 큰 역할을 하게 하며 성인이 되었을 때 성공을 예측할 수 있는 능력이 된다. 그러나 요즈음 많은 부모는 아동들에게 즉각적인 만족을 하게 하는 경우가 많고 아동과의 약속을 잊어버리는 경우가 많다. 그러다 보니 아동들은 충동성이 높고 당장의 만족을 위해 떼쓰는 경우가 많다. 자기조절 능력을 키우는 데는 상호신뢰 관계가 중요하다. 아동의 감정을 존중하면서 약속을 잘 지킬 때 아동은 기다리는 힘을 키울 수 있게 되어 작품과 같이 마지막에 웃는 사람이 될 수 있는 것이다. 미술치료에 기초한 아동미술교육에서도 마찬가지이다. 교사(치료사)는 아동과 한 약속은 반드시 지켜야 하며 한결같이 신뢰할 수 있다는 일치성을 보여야 한다.

미술치료에 기초한 아동미술교육의 보편적인 수업진행 과정을 이미지와 함께 설명하여 쉽게 이해할 수 있도록 구성하였다.

1. 10분간 몸 놀이

아동들에게 신남과 즐거움을 주면 무엇을 하고자 하는 도전의식을 고취하게 되며 이러한 신남과 즐거움은 열심히 미술작업에 몰입하게 하는 흥미와 호기심의 내적 동기를 불러일으키는 데 도움을 준다. 또한 함께하는 즐거운 감정으로 부정적 감정을 순화하며, 자기표현력 향상과 함께 함께하는 것이 즐겁다는 사회관계성이 발달된다.

① 음악에 맞춰 뜀뛰기, 음악에 맞춰 제자리에서 빨리 달리기

음악 소리의 리듬에 맞춰 제자리에서 뜀뛰기(손뼉 치기, 손뼉 치면서 뜀뛰기)를 한다.

달리기 자세에서 음악의 리듬에 맞춰 천천히 달리기도 하고 빨리 달리기도 하며 힘차게 달리기도 한다.

② 손발 따로 움직이기

북소리에 맞춰 손을 모으면 다리를 벌리고 손을 펼치면 다리를 모은다. 익숙해지면 속도를 높인다.

③ 다리 스트레칭(stretching) 1

두 발을 서로 맞대어 벌린 다음 서로 손을 잡은 상태에서 앞으로 스트레칭한ㄷ.

④ 다리 스트레칭(stretching) 2

두 발을 서로 맞대어서 들어 올린 다음 서로 손을 잡고 스트레칭한다.

⑤ 발 모으고 뛰기

북소리에 맞춰 앉은 친구가 다리를 모으면 손을 잡고 서 있는 친구는 다리를 벌린다. 앉은 친구가 다리를 벌리면 서있는 친구는 다리를 모은다. 북소리에 맞춰 이를 반복한다.

⑥ 함께하는 율동

'둘이 살짝 손잡고', '호키포키', '둥글게 둥글게', '빙빙 돌아라' 등의 동요에 따른 율동으로 함께한다.

⑦ 함께하는 음악게임

악수하고 악수하고(인사하고, 손뼉치고, 안아주고, 배꼽질러, 간지럼 태우고, 윙크하고) 짝짝짝. 악수하고 악수하고 짝짝짝. 돌아(4번 반복) 짝짝짝. 돌아(4번 반복) 짝짝짝.

⑧ 전래동요 놀이

'여우야, 여우야, 뭐하니', '우리 집에 왜 왔니' 전래동요에 맞춰 놀이한다.

⑨ 즐겁게 춤을 추다가 그대로 멈춰라

노래를 부르며 춤을 추다가 '그대로 멈춰라'라는 가사에 맞춰 행동을 순간 멈추고 다음 노래가 나올 때까지 움직이지 않는다.

⑩ 나처럼 해 봐라 이렇게

선택된 아동은 앞으로 나와 '나처럼 해 봐라 이렇게' 동요에 맞춰 몸동작을 유도하고 다른 아동들은 그 동작을 따라 한다.

2. 자발적 매체 선택

① 작업할 재료를 스스로 선택한다는 것은 많은 것 중에서 자기가 필요한 부분을 스스로 선택할 줄 아는 선택과 분별의 능력, 매체탐색 능력이 향상되었다는 것을 의미한다. 또한 허용적 분위기에서 자아 존중을 받음으로 인해 부정적 감정 해소와 긍정적 자아 개념형성에 도움을 준다.

② 주제 선정은 자신에게 주어진 재료나 선택한 재료를 가지고 무엇을 할지를 스스로 정하는 오픈식의 비지시적인 방법을 기본으로 하나 필요에 따라 아동의 상상력과 창의력이 마음껏 표현된다면 지시적이거나 구조화된 방법을 사용할 수 있다. 그러나 지나치게 지시적인 주제나 강의하듯 알려주는 주제는 창조하는 것에 관하여 지나치게 자의식적으로 스스로를 억제하는 효과를 준다. 좋은 주제는 작업의 방향을 주는 것이고 창의성과 상상력을 자극하는 것으로 기본적인 한정선을 제공하되 그 틀 안에 여러 가지 가능성을 열어 놓는다.

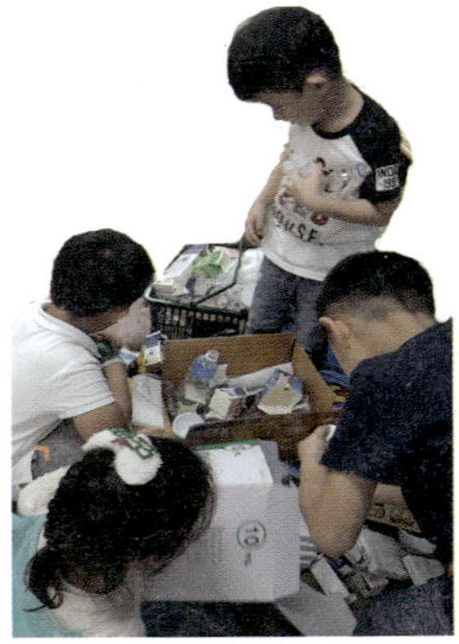

3. 작품 제작 풍경

흥미와 호기심에 의한 내적 동기로써 자발적 창의성의 미술작업에 임하며, 지속해서 자기와 대화를 하거나 작품에 관하여 다른 친구와 대화를 나누면서 작품 제작에 몰입한다. 이러한 몰입에 의해 직면하는 문제를 창의적으로 해결하면서 창작 작품을 완성한다. 이러한 작품 완성은 또 하나의 성공의 경험이 되어 아동의 전인적 발달과 자기 성장을 촉진하며 창의적 문제해결은 자각과 알아차림의 통찰에 의해 내적 발달에 도움을 주고, 작품 완성이라는 승화된 만족감은 정서 발달에 의해 행복감과 자신감을 주며 이러한 자신감의 반복은 자존감을 상승시켜 문제행동이 수정되고 자아를 성장하게 한다.

개인 작업 풍경

내적 동기에 의한 자기 주도적 작품 제작은 아동을 작업에 몰입하도록 하며 이러한 몰입은 부딪치는 많은 문제를 창의적으로 해결하여 정서적 만족감과 함께 자신감 상승에 도움을 준다.

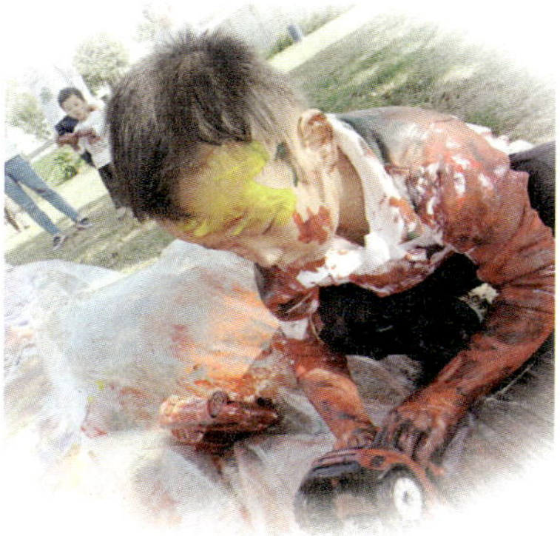

집단 작업 풍경

함께 창작 작업을 한다는 것은 서로 가까워지면서 공동체 의식을 갖게 되어 규칙과 질서를 지키며 협상하는 기술이나 협력하는 태도 등의 사회관계성 발달을 이루게 한다.

완성된 작품에 의한 고양된 만족

작품 완성이라는 높은 만족감이 교사의 칭찬과 만났을 때 최상의 행복감과 안성감을 느끼는 '절정경험'을 가져다주며 계속해서 작품을 완성하고자 하는 성취욕구를 불러일으킨다.

4. 완성된 작품에 대한 스토리텔링

완성된 작품에 대해 아동이 말할 기회를 가지거나 개방식 질문 또는 상징활동, 역할놀이, 작품에 관한 대화 등을 통해 상상력과 창의력 향상, 통합적 사고에 도움을 주며 작품에 대한 자각과 알아차림에 의해 내적 발달을 스스로 이루어 나간다.

Ⅲ. 미술치료에 기초한 아동미술의 작품 사례와 이해

제목: 몰입하는 통찰
사용재료: 캔버스 위에 크레파스(크레파스 가루를 다리미로 다리거나 식용유로 문질러 부드럽게 함)

대부분 사람은 난처한 상황에 부닥쳤을 때 남 탓을 하거나 변명하는 것과 같은 방어기제를 사용한다. 이것은 문제의 본질을 가리게 되므로 자기 발전으로 이어지지 못한다. 개인의 미래 비전과 희망을 위해서는 자기 문제의 본질을 몰입하여 깨닫게 되는 통찰이 매우 중요하다. 몰입하여 통찰할 때 문제가 해결되기 때문이다. 아동은 창작 작품을 위해 '무엇을 어떻게 표현할 것인지', '작품 제작과정에서 나타나는 조형언어를 어떻게 할 것인지', '작품 완성을 위해 부딪치는 문제를 어떻게 해결할 것인지'에 대해 자기 주도적으로 몰입할 때 이 모든 문제를 해결하면서 많은 깨달음의 통찰이 일어나게 되고, 이러한 통찰은 스스로 내적 발달을 이루며 자아를 성장하게 한다.

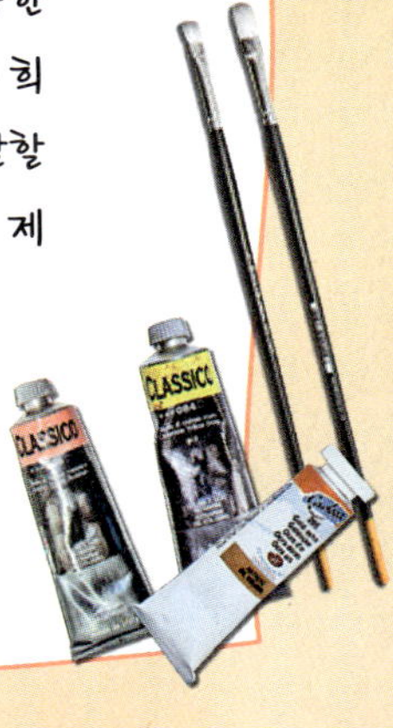

본 장에서는 미술치료에 기초한 아동미술의 작품 사례를 개인작품과 집단 작품으로 나누어 나이별로 이미지를 싣되 다양한 기법 위주로 하여 아동의 작품에 대해 폭넓게 이해할 수 있도록 하였다. 또한 각 작품마다 작품에 대한 설명과 함께 교육적 치료적 효과에 대해 이해할 수 있도록 하였으며 필요에 따라서는 부가 설명을 더하였다.

1. 개인작품

아동은 흥미와 호기심의 내적 동기를 바탕으로 창의적 사고와 자발적 매체 선택으로 자기 주도적 작업에 임한다. 드러나는 조형언어로 부딪치는 문제를 창의적으로 해결하면서 새롭거나 아름답게 유용한 작품을 완성하여 또 하나의 성공의 경험이 되도록 한다. 이렇게 완성한 아동중심의 창작 작품은 지금까지의 아동미술 사조와는 달리 심리적이고 정신적인 요소가 강화된 현대 아동미술교육의 중요성에 따른 목적을 보다 훌륭히 성취하고 지시적이거나 구조화된 아동미술치료보다 더욱 자유로운 가운데 창의적으로 치료의 목적을 달성할 수 있다.

나이: 4세 주제: 미술재료를 활용하여 자유롭게 표현하기

- **표현방법:** 크레파스로 색칠하고 난 뒤 물감을 붓으로 칠하거나 손가락으로 칠하면서 마음껏 낙서하였다.
- **작품설명:** 아동은 자신의 자발성을 바탕으로 크레파스와 물감으로 자신의 생각을 어떠한 구속과 속박 없이 자유롭게 표현하였다.
- **교육적·치료적 효과:** 아동에게서 낙서는 자신의 생각을 펼치는 재미있는 활동으로서 자신의 감정을 표출하고 상상놀이의 수단으로 활용된다. 따라서 낙서는 자발성 운동의 활성화와 자신의 생각 표출로 경험과 자극이 이루어진다. 또한 감정 표출에 의해 정서안정에 도움을 주고 상상놀이를 통하여 창의적 인지가 발달한다.

나이: 4세 **주제: 자동차 바퀴에 물감 묻혀 굴리기**

- **표현방법:** 물감을 자동차 바퀴에 묻혀서 마음껏 굴려 그 자국을 작품화하였다.
- **작품설명:** 미술에 대한 호기심을 자극하거나 즐겁게 함께하고자 할 때 또는 라포르를 형성하기 위한 수단으로 많이 사용된다. 무독성이며 물에 잘 씻어지는 아동용 수성 물감을 자동차 바퀴에 묻혀 신나게 굴렸다. 필요에 따라서는 현수막 천을 길게 하여 사용하거나 켄트지 전지 여러 장을 붙여 사용할 수 있다. 아동은 자신이 굴린 자동차에서 물감자국이 나타나는 것을 보면서 너무나 신기해하며 즐거워하였다. "이제 시간이 되었으니 그만하자"고 하니 아동은 더 하고 싶다고 떼를 쓴다. 그래서 "5분만 시간을 더 줄 테니 그때는 그만두는 거야." 하며 일단 아동의 요구를 수용하였다. 약 5분의 시간이 지나 "이제 시간이 되었으니 그만두고 손 씻으러 가자" 하니까 아동은 고집을 부리지 않고 하던 작업을 그만두고 손을 씻으러 갔다(고집을 부리는 아동에게 일단 아동의 말을 수용해 주는 이러한 방식으로 접근하면 효과성이 높다).
- **교육적 · 치료적 효과:** 자신의 생각을 마음껏 표현하면서 즐겁고 신나는 시간을 가짐으로써 카타르시스를 경험할 수 있다. 이는 곧 부정적인 감정의 정화에 도움을 주고 정서발달로 이어진다. 이러한 정서는 '미술활동은 재미있고 흥미롭다.'라는 인지에 긍정적으로 영향을 주어 적극적으로 미술 수업에 임하게 만들며, 친구에게 자기표현을 하면서 사이좋게 지내기 위한 긍정적 행동을 하게 된다. 즉 인지와 정서, 행동은 서로 연관성을 가지고 함께 발달하게 되는 것이다. 또한 보편적으로 미술작업은 소근육을 발달시킨다고 하지만 작품의 내용과 규모에 따라서는 이와 같이 왕성한 대근육 활동도 할 수 있음을 알 수 있다.

나이: 4세 | 주제: 미술재료를 활용하여 자유롭게 표현하기

- **표현방법:** 스스로 선택한 매직과 사인펜으로 그림을 그리고 주변의 물체 중에서 색 테이프를 선택하여 화지에 잘라 붙이고 아이클레이를 붙여 완성하였다.
- **작품설명:** 상징활동이 되지 않아 조절된 난화로 그림을 그리고 색 테이프를 가위로 잘라 붙인다든지(자를 수 있도록 색 테이프를 잡아 주었음) 아이클레이를 스스로 붙여 나가는 등의 작은 성취경험이 반복적으로 일어나도록 하면서 작품을 완성하였다.
- **교육적 · 치료적 효과:** 조절된 난화로 그림을 그려 완성하거나 색 테이프 자르기, 자른 색 테이프를 화지에 붙이기, 아이클레이 붙이기 등의 작은 성취경험은 만족감의 정서발달과 자신감 상승으로 이어져 다음 활동의 동기를 강화하게 된다.

나이: 4세 | 주제: 로봇

- **표현방법:** 스스로 재활용품을 선택해서 테이프를 잘라 붙여 가며 로봇을 만들었다.
- **작품설명:** 아직 4세인데도 상징활동을 할 수 있다는 게 놀랍다. 색 테이프는 혼자 잘라 붙였지만 넓은 투명테이프는 아직 혼자 자르지 못해 아동이 가위로 투명테이프를 자르려고 할 때 교사가 두 손으로 잡아 주었다. 기특하게도 물체와의 연결을 위해 테이프를 붙여 가며 스스로 작업을 완성하였다. 그러나 물체를 이어 주는 부분에 접착력이 약해 자꾸 떨어지려고 하여 교사는 작품을 탐색하는 척하며 아동 몰래 접착력이 좋은 넓은 투명테이프를 덧대어 접착을 단단히 해 주었다. '요 녀석 그건 모를 거다.'
- **교육적 · 치료적 효과:** 스스로 매체를 선택하여 자신의 생각을 마음껏 나타내는 자발적 창의성의 창작 작품은 또 하나의 성공의 경험이 되어 아동에게 전인적 발달을 주며 높은 만족감과 함께 자신감이라는 피드백을 준다.

나이: 5세

주제: 색 비눗방울을 떨어뜨려 표현

- **표현방법:** 식기용 세제와 물감이 혼합된 액체를 빨대로 불어 색 비누거품을 만든 후 화지에 떨어뜨려 그 자국을 작품화한다.
- **작품설명:** 라포르 형성과 호기심 자극으로 미술에 대해 흥미를 주고자 할 때 많이 사용하는 미술 놀이이다. 물이 반쯤 담긴 일회용 컵에다 식기용 세제와 수채물감을 조금 짜서 혼합한 후 빨대로 불어 비눗방울을 크게 만든다. 만든 비눗방울을 화지 위에 떨어뜨린 후 그대로 두면 비눗방울은 터지고 그 자국만 남는데 그것을 작품화한다.
- **교육적 · 치료적 효과:** 작업의 신기함과 즐거움은 부정적 감정을 순화하고 도전의식을 자극하며 흥미와 호기심에 의해 미술작품에 최선을 다하고자 하는 내적 동기를 자극하게 된다. 이러한 내적 동기는 자기 주도적으로 작품을 완성하고자 하는 데 기여하게 된다.

나이: 5세 | 주제: 은박지 위에 그린 그림

- **표현방법:** 은박지 위에 매직과 네임펜으로 그림을 그렸다.
- **작품설명:** 은박지는 표면이 반짝거리고 부드러우므로 누구나 쉽게 작품활동을 할 수 있으며 수성 펜이나 네임펜, 매직 등으로 표현하는 것이 효과적이다.
- **교육적 · 치료적 효과:** 자신의 생각을 새로운 매체에 표현하여 작품을 완성하였다면 매체 탐색 능력과 재료지배 능력의 발달로 이어지게 된다. 평상시 사용하지 않았던 새로운 매체에서 화지에서의 작품과는 또 다른 매력의 작품이 완성되었다면 그만큼 정서적 만족감과 함께 자신감도 상승하게 된다.

나이: 5세 주제: 들고 다닐 수 있는 상자

- **표현방법:** 상자 위를 여러 미술도구로 꾸미고 상자 옆에 끈을 붙여 들고 다닐 수 있도록 표현하였다.
- **작품설명:** 상자 위를 색연필로 색칠하고 끈과 색 테이프를 이용하여 들고 다닐 수 있는 작은 상자를 만들었다. "상자 안에 무엇을 넣어 다니고 싶니?" 하면서 상자를 열어 보니 예쁜 색의 작은 색종이랑 셀로판지 등의 소품들이 조금씩 담겨 있었다. 아동은 집에서 다시 만들기 하고 싶다고 하였다.
- **교육적 · 치료적 효과:** 자기 생각을 마음껏 표현하여 완성한 작품이 생활 속에 유용하게 활용된다면 평상시 작품보다 아동의 만족감이 높아 부정적 감정을 정화하여 정서발달에 기여하고 자신감이 더욱 상승하게 된다. 만약 자신감이 생기는 이러한 작품 완성의 성공 경험이 반복되어 나타난다면 아동의 자존감도 상승하게 된다.

나이: 5세 | 주제: 자유롭게 표현하기

- **표현방법:** 작은 상자 위에 그림을 그리거나 색 셀로판지를 붙였다.
- **작품설명:** 스스로 입체작업을 하기 위해 재활용품을 모아 둔 곳에서 작은 상자를 가져와 사인펜으로 그림을 그리고 색칠하면서 셀로판지를 붙여 나가는 등의 조형활동을 하였다. 이는 언니 오빠들이 작업하는 방법을 모방한 것으로 보이며 아동이 자신의 생각을 상징으로 표현하려면 좀 더 시간이 지나야겠다고 생각했다.
- **교육적 · 치료적 효과:** 아직 상징활동이 부족하지만 스스로 결합하고 자르고 붙여 나가는 등의 조형활동을 한다는 것만으로도 아동은 성취경험과 함께 자기만족을 가져가게 된다. 성취경험은 자신감으로 이어지게 되고 자기만족은 정서발달에 도움을 준다.

나이: 5세 주제: 앵그리버드 만드는 기계

- **표현방법:** 스티로폼과 색종이, 잘린 페트병 등의 다양한 주변 재료를 선택하여 붙이거나 결합하여 앵그리버드 만드는 기계를 만들었다(페트병과 스티로폼의 결합은 아동이 글루건으로 붙여달라고 하여 원하는 곳에 붙여 주었음).
- **작품설명:** 평소 아동의 말을 끝까지 들어 주고 수용하며 창의적 사고와 작품 완성을 위한 노력을 칭찬하였더니 창의적 문제해결 능력이 점점 향상되어, 아직 5세 후반의 나이인데도 불구하고 주변의 다양한 재료를 이용하여 '앵그리버드 만드는 기계'를 창작하여 만들었다. 앵그리버드라는 캐릭터를 만든 것까지는 이해되지만 앵그리버드 만드는 기계를 만들었다는 것이 얼마나 놀랍고 대견한가? 아동의 창의성에 찬사를 보내며 개인적으로는 앵그리버드에 대해 처음으로 알게 되었다. '가르쳐 줘서 고마워.' (엄마의 말에 의하면 집에서도 아동이 작품을 만들고는 30분 가까이 대화를 나누는데 그때마다 엄마가 그 말을 다 들어 주었다고 하였다. 역시~)
- **교육적 · 치료적 효과:** 주변의 많은 재료 중에서 유효적절하게 매체를 선택하여 작품 제작에 이용하였다는 것은 매체탐색 능력과 많은 것 중에서 유용한 것을 선택하고 결정할 수 있는 결정 능력이 향상되었다는 것을 의미하며 이는 곧 자신과 주변 사물과의 관계에 대한 이해력이 향상되었다는 것을 말한다.

  또한 자발성을 가지고 자신의 창의성으로 창작 작품을 완성하였다는 것은 아동의 인지, 정서, 신체발달 등의 전인적 발달과 함께 직면하는 문제를 창의적으로 해결할 줄 아는 창의적 문제해결 능력이 향상되었다는 것을 말하며 이러한 창의적 문제해결에 의해 완성한 작품은 아동의 자존감을 상승시켜 내적 계단식 발달을 스스로 이루어 가고 있다고 할 수 있다.

나이: 6세 주제: 사인펜 그림 번지기

- **표현방법:** 수성 사인펜으로 마음껏 표현한 뒤 그 위에 물을 조금 떨어뜨린 후 불면 수성 사인펜이 칠해진 곳이 물에 의해 번지게 되는데 그 번지는 효과를 이용하여 표현하였다.
- **작품설명:** 수성 사인펜으로 그려진 곳이 물과 만나면서 아동은 물에 의해 색이 번지는 것에 신기해하며 서로 혼합되어 이루어지는 우연의 효과에 즐거움을 느끼게 된다.
- **교육적 · 치료적 효과:** 먼저 칠한 수성 사인펜의 그림이 자신이 떨어뜨린 물과 만나면서 우연하게 나타나는 아름다움에 아동은 기뻐하면서 카타르시스를 느끼게 된다. 아동미술에서는 자발성을 가지고 자기 생각을 마음껏 표현하거나, 자발성을 가진 미술표현이 우연의 효과와 만나 기가 막힌 결과를 가져왔거나, 직면하는 문제를 자발적 창의성으로 해결하였거나, 자발적 창의성으로 작품을 완성한 것 등 성취를 경험하였을 때 아동은 감정적 해방감의 카타르시스를 느낄 수 있다.

나이: 6세 물감놀이(찍기, 불기)

- **표현방법:** 투명 수채화 물감을 붓이나 휴지를 이용하여 찍거나, 물감을 화지에 떨어뜨려 빨대로 불어 표현하였다.
- **작품설명:** 크레파스는 아동이 가장 많이 사용하는 미술도구이지만 실저 아동들은 크레파스로 색칠하는 것을 별로 좋아하지 않는다. 그만큼 힘든 기억이 있기 때문이다. 그러나 물감은 다르다. 찍거나 번지거나 불어 표현한다든지 큰 붓으로 단번에 칠하거나 필요에 따라 작은 붓으로 세부표현까지 할 수 있는 등 물감의 무한한 변신 때문에 대부분 아동은 물감의 사용을 좋아한다.
- **교육적 · 치료적 효과:** 물감의 다양한 표현과 변신에 의해 아름답거나 멋있는 우연의 효과가 나타나는 것을 보는 아동은 신기해하며 미술작업을 보다 흥미 있게 받아들이면서 감정적 해방감의 카타르시스를 느끼게 된다. 이러한 카타르시스는 정서발달에 영향을 주며 작품 완성의 성공 경험은 자신감 향상에 기여하게 된다.

나이: 6세 | 주제: 목욕탕에서 아빠랑(지역 아동미술대회 대상 수상작)

표현방법: 연필로 밑그림을 그리고 크레파스로 색칠을 한 뒤 물감으로 바탕칠을 하였다.

작품설명: 아빠랑 목욕탕에서 샤워하는 모습이 현장감 있게 잘 표현되었다. 크게 그린 아빠와 작게 그린 아이, 샤워기, 그리고 떨어지는 물의 표현을 보면 주제를 한눈에 알 수 있다. 또한 아빠의 손이 아들을 씻겨 주는 것으로 보여 부자간의 정겨움도 느껴진다. 크레파스로 형체를 색칠하고 물감으로 배경을 마무리하였는데 남자 아동의 경우 대근육 활동이 왕성하여 크레파스로 넓은 배경을 다 메우라고 하면 힘들어하여 칠하지 않으려 한다.

교육적 · 치료적 효과: 미술대회에 나가 상을 받고자 하거나 환경정리를 위해 그림을 전시하고자 할 때와 같이 평가나 보여 주기식 그림을 그리게 될 때 많은 부분 교사가 아동의 그림에 개입하게 된다. 아동이 그린 그림에 가필을 하여 도와주거나 교사가 틀을 잡아 준 그림대로 그리게 하는 등 아동에게 부정적 영향을 주는 행위를 하게 된다. 이는 눈에 보이지 않는 교육적·치료적 효과보다 눈에 보이는 결과 중심의 현실이익을 우선하였기 때문일 것이다.

아동은 목욕탕에서 아빠와 함께한 시간이 무척이나 좋았던 모양이다. 연구에 의하면 '자녀의 성공에 있어 아빠의 영향은 절대적이다.'라고 할 만큼 큰 역할을 차지한다. 그 이유는 즐거운 감정으로 문제를 해결하는 능력이나 사회관계성 등 엄마에게서 배울 수 없는 것을 아빠에게서만 배울 수 있기 때문이다. 자신의 느낌과 생각을 마음껏 그림으로 표현하였다는 것은 그 자체가 기쁨이 되어 아동의 부정적 감정을 정화하고 정서발달을 이루며, 작품 완성의 성공 경험은 기쁨의 승화작용으로 이어져 자신감이 상승한다. 거기에다 스스로의 노력으로 미술대회에서 유치부 대상이라는 큰상을 받게 되었으니 얼마나 자신감이 상승하였을까? 부모가 아동에게 "네가 대상이라는 큰 상을 받게 된 것은 능력이 뛰어나서가 아니라 평상시 열심히 한 너의 노력 때문이다."라고 말해야 할 텐데.

나이: 6세 | 주제: 일회용 은박지 접시 위에 그리기

- **표현방법:** 일회용 은박지 접시에 사인펜으로 그림을 그렸다.
- **작품설명:** 매끄러운 표면과 둥근 모양의 형태에다 액자와 같은 테두리가 있어 화지에서의 작품과는 다른 흥미 있는 매력의 작품이 완성되었다. 자신의 생각을 새로운 매체에 마음껏 표현하면서 그 자체가 기쁨이 되어 부정적인 감정을 순화하고 긍정적 자아 개념형성에 도움을 주었으며 해낼 수 있다는 자신감을 향상하였다. 또한 다양한 재료의 사용으로 매체탐색 능력과 재료활용 능력이 향상되었으며 이는 주변 환경과 사물에 대한 이해력을 확장시켜 나가는 데 도움을 주게 된다.
- **교육적 · 치료적 효과:** 자신의 생각을 새로운 매체에 마음껏 표현하면서 그 자체가 기쁨이 되어 부정적인 감정을 순화하고 긍정적 자아 개념형성에 도움을 주었으며 해낼 수 있다는 자신감을 향상하였다. 또한 다양한 재료의 사용으로 매체탐색 능력과 재료활용 능력이 향상되었으며 이는 주변 환경과 사물에 대한 이해력을 확장해 나가는 데 도움을 주게 된다.

나이: 6세 | 주제: 스크래치

- **표현방법:** 밝은 색상의 크레파스를 마음껏 칠하고 난 뒤 그 위에 짙은 색 크레파스를 다시 칠한 후 뾰족한 도구로 짙은 색으로 칠한 크레파스를 긁어내며 그림을 그렸다.
- **작품설명:** 원색 계열의 밝은 색상의 크레파스를 화지 위에 마음껏 칠한 후 검은색에 가까운 어두운색으로 다시 덧칠하였다. 그다음 컴퍼스와 같은 뾰족한 도구로 어두운색을 긁어내면서 먼저 칠한 밝은색이 보이도록 표현하였다. 화지에다 크레파스로 그린 그림과는 확연히 다른 느낌의 아름다우면서도 흥미로운 작품이 되었다.
- **교육적 · 치료적 효과:** 어두운색으로 칠한 크레파스가 뾰족한 도구에 의해 긁혀 나갈 때마다 나타나는 아름다운 색에 의해 아동은 매우 흥미로워하며 쉽게 작업에 몰입하게 된다. 미술 작업에 변화가 필요하거나 흥미와 호기심의 내적 동기, 라포르 형성을 위해서는 이와 같은 우연의 효과나 재질감을 이용한 표현기법은 유용하게 활용될 수 있다. 작업에 대한 몰입은 집중력과 창의성을 발달시키며 작품 제작에서의 즐거움은 부정적 감정을 정화시켜 정서발달에 기여한다.

나이: 6세 주제: 세워진 액자

- **표현방법:** 상자 안에 사인펜과 물감으로 그림을 그리고 컬러믹스를 부분적으로 붙여 표현하였다. 상자가 넘어지지 않게 밑이 넓은 네모난 작은 투명 갑을 상자와 연결하였다.
- **작품설명:** 네모난 종이상자 안에 따스한 분위기를 주는 그림을 그려 액자를 만들었다. 액자가 늘 세워져 있도록 넓은 투명 갑을 작품과 연결하였다. 나름대로 아이디어를 발휘한 것이다. 그것도 색이 거의 없다시피한 투명에 가까운 색으로.
- **교육적 · 치료적 효과:** 자발적 행동과 창의적 생각으로 작품을 완성하고 그 완성된 작품이 자신의 특별한 아이디어로 더 가치 있게 나타난다면 작품 완성에 대한 만족감이 그만큼 높을 수밖에 없을 것이다. 이러한 높은 만족감은 부정적 감정을 해소하여 정서발달을 가져오고 아동의 자신감과 자기 효능감을 향상하여 자아를 성장하는 데 기여하게 된다.

나이: 6세 | 주제: 컴퓨터 게임

- **표현방법:** 상자 안쪽에 사인펜으로 컴퓨터 게임의 한 장면을 그림으로 그리고 상자 바깥 부분을 색 테이프를 붙여 꾸몄다.
- **작품설명:** 괴물과 싸워(화면의 중간 그림) 이겨 레벨(화면 윗부분의 네모그림)을 올려야 하는 컴퓨터 게임의 한 장면을 마치 내가 컴퓨터 게임을 하는 것처럼 현장감 있게 표현하였다. 그림을 다 그린 후에는 색 테이프를 이용하여 상자 외곽을 붙여 꾸몄다.
- **교육적 · 치료적 효과:** 아동기는 상징활동이 가장 왕성한 시기로서 상징을 통해 만족감을 느끼며 상징활동을 통해 교육적·치료적 효과를 얻게 된다. 본 작품을 통해 자신이 표현한 높은 상징적 만족과 작품 완성의 성공의 경험은 자신감 상승과 함께 긍정적인 정서와 인지에 영향을 주어 아동이 더욱 즐겁게 생활하는 데 기여하게 된다.

나이: 6세 주제: 바다 위에 떠 있는 배

- **표현방법:** 켄트지에 바다를 표현하고 그 위에 배를 만들어 부착하였다.
- **작품설명:** 달걀 꾸러미에 크레파스로 색칠을 한 후, 휴지 심, 셀로판지 등을 붙여 배를 만들었다. 또한 켄트지 위에 파란색으로 바다를 칠한 뒤 만든 배를 그 위에 붙여 바다 위에 배가 떠 있다는 것을 알 수 있도록 하였다.
- **교육적 · 치료적 효과:** 아동은 배만 표현한 것이 아니라 배와 부착된 켄트지에 바다까지 표현하여 배와 바다는 뗄 수 없는 불가분의 관계로 인식하여 작품을 완성하였다. 바다가 있어야 배가 떠 있을 수 있고, 파도가 치면 큰 배가 있어야 멀리 갈 수 있다는 아동의 생각과 같이 원인에 의하여 발생되는 결과를 아는 인과관계의 이해는 아동의 발달에 있어 매우 중요한 역할을 한다.

  '내 욕심만 내세우면 친구들이 안 놀아 준다.'와 같은 인과관계의 이해를 아동이 빨리 깨달아야 하지만, 아동이 어떤 물건을 갖고 싶어 하거나, 무언가 원하는 것을 가지는 데는 노력의 대가가 중요함도 알게 해야 한다. 자신의 생각을 마음껏 표현하여 완성한 창작 작품은 브딪치는 문제를 창의적으로 해결하여야 가능하다. 따라서 아동은 본 작업을 통하여 정서발달과 함께 자신감을 향상하였으며 창작과정에서 만나는 다양한 문제를 스스로 해결하면서 자기 이해의 증진에 따른 자아 성장에 도움을 주었다.

나이: 6세 | 주제: 음식을 조리하는 기구

- **표현방법:** 조개껍질, 투명 팩, 컬러믹스 등의 주변에 있는 다양한 재료를 이용하여 음식을 조리하는 기구를 만들었다.
- **작품설명:** 기구 안에는 삶은 달걀, 기구 밖에는 조개찜 등이 익어 가고 있음을 한눈에 알 수 있을 정도로 음식을 조리한다는 주제에 적합한 매체를 선택하여 상징으로 잘 표현하였다.
- **교육적 · 치료적 효과:** 본 작품은 여자 아동의 평상시 경험에서 나온 상징성이 뛰어난 작품임을 알 수 있어 경험의 중요성을 다시 한번 되새겨 보게 한다. 그 이유는 아동의 창의성은 자신이 경험한 것을 재구조화하고 재조직화하여 나타나기 때문이다. 이러한 창의성의 표현은 정서적 만족감과 자신감을 주며 작품 완성이라는 성공의 경험은 승화작용으로써 자아를 성장하게 하는 데 기여한다.

나이: 6세 주제: 우주선

- **표현방법:** 색종이, 스티로폼, 페트병 등을 이용하여 우주선을 만들고 꾸몄다.
- **작품설명:** 색종이를 접고, 서투른 솜씨지만 스티로폼을 자르고, 일회용 스티로폼 도시락 위에 페트병을 붙여(글루건 사용은 위험하여 일부 도와주었음) 만들었으며 윗면 일부분을 크레파스나 사인펜으로 그리거나 색칠하여 완성하였다. 영화에서 보았던 우주선이 6세 아동에 의해 입체 작품으로 환생한 것이다.
- **교육적 · 치료적 효과:** 자신이 주도하여 완성한 '작품 완성'이라는 성공의 경험에 의한 만족감은 내적 발달과 함께 신경전달 물질 중 도파민의 분비에 의해 또다시 성공의 경험을 가지고자 하는 욕구를 불러일으킨다. 아동은 수업이 시작하자마자 "나는 만들 것을 생각해 왔어요. 지금 시작할게요." 하면서 교사가 말하기도 전에 매체를 선택하고 작업에 임한다. 도파민이라는 신경전달물질이 뇌에서 활성화되고 있음을 눈에 보이는 것처럼 느껴질 정도이다. 아동은 며칠 전, 아침에 자고 일어난 뒤 갑자기 울기 시작하였다고 한다. 그래서 엄마가 "왜 우느냐"고 물었더니 "미술을 가르쳐 주는 선생님이 그만두었다."라고 했다는 것이다. 실제는 그런 일이 없었는데, '아~ 아동이 얼마나 창작 작업에 몰입하였으면, 얼마나 자신의 창작성을 존중해 주는 선생님이 좋았으면 이렇게 꿈까지 꿀까?' 하고 생각했다. 이런 일이 있고 난 뒤 오래지 않아 아동의 자아는 몰라볼 만큼 성장하였으며 달라진 아동의 행동에 주변 사람들의 칭찬이 이어지기 시작하였다. 아동중심의 순수 창작 작업은 아동을 보다 행복한 가운데 전인적 발달과 함께 스스로 자아를 성장시킨다는 것을 다시 한번 깊이 깨닫게 되었다.

나이: 7세 | 주제: 자연물과 함께 표현하기

☺ **표현방법:** 꽃과 꽃잎, 풀잎 등의 자연물을 풀로 붙여서 어울리게 그림을 그렸다.

☺ **작품설명:** 지난 시간 함께 딴 꽃과 꽃잎, 풀잎 등을 책갈피에 넣어 말린 다음 그것을 화지에 붙인 후 그와 어울리게 그림을 그렸다. 아동은 말린 자연물을 숲으로 표현하였으며, 숲에서는 다리가 여러 개 달린 괴물(오른쪽 위)과 괴물의 졸개들이 나타났고(아동의 표현을 그대로 옮김) 저 멀리서는 말을 탄 정의의 용사(왼쪽 위)가 괴물을 무찌르기 위해 달려오는 그림을 그렸다.

☺ **교육적 · 치료적 효과:** 아동이 자연물을 직접 따서 그것을 책 사이에 끼워 넣고 말린 후 작품에 활용한 것과 선생님이 일방적으로 제시하여 준 것을 표현한 것과는 그 효과에 많은 차이를 보인다. 아동이 창의성의 보고인 자연과 함께하였다는 것만으로도 많은 깨달음의 경험과 자극을 얻게 되고, 함께 수업준비를 한 것 또한 애착을 가지고 작업에 몰입하게 만들며, 서로 도우면서 상호소통하여 '함께하는 것이 좋다.'라는 사회관계성이 발달한다.
본 작품에서는 마치 동화책 한 권을 다 읽은 것 같은 기분이 들 정도의 현장감 넘치는 내용으로 표현되어 아동의 창의적 상상력에 박수를 보내지 않을 수 없다. 이러한 자연물에 대한 '경험과 그에 대한 깨달음의 자극'은 아동의 뇌 발달과 창의성 발달을 촉진하며 이와 같이 완성된 창작 작품은 고양된 만족감과 함께 자신감을 상승하여 아동이 더욱 즐거운 가운데 생활할 수 있도록 한다.

나이: 7세 주제: 공룡

- **표현방법:** 공룡과 공룡을 탄 사람을 사인펜으로 그려 색칠한 뒤 색 셀로판지와 색 테이프를 붙여 표현하였다.
- **작품설명:** 이 시기 남자아이들은 대부분 공룡과 자동차, 로봇 등을 좋아하는데 이러한 아동의 평상시 관심사를 표현하였다. 특히 빨간색의 공룡은 자신과 어울려 노는데 검은색의 공룡은 나쁜 공룡이라 가두어 둔 것에서 아동의 생각과 창의성을 읽을 수 있다.
- **교육적 · 치료적 효과:** 아동의 평상시 관심사를 창의성 있게 미술작업으로 표현한 것에서 창의적 인지의 발달 정도와 색 테이프와 색 셀로판지로 나쁜 공룡을 가두어 둔 것 등에서 선택과 분별의 능력을 알 수 있다. 또한 자신의 생각을 마음껏 표현하면서 느낀 깨달음과 작품 완성이라는 성공의 경험에서의 만족감은 정서발달과 함께 성취감, 자부심, 자신감 등을 향상하여 자아가 성장하게 된다.

나이: 7세 | 주제: 비밀그림

- **표현방법:** 무채색 계통의 옅은 크레파스로 마음껏 색칠한 다음 짙은 색 물감으로 색칠하여 먼저 칠한 부분이 선명하게 드러나 보이게 하였다.
- **작품설명:** 라포르 형성과 흥미와 호기심 자극에 유용한 미술기법의 하나로서 무채색에 가까운 크레파스를 먼저 칠하고 난 뒤 짙은 색의 물감을 칠하였다. 이때 먼저 크레파스로 칠하였지만, 눈에 잘 보이지 않던 부분이 선명하게 드러나 아동들은 이를 신기하게 여기게 된다.
- **교육적 · 치료적 효과:** 즐거운 감정으로 작업할 수 있어 흥미와 호기심 자극의 내적 동기에 유용한 기법이다. 마음껏 그리고 색칠하는 감정의 해방 속에 즐거운 정서를 형성하게 되며, 이러한 즐거운 정서는 아동이 보다 즐겁게 생활할 수 있도록 하는 긍정적 사고에 영향을 주게 된다. 이러한 긍정적인 사고는 창조적이고 건강한 사람으로 성장하는 데 기여하게 될 것이다.

나이: 7세 **주제: 투명한 곳에 그림 그리고 만들기 하기**

- **표현방법:** 투명 병과 투명 페트병에 매직과 네임펜 등으로 그림을 그리고 요구르트병과 색 테이프로 로켓을 만들었다.
- **작품설명:** 투명 병과 페트병에 매직과 네임펜 등으로 그림을 그리고 색칠하니 마치 스테인드글라스와 같은 느낌이 들어 화지에서 표현한 것보다 재미있고 흥미롭다.
- **교육적 · 치료적 효과:** 자신이 호기심을 가진 재질에 자신의 생각을 마음껏 표현한다는 것은 그만큼 자기 만족감이 높아 부정적 감정을 순화하고 정서발달을 이루며 인지와 행동에 영향을 주게 된다.
  - 인지: 긍정적으로 정보를 받아들이면서 창의성이 발달하고 자신감이 상승한다.
  - 행동: 자기 생각이나 감정을 적절하게 표현하면서 친구들과 상호소통하려 한다.

나이: 7세 | 주제: 아름다운 도시

- **표현방법:** 일회용 은박접시 위에 재활용품을 세워서 붙이고 사인펜과 네임펜을 이용하여 아름다운 도시를 나타내었다.
- **작품설명:** 은박접시 위에 휴지 심과 약병 등의 재활용품을 세워서 붙여 도시의 이미지를 간결하면서도 상징성 있게 표현하였으며 바닥을 다양한 색상으로 아름답게 칠하여 시선을 압도할 수 있는 아름다운 도시의 이미지로 묘사하였다.
- **교육적 · 치료적 효과:** 아동이 평소 생각한 아름다운 도시의 이미지를 간결하면서도 강렬하게 표현하였다. 마치 야수파 그림을 입체작품으로 표현한 것처럼. 다보탑은 화려한 아름다운 조형미를 나타내고 석가탑은 단순화하여 절제미를 나타내지만 화려하게 표현하는 것보다 단순화하여 핵심을 표현하는 것이 더 어렵다고 한다. 이러한 석가탑은 이후 우리나라 일반형 석탑을 대표하게 된다. 혼란스럽고 복잡한 것에서 이처럼 이미지의 핵심만으로 단순화하여 강렬하게 표현한다는 것은 그만큼 힘든 작업임에도 불구하고 아동이 이를 수준 높게 표현하였다는 것이 대견스럽다.

  아동은 작업에 몰입하여 창의적으로 문제를 해결하였을 때 작품을 완성하게 된다. 몰입하였을 때 심리적 갈등이나 부딪치는 문제를 해결하게 되며 창의성과 창의적 문제해결 능력을 향상하게 된다. 작품 완성의 성공의 경험은 높은 만족감으로써 정서안정과 정서발달을 향상하며 자신감과 함께 자기를 성장하게 한다.

나이: 7세 | 주제: 아름다운 자동 세차장

- **표현방법:** 재활용품을 이용하여 작품의 앞쪽자동차 그림의 옆 버튼만 누르면 움직이는 자동 세차장을 만들었다.
- **작품설명:** 각종 재활용품과 버려진 캐릭터 등을 이용하여 자동 세차장을 만들었다. 버튼 글씨 옆의 자동차가 캐릭터 인형 있는 곳으로 지나가면 캐릭터가 빙글빙글 돌면서 인사한다고 한다. 또한 크게 세워진 휴지 심으로 만든 둥근 광고판을 보고 다른 사람들은 이곳이 세차장인 것을 알 수 있다고 한다. 그리고 제일 뒤쪽은 세차하는 곳이며 그 위에는 고객을 위한 인사말이 적혀 있다. '아녕하새요 고게님(안녕하세요? 고객님)'
- **교육적 · 치료적 효과:** 오로지 아동의 상상력에 의해 인사하는 캐릭터가 있는 자동 세차장이 만들어졌다는 것에 그저 감탄할 따름이다. 대부분의 아동은 차를 상징화하여 표현하지단, 지금이라도 작품대로 설계해도 될 만큼 창의성이 뛰어난 자동 세차장을 만들었다. 마치 건축가처럼. 아동이 이렇게 창의성과 창의적 문제해결 능력을 계속해서 계발한다면 이러한 아동들의 미래는 과연 어떻게 펼쳐질까? 오늘도 아동들의 창의성에서 많은 것을 배우며 점점 겸손해진다.

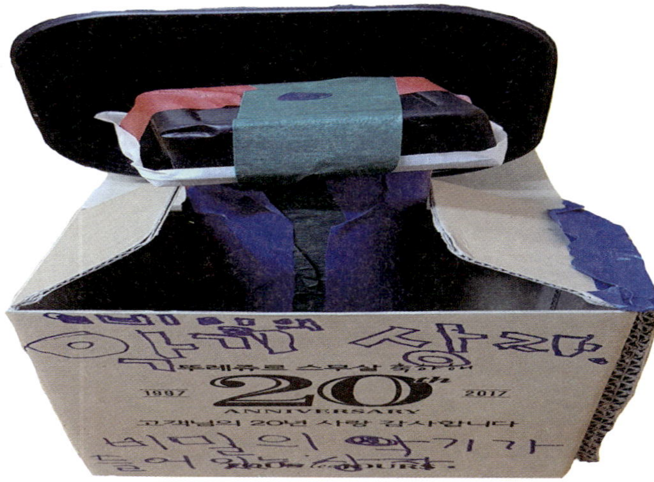

나이: 7세 **주제: 비밀의 악기 상자**

- **표현방법:** 뚜껑을 열면 악기가 튀어나와 연주하는 비밀의 악기 상자를 만들었다.
- **작품설명:** 우유 갑으로 비밀 악기 상자를 만들었으며 이러한 비밀 악기 상자를 열 때마다 악기가 자동으로 튀어나와 아름다운 연주를 하게 된다고 한다.
- **교육적 · 치료적 효과:** 삶의 본능적 욕구인 자발적 행동과 창의적 사고, 자기 표현적 정서는 아동의 발달에 있어서 매우 중요하지만, 창작 작품을 제작하기 위해서도 마찬가지로 이를 중요하게 생각하며 존중하여야 한다. 그 이유는 이러한 요소들이 기본 바탕으로 자리 잡고 있어야 교육적이고 치료적인 효과를 거둘 수 있기 때문이다. 자발적 행동과 창의적 사고로 작품을 제작하여 완성한 성공의 경험은 높은 만족감과 함께 자신감을 향상하게 한다. 높은 만족감은 부정적 감정을 정화하여 아동이 보다 즐겁게 생활할 수 있도록 하며 자신감은 성취경험에 의해 자아를 성장하게 한다. 또한 시각적 이미지에 의한 자기표현은 자기개방을 풍부하게 해 주어 사회관계성이 발달된다. 악기상자에서 나오는 동요를 같이 신나게 부르면서(실제는 컴퓨터에서 나오는 음악) 자기표현을 하고 나니 아동은 너무나 좋아하였다.

나이: 7세 주제: 신비한 마법의 병

- **표현방법:** 형광 색상을 사용하여 신비한 마법의 병과 마법 상자를 만들었다.
- **작품설명:** 색상이라는 마법에 의해 작품 전체적으로 신비한 분위기를 자아내고 있다. 호두과자가 들어있던 투명 상자 안에는 예쁜 색상의 작은 색종이를 넣고 상자 위에 병뚜껑을 붙여 신비한 약병을 만들었다. 정말 저 병 안의 약을 마시면 신비한 일이 일어날 것만 같은 느낌이 들 정도이다.
- **교육적 · 치료적 효과:** 완성한 작품에서 창의성과 창의적 문제해결을 위해 노력한 흔적이 많이 보인다. 어떻게 저런 신기하고 묘한 병을 만들며, 신비한 분위기를 만들어 낼 수 있을까? 아동이 이 작품을 만들며 창의적 인지발달이 얼마나 향상되었을까? 작품 완성이라는 성취경험은 또 얼마만큼 자신감을 상승시켰을까? 만약 표준화된 검사가 있어 아동이 변화되어 가는 과정들을 측정하여 수치로 나타낼 수 있다면 아동이 변화된 것을 많은 사람에게 보여주고 싶어진다.

나이: 7세 **주제: 악어**

- **표현방법:** 다양한 재활용품을 이용하여 악어를 간결하게 표현하였다.
- **작품설명:** 아동은 악어, 뱀, 공룡 등의 파충류 동물을 표현하길 좋아한다. 두꺼운 종이상자, 치약 상자, 요구르트병, 페트병, 색종이 등을 조합하여 악어형상을 크고 간결하게 만들었다.
- **교육적 · 치료적 효과:** 악어라는 자신의 상징적 표현에 대해 아동은 너무나 기뻐하며 스스로 만족감에 따른 승화감을 만끽하였다. 여기에 더하여 악어라는 큰 작품에 대해 주변 사람들로부터 많은 칭찬을 들으니 아동은 높은 만족감에 의해 자신감이 상승되고 이렇게 반복되는 자신감 상승을 통해 자존감 또한 향상되었다. 자신감이 있다는 것은 자기 자신에 대한 믿음이 있어 문제를 헤쳐 나가 자신의 비전을 실천할 수 있게 된다는 뜻이다.

나이: 7세 | 우주 여객선

표현방법: 주변의 여러 재활용품과 아이클레이, 작은 솔방울을 이용하여 하늘을 나는 우주 여객선을 만들었다.

작품설명: 나무막대로 우주선 본체를 만들고 창문 등을 그렸다. 달걀판을 이용하여 사람이 타서 앉아 갈 수 있는 승객실로 표현하였고 달걀판 안에 있는 아이클레이와 작은 솔방울로 사람을 나타내었다. 우주선 꽁무니에 달린 빨간색 과일 포장재는 우주선이 현재 정지한 것이 아니라 우주 공간을 날아가고 있음을 표현하였다.

교육적·치료적 효과: 아동이 표현한 상징에는 생활 속에서 보았거나 경험한 것을 표현하는 경우가 대부분이지만 이와 같이 경험한 것을 응용하여 자신의 상상력으로 표현하는 경우도 있다. 특히 평면작업에서의 경험화와 상상화와는 달리 입체작업에서는 공간성을 가진 구체적 표현이어야 하므로 자신과 사물과의 관계성, 사물과 사물과의 관계성을 잘 이해할 수 있어야 작품 제작이 가능하게 된다. 아동은 우주 여객선을 한 번도 본적도 타본 적도 없음에도 불구하고 오로지 자신의 상상력과 창의적 사고로 이와 같은 훌륭한 입체작품을 만들어 내었다는 데서 감탄할 수밖에 없다.

아동의 상상력은 참으로 무궁무진하여 이전까지 떠오르지 않던 아이디어가 떠오르기도 하고 전혀 새로운 상상이 이루어지기도 한다. 아동은 이와 같은 '상상력'을 기본 능력으로 하여 남과 다른 독창적인 창의성을 발휘하는 것이다. 내적 동기로써 스스로 창출해 나가는 창의성은 문제 자체를 발견해 내는 능력이 있어 창의적으로 문제를 해결하여 내적 발달을 스스로 이루어 가게 된다. 이러한 창의성과 창의적 문제해결 능력은 무한경쟁 시대인 현대에 가장 필요로 하는 능력이며 가장 추구해야 할 가치가 된다.

나이: 7세 주제: 레이저 총

- **표현방법:** 요구르트병과 페트병, 색 테이프 등을 이용하여 재미있게 가지고 놀 수 있는 레이저 총을 만들었다.
- **작품설명:** 버리게 되는 재활용품을 조합하여 SF영화에서나 볼 수 있는 멋진 레이저 총을 만들었다. 버려지는 재활용품이 이렇게 멋진 작품으로 재탄생되다니 아동의 창의성에 감탄이 저절로 나온다. 상징성이 뛰어나 지금 당장이라도 총 놀이를 하고 싶을 정도이다.
- **교육적 · 치료적 효과:** 본 작업은 오로지 아동의 자발성과 창의성, 창의적 문제해결에 의해 성취경험을 한 작품으로 또 하나의 성공의 경험이 되는 것이다.
  고급화된 완성형 장난감(로봇, 자동차 등)은 당장의 호기심으로 눈길을 끌지만 대부분 20여 분이 지나면 흥미가 떨어져 더 이상 가지고 놀지 않는다. 그 이유는 완전하게 만들어진 고급화된 장난감은 정형화되어 기능이 꽉 차 있어서 그 기능을 다 익히자마자 더는 아동의 흥미와 호기심을 자극하지 못하기 때문이다(자동차는 소리 내면서 달릴 수 있는 기능만 익히면 되고 로봇은 조작하고 변신할 줄 아는 기능만 익히면 된다). 그러나 재활용품과 같이 갖추어지지 않아 기능으로부터 자유로운 것은 아이들 스스로의 상상력과 창의성의 발휘로 본 작품과 같이 무언가의 유용한 창작 작품을 만들어 내게 된다. 이는 창의적으로 문제를 해결하고 성취경험을 얻으며 내적 발달을 스스로 이루어 나가게 되는 것이다. 심지어 여러 명이 함께 작업하였다면 협동 작업을 통한 사회관계성 발달까지 이어지게 된다.

나이: 7세 | 주제: 우주 관찰 카메라가 있는 우주선

- **표현방법:** 달걀 꾸러미와 종이상자, 작고 둥근 병뚜껑과 딱지 등으로 우주 관찰 카메라가 있는 우주선을 만들었다.
- **작품설명:** 크게 붙여진 카메라는 일반 우주선과 달리 특별한 임무를 띠고 있다는 것을 느낄 수 있으며 붙여진 딱지에서는 우주선의 신비로움을 더하는 것 같아 당장 보아도 일반 우주선과는 다른 목적을 가진 우주선이라는 것을 느낄 수 있다.
- **교육적 · 치료적 효과:** 주변의 모든 재료가 작품의 매체가 될 수 있다는 것을 깨달을 수 있도록 매체 운영 능력이 뛰어난 작품이다. 아동이 어떻게 CCTV의 카메라와 우주선을 서로 연결하여 작품을 만들려고 했는지 아동의 상상력과 창의성에 찬사를 보내고 싶다. 아동은 본 작품을 통하여 매체탐색 능력과 사물과의 관계를 파악하는 능력이 향상되었으며 창의성과 창의적 문제해결 능력에 의하여 정서안정과 자신감 상승에 기여하게 되었다.

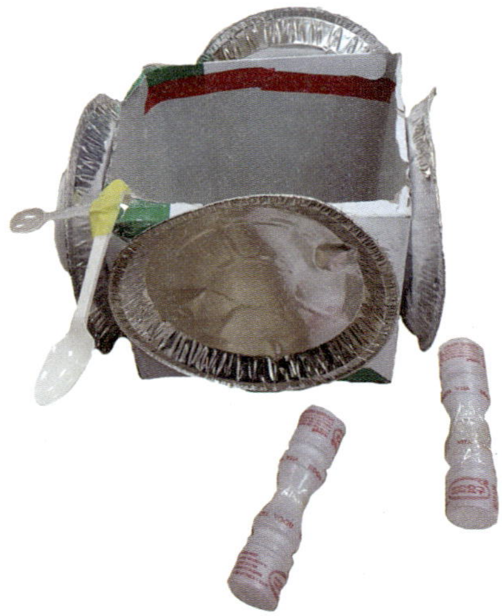

나이: 7세 주제: 창작악기

- **표현방법:** 일회용 은박접시와 요구르트병, 두꺼운 종이상자 등을 이용하여 창작악기를 만들었다.
- **작품설명:** 다양한 타악기를 하나의 악기로 통합하여 창작악기를 만들었다. 이 창작악기 하나만 있으면 많은 타악기 소리를 낼 수 있다는 것이다.
- **교육적 · 치료적 효과:** 이러한 창작악기를 실제로 만들어 생활 속에서 활용한다면 얼마만큼 유용하게 활용할 수 있을까? 아동이 생활 속의 불편함을 해소하는 발명품을 작품으로 표현하였다는 것에 아동의 독창적 창의성을 칭찬하지 않을 수 없다. 아동은 본 작품을 만드는 과정에서 창의성과 창의적 문제해결 능력이 향상되었으며 발명품이라는 작품 완성을 통해 높은 정서적 만족감과 함께 성취감과 자신감, 자기성장이 향상되었다. 악기마다 준비해야 하는 불편을 덜 수 있는 이러한 창작악기가 실제로 개발되어 생활 속에 유용하게 사용되길 바라는 마음이다.

나이: 7세 주제: 맛있는 도시락과 쥐포

- **표현방법:** 일회용 은박지 접시와 각종 재활용품을 이용하여 도시락과 쥐포를 만들었다.
- **작품설명:** 상징활동이 잘 나타나 누가 보아도 무엇을 표현하였는지를 알 수 있다. 도시락 위에 비닐을 덮어 밥이라고 표현한 안쪽 흰 내용물들을 보호하고 있으며 왼쪽 파란색 컵에 나온 하얀 것은 쥐포라고 표현하였다. 아기자기한 생활 속 경험들을 사실성 있는 상징으로 잘 표현하였다.
- **교육적 · 치료적 효과:** 상징활동에서의 만족감은 정서발달과 함께 자신감을 상승하여 내적 발달을 스스로 이루게 된다. 이러한 내적 발달은 계속되는 창작활동에 의해 한 단계씩 밟고 발전하여 가는 계단식 발달로 이어진다. 만약 아동이 계단식 발달을 위하여 스스로 노력하고 있음에도 불구하고 교사의 생각을 강요받거나 구조적이고 의도화된 작업에 임하도록 요구받게 된다면 내적 계단식 발달을 스스로 이루어 나가기가 어려워지게 될 것이다.

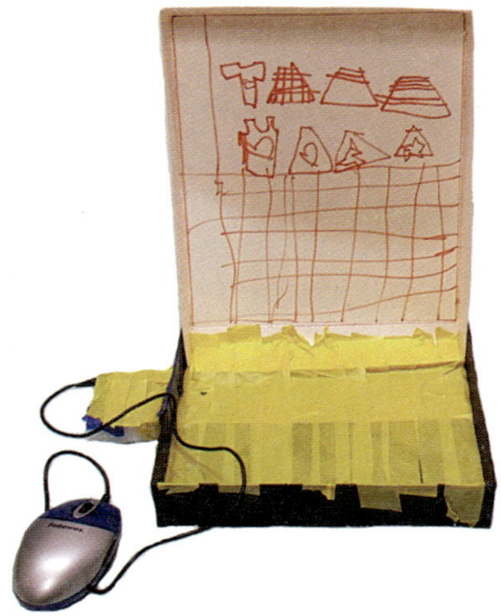

나이: 7세 | 주제: 노트북

- **표현방법:** 재활용품과 색 테이프, 고장 난 마우스를 이용하여 노트북을 만들었다.
- **작품설명:** 고장 난 마우스를 보더니 아동이 "이것 사용해도 돼요?"라고 질문한다. "여기 있는 것은 모두 다 사용하라고 모아 둔 것이니 다음부터는 선생님에게 질문 안 해도 된단다." 라고 답했더니 아동은 기뻐서 신나게 창작 작업에 임한다. 얼마의 시간이 지나자 이렇게 상징성이 뛰어난 노트북을 만들었다.
- **교육적 · 치료적 효과:** 작품 완성에서 상징활동의 만족도가 높아 아동이 매우 기뻐하였다. 아동은 이와 같이 구체적인 상징물로 표현하면서 세상을 미적으로 바라보고 이해하는 미적 안목과 조형 능력이 향상되었을 것이다. 또한 이러한 작품을 완성하는 데서 얻어지는 만족감은 하나의 성공 경험이 되어 자신감과 자존감을 상승시키고, 창의적 문제해결로써 행동을 수정하며 자기 성장을 촉진시킨다.

나이: 7세 주제: 로봇

- **표현방법:** 큰 재활용품으로 자신의 키와 비슷한 로봇을 만들었다.
- **작품설명:** 아동이 움직이는 동물만 표현하려 하여 "이제는 다른 것을 만들어 보면 어떻겠니?"라고 권유를 하니 아동은 지체 없이 자기 키만 한 로봇을 만들고는 매우 좋아하였다.
- **교육적 · 치료적 효과:** 자기 키만큼의 크기로 작품을 완성하였다는 것에 아동은 기뻐 다른 친구들에게 로봇을 보여 주고 계속해서 이야기를 하며 자랑한다. 그만큼 자기만족도가 높다는 뜻이다. 아동이 "작품을 사진 찍어서 엄마에게 보내 주세요."라고 하며 연신 싱글벙글거린다. 이러한 고양된 정서 만족에 의한 '절정경험'은 자기 주도적 작업에 몰입하여 부딪치는 문제를 창의적으로 해결하면서 완성한 창작 작품과 교사(주변 사람들)의 칭찬이 만났을 때 가능하다. 아동은 오늘의 절정경험으로 자아가 성장되고 보다 행복한 정서를 느끼게 되었다.

나이: 7세 | 주제: 마법의 구슬

- **표현방법:** 투명 컵과 색 테이프, 사각 통 등을 이용하여 신비한 마법의 구슬을 만들었다.
- **작품설명:** 투명 컵 뚜껑에 색 테이프를 붙이고 난 뒤 이를 사각 통 위에 부착하고 매직이나 사인펜 등으로 사각 통 앞면과 뒷면, 투명 컵에 부착된 색 테이프 등에 그림을 그리거나 색칠하였다. 구슬로 표현된 곳의 보라색 색상이나 바닥의 빨간색, 측면의 파란색 등이 서로 어우러져 매우 신비한 느낌을 준다.
- **교육적 · 치료적 효과:** 다양한 색상을 이용하여 마법의 구슬을 신비감 있게 표현하였다. 마치 마법의 구슬이 지금이라도 우리의 요구사항에 대해 보여 주거나 들어줄 것 같다. 이와 같이 자신의 생각을 마음껏 표현하여 완성한 창작 작품은 높은 만족감으로 아동의 정서발달과 자신감 향상에 기여하고 문제행동을 창의적으로 해결하는 능력을 길러 아동의 자기성장과 내적 발달에 도움을 준다.

나이: 초등학교 1학년 주제: 음악을 들려주고 그리기

- **표현방법:** 쇼팽 - 즉흥환상곡(Chopin-Fantaisie-Impromptu) 중에서 빠른 부분만 아동이 듣고 난 뒤 떠오르는 이미지를 그림으로 그렸다.
- **작품설명:** 음악을 들려주고 그리기는 아동이 잘 알 수 없는 고전음악이나 클래식 또는 자연과 함께하는 음악 등을 들려주고 그 음악에서 느끼는 느낌과 떠오르는 심상을 형상 없이 추상으로 표현하거나 형상 있는 그림으로 그린 것을 말한다. 본 작품에서는 빠른 음악을 듣고 떠오르는 형상을 속도감 있게 표현하였다. 달리는 사람을 그리고 빠른 선을 그어 속도감을 준 것은 이전 수업에 선의 느낌에 대해 학습한 적이 있었는데 아마도 이를 응용한 것 같다.
- **교육적 · 치료적 효과:** 음악을 듣고 느낀 것을 말해 보라고 하였더니 아동은 '피아노 소리가 빨리 달리는 것 같다.'고 하였다. 그러고는 달리는 그림을 그리고 선을 속도감 있게 그어 표현하였다. 자신의 생각을 마음껏, 즐기듯 표현한 것에서 감정적 해방감을 가져와 정서발달에 도움이 되고 작품을 스스로 해내었다는 만족감은 자신감을 상승시킨다.

이렇게 미술작업을 위해 음악을 이용할 때는 가급적 아동이 차분해진 몸과 마음의 상태에서 고전음악이나 클래식 등을 감상하면서 일어나는 느낌과 마음을 표현하는 것이다. 음악이 끝나고 난 뒤 다음과 같이 질문하는 것도 좋은 방법이다. ① 너는 이 음악이 좋으니? 아니면 싫으니? 좋은 점은 무엇이고 싫은 점은 무엇이니? ② 너는 이 음악이 마음속에서 빠른 것 같니? 아니면 느린 것 같니? ③ 이 음악을 들으니 너의 기분은 어떠니? ④ 이 음악에서 사용된 악기는? 악기 외에 나는 소리는 무엇이니? ⑤ 너는 이 음악을 들으면서 생각나는 것이나 떠오르는 것이 있다면 무엇이니?

나이: 초등학교 1학년 | 주제: 나의 희망

- **표현방법:** 잡지에 있는 사진을 오려 붙여 콜라주로 표현하고 그와 어울리게 그림을 그리고 색칠하였다.
- **작품설명:** 아름다워지고 날씬해지고 싶은 자신의 욕구에 대해 집중하여 표현하였다. 잡지에 있는 많은 사진 중에서 표현하고자 하는 주제와 어울리는 것을 골라 붙이고는 그와 조화되는 아름다운 사람을 그리고 크레파스로 꼼꼼히 색칠하여 완성하였다. 작품 전체적으로 주제에 관해 일관성이 있어 자신의 욕구를 잘 표현하였다.
- **교육적 · 치료적 효과:** 자신의 희망이나 소망을 외적으로 표현하고 나면 감정적 해방감에 의해 카타르시스를 느끼게 된다. 카타르시스는 감정이 순화되거나 깨끗해지는 일종의 승화작용으로 좋은 의미를 가져다주는 정서를 만족하게 하여 정서발달을 가져다준다. 작품 완성의 성취경험은 아동에게 자기만족감과 함께 자신감을 상승시키며, 작품 완성이라는 성취경험이 주변의 칭찬과 만나게 되면 기쁨의 승화작용으로 높은 자기 효능감이 생긴다.

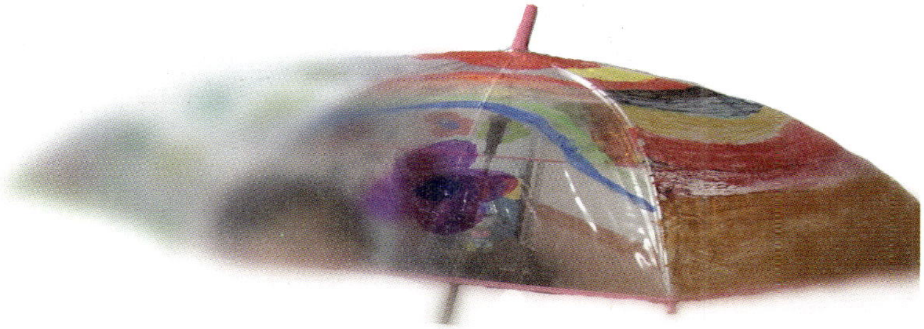

나이: 초등학교 1학년 | 주제: 투명 우산 꾸미기

- **표현방법:** 투명 우산을 펼쳐 유성매직으로 그리고 아름답게 표현하였다.
- **작품설명:** 흥미와 호기심을 느낄 수 있는 재료로 작업에 임한다면 그 자체만으로도 아동이 내적 동기를 가지게 되어 작업에 최선을 다하게 되지만 그 재료가 생활 속에 유용하게 사용된다면 더욱 작업에 몰입하게 될 것이다.
- **교육적 · 치료적 효과:** 다양한 매체를 사용하는 과정에서 자신과 사물과의 관계를 이해하는 폭이 넓어지게 되어 많은 것 중에서 유용한 것을 선택하고 결정할 줄 아는 '선택과 분별의 능력'이 향상된다. 또한 자신이 표현한 작품이 생활 속에 유용하게 활용된다면 주변 사람들로부터 받는 칭찬과 함께 자기 만족도가 높아 즐겁게 생활할 수 있는 행복의 외연을 확장시켜 나가게 되며 자존감이 상승하게 된다.

나이: 초등학교 1학년 | 주제: 마블링으로 표현하기

- **표현방법:** 물이 담긴 용기에 마블링 물감을 떨어뜨리고 물감을 불거나 살짝 저은 후, 표면에 종이를 대어 흡착시킨 후 말린다.
- **작품설명:** 마블링은 물과 기름이 서로 섞이지 않는 성질을 이용한 것으로 마블링 물감을 물에 풀어 색상이 서로 잘 섞이도록 유도한 후 화지를 물감에 대어 흡착하는 방식으로 우연의 효과를 살려 작품화하는 것이다. 누구나 아름답게 표현할 수 있어 색상의 마법에 쉽게 빠져들게 된다.
- **교육적 · 치료적 효과:** 색이 선명하게 표현되면서도 매번 찍을 때마다 모양이 달라 아동들의 상상력 향상에 도움을 주고 우연성이라는 창작 작품의 다양화에 기여하게 된다. 이는 라포르 형성과 미술작품에 흥미와 호기심을 더하고자 할 때 많이 사용된다. 신기한 색상의 마법에 의한 기쁨과 카타르시스의 감정적 해방감으로 정서만족과 정서발달이 향상되며, 작품 완성을 통해 자신감이 상승된다.

나이: 초등학교 1학년 | 주제: 붙여서 표현하기

- **표현방법:** 신문지나 잡지 모래와 같이 주변에서 볼 수 있는 여러 물체를 붙여서 도깨비를 표현하였다.
- **작품설명:** 도깨비의 상의나 방망이는 잡지의 종이를 찢어 붙였으며 하의는 갈대로 간든 빗자루를 조금 잘라 붙여 표현하였다. 아마도 아동에게는 이렇게 표현하는 것이 도깨비 옷과 비슷하다고 생각한 것 같다.
- **교육적 · 치료적 효과:** 아동의 상상력과 재료지배 능력을 활용하여 자신의 생각을 마음껏 표현하였다. 재료지배 능력은 선택과 분별의 능력을 향상하며 인과관계를 깨닫게 하고, 상상력은 상황에 유동적으로 변화하고 적응하는 창의적 인지를 발달시키고, 작품 완성의 만족감은 창의적 문제해결 능력과 함께 정서발달과 자신감을 상승시킨다.

나이: 초등학교 1학년 | 주제: 동화책 만들기

- **표현방법:** 아동이 생각하고 상상한 것을 〈좀비의 습격〉이라는 6쪽의 동화책으로 만들었다. 자신이 생각하여 표현한 것을 다른 사람들이 읽는다는 것에 대해 아동은 너무나 기뻐하였다. 위의 그림에서 첫 그림은 책표지이며, 둘째 그림은 동화내용의 한 페이지이다.
- **작품설명:** 켄트지를 A4용지 크기로 총 3장을 자른 후, 각 낱장을 반으로 접는다. 반으로 접힌 곳의 제일 뒷부분에 풀칠을 하여 다른 종이의 앞부분에다 붙여(같은 방법으로 1회 반복, 종이를 넘길 수 있도록 같은 방향이어야 함.) 책으로 만들었다. 처음으로 책을 만든다는 것에 아동은 기뻐하며 많은 시간을 들여 작업에 몰입하였다.
- **교육적 · 치료적 효과:** 처음 만드는 동화책이다 보니 아동은 제작과정에서 부딪치는 많은 문제를 해결하면서 작품을 완성하였다. 이는 곧 많은 것을 깨달았다는 것을 의미하며 많은 것을 깨닫기 위해서는 자신과의 대화를 이어가며 작업에 몰입하였다는 것을 말한다. 이러한 몰입은 창의적으로 문제를 해결하는 것으로 이어지고 궁극적으로는 자존감이 향상되어 자아를 성장시킨다.

나이: 초등학교 1학년 | 주제: 크레파스 가루를 붙여 표현하기

- **표현방법:** 밑그림으로 연필로 사람을 크게 그리고는 사용하다 남은 크레파스를 가루로 만들었다. 밑그림에다 풀칠을 한 후 크레파스 가루를 붙여 나가면서 표현하였다.
- **작품설명:** 버리려는 몽당 크레파스를 가루로 만들어 밑그림을 따라 붙여 나가다 보니 크레파스로 색칠한 것과는 다른 재미있는 표현이 이루어져 아동은 의외의 결과에 즐거워하였다.
- **교육적 · 치료적 효과:** 아동들이 미술시간에 가장 많이 사용하면서도 좋아하지 않는 재료 중 하나가 크레파스이다. 크레파스로 잘 칠해야 한다거나 공간을 다 메워 깨끗하게 칠해야 한다는 관념이 아동에게는 어렵고 힘든 작업으로 기억되기 때문이다. 그러나 이러한 크레파스로 아래 그림과 같이 다양한 기법으로 표현할 수 있다는 것을 알게 된다면 아동에게서 크레파스는 다시 흥미의 대상이 될 수 있을 것이다. 크레파스 기법으로 신나게 자신의 창작 작품을 완성하였다면 그것만으로도 아동의 재료지배 능력, 정서적 만족 그리고 자신감이 상승될 것이다.

〈크레파스 기법의 사례〉

크레파스 가루를 색상별로 배치한 뒤 그 위에 용지를 놓고 고온의 다리미로 다려서 표현함

크레파스로 칠한 뒤 식용유로 문질러 부드럽게 표현함

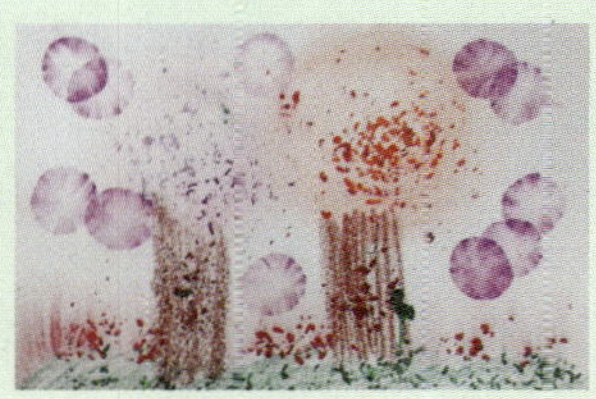

크레파스로 칠한 뒤 식용유로 문지르거나 크레파스 가루를 풀로 붙이거나 검지로 색을 문질러 표현함

나이: 초등학교 1학년 | 주제: 독서감상화

표현방법: 연못에 있는 개구리가 연잎 위에 앉아 있는 모습을 색종이와 사각 과자 통을 이용하여 만들었다.

작품설명: 연못에 사는 개구리에 관한 동화책을 읽고 난 후 느낀 점에 대해 그림을 그리고 입체작품으로 표현하였다. 먼저 연잎을 그리고 연잎 위에 아직 꼬리가 남아 있는 개구리를 그렸다. 그런 다음 연잎을 자르고 그 위에 사각 과자통과 녹색 색종이, 빨간색, 파란색 색종이를 잘라 붙여 개구리를 만들었다. 전체적으로 연못의 풍경이 연상될 정도로 상징성이 뛰어난 작품이다.

교육적 · 치료적 효과: 독서 감상화는 읽은 책 내용을 바탕으로 한 교사의 스토리텔링 능력에 따라 그 효과도 달라진다. 예를 들어 화난 것에 대한 동화책을 읽었다면 다음과 같은 질문으로 스토리텔링을 할 수 있다.

① 지금 이 사람의 감정은 어떻다고 생각하니?(화가 났어요.) ② 이 사람은 왜 화가 났니? ③ 너도 이 사람처럼 화난 적 있니? ④ 그때 왜 화가 났었니? ⑤ 앞으로 화가 나면 어떻게 하면 좋겠니? 네가 생각한 것이나 깨달은 점을 그림으로 한번 그려 볼래?

아동이 책을 읽고 난 뒤 감명 깊었던 장면이나 느꼈던 점을 그림으로 그리거나 조형작품으로 만들게 된다면 책 속의 내용과 교훈을 오랫동안 기억할 수 있는 효과와 감상화로써의 미적 표현 능력을 기르게 된다. 또한 상상력과 창의성, 자기표현 능력도 향상하여 전인적 발달과 함께 자아를 성장하는 데 기여하게 된다.

나이: 초등학교 2학년 | 주제: 작품 완성 후의 스토리텔링

☺ **표현방법:** 노란색 색지에 색연필로 그림을 그리고 작은 상자를 잘라 로켓을 만들어 붙였다.

☺ **작품설명:** 작품을 완성한 후 교사의 질문에 아동은 다음과 같이 적었다.

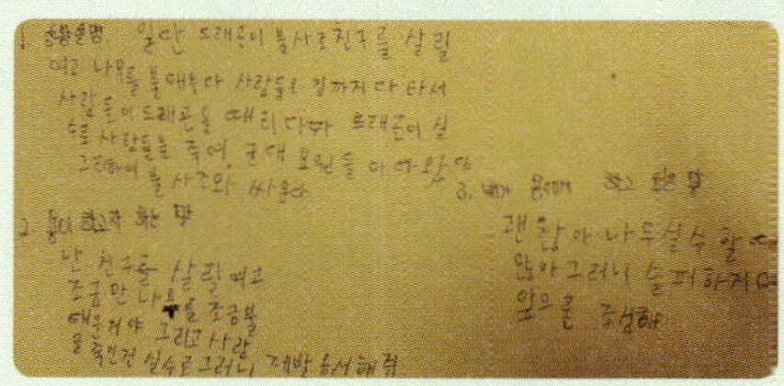

- 질문 1: 그림에 대한 상황설명: 드래곤이 불사조 친구를 살리려고 나무를 불태우다 사람들이 사는 집까지 다 탔다. 사람들은 화가 나서 드래곤을 때렸는데 맞고 있던 드래곤이 실수로 사람을 죽였다. 그래서 사람들의 군대요원들이 출동하게 되었다. 지금 군대요원과 불사조가 싸우고 있다.
- 질문 2: 용이 너에게 하고자 하는 말: "난 친구를 살리려고 조그만 나무에 조금만 불태운 거야. 그래서 사람이 죽은 건 실수로 그런 것이니 제발 용서해 주."
- 질문 3: 내가 용에게 하고 싶은 말: "괜찮아 나도 실수할 때가 많아 그러니 슬퍼하지 마 그리고 앞으로는 조심해."

☺ **교육적 · 치료적 효과:** 가령, 신문지를 마음껏 찢으면서 즐거운 시간을 보냈다고 하면 아동들은 감정적 해방감에 의해 의미 있는 시간이 된다. 그러나 신문지를 찢는 행위에 그친다면 파괴적인 부정성을 줄 수 있지만 찢어진 신문지를 모두 모아 작품화하여 창의성으로 마무리하면 많은 긍정적 효과를 얻을 수 있다. 본 작품에서도 마찬가지이다. 내용 전개방식은 불사조, 군대요원, 죽음과 같이 순순히 받아들여지지 않는 단어도 있지만 마지막엔 "괜찮아 나도 실수할 때가 많아~ 앞으로는 조심해."와 같은 교훈으로 마무리한다면 이는 분명 창작 작품에서의 교육적 · 치료적 효과와 함께 아동의 자아성장에 기여하게 될 것이다.

나이: 초등학교 2학년 주제: 인공위성과 우주선

- **표현방법:** 다양한 재활용품을 이용하여 인공위성(왼쪽 작품)쪽으로 날아가는 우주선(오른쪽 작품)을 만들었다.
- **작품설명:** 우주에 있는 인공위성과 그 주변을 날고 있는 우주선을 여러 재활용품을 이용하여 만들었다. 우주선뿐만 아니라 인공위성도 같이 만들어 아동이 우주에 대해 폭넓은 지식을 갖고 있음을 알 수 있다.
- **교육적 · 치료적 효과:** 인공위성과 우주선이라는 자신의 생각을 표현하기 위해 많은 매체 중 유용한 것을 선택하여 작업에 몰입하였으며 이러한 몰입으로 부딪치는 문제를 창의적으로 해결하여 작품을 완성하였다.

  유용한 것을 선택한다는 것은 매체탐색 능력과 함께 선택과 분별의 능력을 향상하는 과정이며, 창작 작품을 제작한다는 것은 전인적 발달과 함께 아동의 전인적 성장을 촉진하게 하는 것이다. 또한 작업에 몰입하여 창의적으로 문제를 해결하였다는 것은 창의성과 창의적 문제해결 능력을 향상하였다는 것을 의미한다. 이러한 어려움을 극복하고 작품을 완성하게 되면 정서적 만족감과 함께 자신감이 상승하고 자아가 성장하게 된다.

나이: 초등학교 2학년 | **주제: 우리 가족의 꿈을 실은 헬리콥터**

- **표현방법:** 재활용품을 이용해 우리 가족의 꿈을 싣고 날아가는 헬리콥터를 만들었다.
- **작품설명:** 재활용품으로 헬리콥터를 만들고 난 뒤 우리 가족을 그려 헬리콥터 몸체에 붙여서 가족 사랑을 표현하였다. 가족에 대한 사랑의 마음을 별도로 메모지에 적고 그것을 접어서 가족이 그려진 작품 아래에다 차곡차곡 밀어 넣었다. 넣어진 메모지가 많은 것으로 보아 가족사랑에 대해 많은 것을 생각한 것 같다.
- **교육적 · 치료적 효과:** 몰입하여 완성한 작품의 성취감과 완성된 작품에 대한 스토리텔링은 자신감의 향상과 함께 알아차리고 깨달아 아동의 내적 성장에 기여하게 된다. 미술작품이라는 유형의 형상은 공간성과 영속성을 가지고 있어 아동이 평상시 자신의 내적 생각을 표현한 이러한 작품을 볼 때마다 자신의 내적 성장에 대한 실천을 부채질당할 수도 있을 것이다.

나이: 초등학교 3학년 | 주제: 기쁨의 감정을 표현

표현방법: 기분이 좋은 아동의 감정을 표현하였다.

작품설명: 밝은 음악을 배경으로 하여 아동이 '기뻐서 기분이 좋았을 때'를 잠시 생각한다. "그때 기분이 왜 좋았니?", "정말 좋았겠네." 등 아동의 감정에 호응하면서 대화를 나눈 후 지금 현재 느끼는 감정을 이미지로 표현하였다. 이때의 이미지는 형상이 없는 추상적 표현이나 형상이 있는 구상적 표현 구분 없이 아동이 자유롭게 표현할 수 있다.

〈표현기법의 종류 및 작품의 예〉

종류	설명	예
구상적 표현	존재하는 대상을 그림 그리는 사람의 기질에 따라 구체적인 형태로 표현한 것	객관적인 대상을 사실적으로 그대로 표현
추상적 표현	대상에 대한 느낌이나 특징을 추출하여 형태 없이 점·선·면·색만으로 표현한 것	객관적인 대상을 그리고자 하는 사람의 주관으로 표현
반추상적 표현	대상을 있는 그대로 재현하는 것이 아니라 대상이 가지고 있는 형태를 변형하거나 왜곡하여 나타내는 것(그렇게 변형시킨 이유가 중요)	객관적인 대상을 왜곡, 축소, 확대, 생략된 형태로 변형시킴

구상적 표현	추상적 표현	반추상적 표현

교육적 · 치료적 효과: 아동 자신이 가진 내면이나 감정을 그림으로 표현하게 되면 표현적인 창작 작품이 되어 아동의 현재 감정 상태를 비롯하여 내면을 알 수 있게 된다. 자신의 감정 상태를 이미지로 표현하였다면 그 자체가 기쁨이 되어 아동 내면의 여러 갈등을 정화하고 정서안정과 정서발달에 기여하게 된다. 또한 문제를 창의적으로 해결하여 작품을 완성하게 되므로 자신감의 상승과 함께 문제행동을 수정하여 새로운 방향을 설정하게 된다.

나이: 초등학교 3학년 주제: 우리나라

- **표현방법:** 보편적인 작품과는 다르게 지도를 그려 자신의 지식적인 생각을 작품으로 표현하였다.
- **작품설명:** 지도에서 정확한 위치를 알고 있는 것과 그 특징을 표현한 것, 중국에 광개토대왕릉비가 있다는 것을 아는 것 등에서 아동의 사고와 지적인 수준 등을 알 수 있다.
  정확한 위치: 대한민국, 북한, 휴전선, 중국, 러시아, 대구광역시(아동이 살고 있는 지역), 광개토대왕릉비
  특징: 대한민국 태극기, 북한의 인공기, 대한민국의 과거 왕정체제, 북한의 백두산
- **교육적 · 치료적 효과:** 아동의 표정과 행동으로 보아 일반적 창작 작품보다 지금과 같이 자신의 지적 생각을 작품으로 표현한 것에서 만족감이 더 높은 것 같다. 이것은 작품 완성에서 오는 만족감도 있지만 자신이 알고 있는 지식을 교사에게 말할 때마다 교사는 그 설명을 들어 주고 공감하며 그것에 관하여 스토리텔링을 하여 주니 아동의 입장에서는 교사로부터 자신의 작품를 인정받고 그 인격을 존중받은 것이 되어 만족감이 더욱 높아진 것이다. 이러한 만족감은 부정적 감정을 정화하고 정서적 안정을 주며 창의성과 창의적인 문제해결 능력을 향상하게 한다. 또한 작품에 관한 스토리텔링으로 자기표현 능력과 함께 다른 사람의 감정과 조율하고 소통할 수 있는 사회관계성 능력이 향상된다.

탈춤

전통춤

나이: 초등학교 3, 5학년

주제: 여러 가지 표현기법으로 나타내기+자기의 경험이나 생각을 그리기

- **표현방법:** 여러 가지 표현기법으로 먼저 나타낸 후 아동 자신이 경험한 것을 표현기법과 어울리게 그림을 그렸다.
- **작품설명:**
  - 탈춤: 신문지를 화지에 붙이고 난 뒤 수채물감으로 옅게 바탕칠을 하여 신문지가 눈에 띄지 않도록 하였다. 그 위에 탈춤 풍경을 그리고 색칠을 짙게 칠하면서 바탕과 어울리게 마무리 작업을 하였다.
  - 전통춤: 수채물감을 화지에 뿌리거나 불기를 하여 재미있게 우연의 효과를 나타낸 뒤 이와 어울리게 전통춤을 그렸다. 그림을 다 그리고 나서 다시 필요에 따라 물감 뿌리기를 하여 바탕과 그림이 조화되도록 하였다.
- **교육적 · 치료적 효과:** 바탕의 질감을 이용하여 표현하거나(탈춤) 우연의 효과를 바탕으로 하는 등(전통춤) 여러 가지 표현기법을 나타내면서 즐겁고 흥미로운 시간을 가진다. 이러한 바탕 작업이 어울리게 잘 표현되었을 때 그 위에 자신의 경험을 바탕으로 상징화된 형상을 그리고 색칠하면서 바탕 작업의 표현기법이나 붙여진 재질감과 서로 조화되게 하였다. 자신의 경험과 생각을 마음껏 그림으로 표현하되 바탕의 여러 가지 표현기법과 조화되게 나타낼 수 있다는 것은 많은 조형 언어들을 창의적으로 운영을 할 수 있다는 것이 되며 작품을 완성하기까지 많은 인과관계의 이해와 창의적 문제해결 능력이 필요하게 된다. 따라서 아동은 본 작업을 통하여 재료지배 능력 향상과 미적·조형적 능력 향상, 인과관계의 이해와 자기조절 능력의 향상, 창의성과 창의적 문제해결에 따른 자신감의 향상 등을 불러오게 되어 아동의 자아성장에 기여하게 된다.

나이: 초등학교 3학년 | 주제: 선녀

- **표현방법:** 선녀에 대한 그림을 그리고 난 뒤 가로 세로 일정한 간격으로 선을 그어서 바둑판처럼 나타내었다. 칠하고자 하는 색의 유사색상과 동일색상을 가진 여러 색들을 칸을 달리하여 색칠하였다.
- **작품설명:** 도자기 물감으로 그림을 그린 후 이를 작게 일정한 간격으로 잘라 구워서 붙여놓은 공예 타일을 보는 것 같은 느낌을 주는 작품이다. 본 작업은 아동의 높은 인내심과 집중력, 색상 이해가 요구되는데도 불구하고 이를 훌륭히 잘 소화해 낸 뛰어난 작품이다. 아동은 자신의 생각을 완전히 표현하면서도 유사색상 동일색상을 이용하여 끝까지 침착성을 잃지 않고 작업을 마무리하였다.
- **교육적 · 치료적 효과:** 본 작품을 완성하기 위해서 아동은 작은 칸 하나를 유사색상 또는 동일색상의 다른 색으로 약 700여 개 가까이 칠하였는데 이는 높은 인내심과 몰입이 요구되는 작업임에도 아동은 이를 끝까지 마무리하였다. 또한 색상 이해의 수준 높은 능력이 필요한데도 불구하고 충분히 이를 소화해 내어 표현하였다.

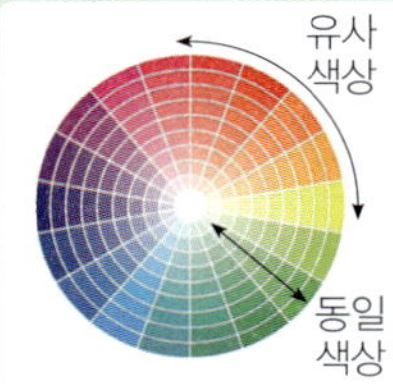

  - 한색: 차가운 느낌과 서늘한 느낌을 주는 색채로서 색상환 중 초록, 파랑, 보라의 색
  - 난색: 따뜻함을 연상하게 하는 색채로서 색상환 중 빨강, 주황, 노랑의 색
  - 유사색상 배색: 색상환에서 바로 옆에 있는 비슷한 색상끼리의 배색
  - 동일색상 배색: 같은 색상에서 명도나 채도의 차이만 있는 배색

  아동은 본 작품을 통하여 색상이해의 폭을 넓히며 창의적 문제해결 능력을 향상하였다. 높은 인내심으로 작품을 완성하여 어려움에서도 회피하지 않고 성공의 경험을 가져가면서 자신의 한계능력을 높이게 되었으며 작품 완성의 만족도도 높아 정서만족의 승화작용으로 성취감과 자신감 향상, 자기인식과 자기조절의 기회로써 자아성장에 기여하게 되었다.

2. 협동작품

자기 주도적으로 생각하고, 상상했던 것들을 타인과 함께 작품으로 만들어 가게 되면 다음과 같은 긍정적 효과가 작용한다.

첫째, 다른 아동들이 표현한 이미지(작품)와 의사소통을 하면서 자기탐색으로 활용하기 때문에 곧 또래 간의 상호작용을 촉진시킨다.

둘째, 개인 작업에서는 힘든 커다란 작품을 짧은 시간에 쉽게 완성함으르써 대담성을 맛볼 수 있다.

셋째, 집단원의 의견 교환과 도움을 주고 받는 긍정적인 상호작용을 경험하게 되어 사회관계성 능력이 발달한다.

넷째, 각자의 아이디어로 협의하다 보면 보다 창의적인 아이디어로 발전하게 되면서 생각의 범위가 넓어지고 다양성이 추구된다.

다섯째, 또래와 함께함으로 나도 할 수 있다는 자신감이 생기며 작품에 대한 기대치도 높아진다.

여섯째, 집단원이 서로 협동하여 완성한 작품은 집단 내 소속감과 자부심, 자존감을 향상할 수 있다. 협동작품의 종류는 다음과 같이 세 가지로 나누어 볼 수 있다.

① 하나의 주제하에 개인적으로 작품을 완성한 뒤 이를 모두 모아 조화되게 배치하여 꾸민다.

② 서로 협의하면서 작업을 하여 하나의 큰 작품으로 완성한다.

③ 벽화와 같이 공통된 목표 아래 개별적으로 작업하여 작품을 완성한다.

나이: 7세 아동 3명 **주제: 깃대를 든 인형**

주변의 다양한 재활용품을 조합하여 깃대를 든 인형을 만들었다. 말다툼이 잦은 아동 3명에게 서로 협의하여 하나의 작품을 만들게 한 것이다. 작품에 임하기 전 다음과 같은 규칙을 설명해 주었다.

① 어떤 주제로서 어떤 재료를 사용할지를 서로 협의하여 정한다. 2명이 좋다고 하여도 1명이 싫다면 다시 협의하여야 한다.
② 작품에 관하여 같이 작업하고 서로 도와야 한다. 1명이 놀고 있거나 1~2명이 주도하는 작업이 되면 안 된다.
③ 작품을 완성한 후 자기가 한 작업에 대해 설명할 수 있어야 한다.
④ 좋은 작품을 만드는 것도 중요하지만 서로 도우고 양보하여 함께 작업하는 것이 더 중요하다.

이러한 규칙을 아동에게 설명은 하였지만 엄격히 지켜지도록 하지는 않았다. 그러나 회기가 늘어갈수록 스스로 잘 지켜지는 것을 볼 때에 함께 사회관계성이 향상되어 가고 있음을 느낄 수 있었다.

나이: 5세 1명, 6세 2명, 7세 3명

주제: 자유롭게 표현하기

아동들이 서로 자신의 감각과 생각대로 크레파스나 사인펜 등으로 그림을 그렸으며, 색 테이프나 잡지 사진을 붙여 콜라주로 표현하거나 붓이나 손에 물감을 묻혀 마음껏 자유롭게 색칠하였다. 아동들은 어느 누구의 구속이나 속박감 없이 서로 함께하며 작업하였다. 그리려고 하는 자리를 서로 배려하거나 양보하기도 하였으며 다른 아동의 작업을 방해하지 않고 오히려 필요한 재료를 주고받으며 도움을 주었다. 이와 같이 아동은 함께 작업하는 것만으로도 서로 가까워지면서 공동체 의식을 갖게 되며 공동체 의식은 규칙과 질서를 지키며 서로 협력하는 태도 등의 사회관계성 발달에 도움을 주었다.

자신의 생각을 마음껏 표현하였다는 것은 아동에게 감정적 해방을 가져다주면서 정서적 자기 표현이 되어 행복감이 증진되며, 작품 제작과정의 대화와 완성된 작품에 대한 스토리텔링은 다른 사람의 감정과 조율하고 소통할 수 있는 능력을 향상하며 창의성과 함께 자기 표현력을 향상하게 된다.

나이: 6~7세 아동 10명 **주제: 어린이집 담장과 의자 꾸미기**

미술실이라는 실내 공간을 떠나 넓은 야외에서 어린이집 담장과 나무의자에 크레파스로 그림을 그렸다. 실내에서는 아동이 소리 지르거나 떠들며 책상이나 탁자 위에 올라가게 도면 제재가 따르지만, 야외에서는 지나치게 소리 지르거나 위험한 곳이 아니면 이 모든 것이 허용되어 아동의 행동에 교사가 개입되는 일이 줄어들게 된다. 작품의 주제나 형식 없이 아동의 자발성과 창의성으로 마음껏 그리면서 담장을 꾸몄다. 비록 어른처럼 기교가 뛰어난 그림은 아니지만, 아동의 세계가 잘 나타난 아동의 창작 그림으로써 어린이집 담장이 더욱 가치 있게 꾸며졌다. 어린이집 담장의 그림들이 어린이집의 아동들과 함께 동화되는 느낌마저 든다.
작품을 제작하면서 서로 대화로 소통하였고 멀리 있는 아동에게 재료를 전해 주기도 하고 도움받기도 하면서 협력하여 작품을 완성하였다. 오늘의 함께한 그림으로 어린이집 담장을 아름답게 꾸몄다는 자부심과 함께 주변의 선생님과 학부모로부터 칭찬을 들음으로 인해 만족감이 더욱 높아졌다. 더구나 미술은 유형의 형상으로서 영속성이 있어 아동이 이곳을 지나가면서 자신이 그린 그림을 볼 때마다 긍정적 감정을 가지게 될 것이다.
또래들과 함께하며 상호소통을 하였다는 것은 자기 표현력과 함께 사회관계성이 발달하였다는 것을 의미하며 만족감이 높아졌다는 것은 정서발달과 함께 자신감이 향상되었다는 것을 말한다.

나이: 7세 아동 3명 **주제: 자연물을 이용한 공동작품**

아동들과 함께 가까운 들판이나 야산으로 가서 자연물을 직접 채취한다는 것은 아동들에게 여러 면에 교육적 의미를 가지게 된다.

① 실내에서의 구속(뛰어다니거나 책상 위에 올라가는 행위 등)이 자연에서는 전혀 구속이 되지 않고 오히려 그렇게 하지 않는 것이 문제가 된다(마음껏 달릴 수 있어야 하고 위험하지 않다면 나무나 바위 위에 올라갈 수 있어야 한다). 따라서 자유롭게 자신을 표현할 수 있다.
② 자연 환경의 소중함을 깨닫는 체험학습의 장이 된다(맑은 공기, 맑은 물을 제공, 산사태 방지, 동식물의 삶의 터전으로 생태계 조화, 열매, 약초, 산나물 등 각종 임상자원 제공).
③ 아동들이 자연에 들어가면 마음껏 뛰어논다. 친구들과 움직이는 생물을 잡아보기도 하고 관찰도 하게 된다. 각종 열매와 꽃에 관심을 가지며 모으기도 하고 큰 나무나 바위 뒤에 숨으며 술래잡기도 하며 시간 가는 줄 모르고 푹 빠져 재미있게 논다. 이렇게 자연과 함께하는 행위를 통해 아동은 상상력을 키우고 창의성을 향상하며 사회성을 만들어 가게 된다.

작품에서는 서로 협의하에 주제를 정하고 자연물을 붙여 그와 어울리게 그림을 그렸다. 작품에 대한 서로의 표현을 존중하는 등 서로 상호소통 하는 가운데 함께 작업하였으며 누가 먼저이고 나중이라고 할 것 없이 작업에 몰입하였다. 오늘의 작품활동으로 아동들은 자기 표현력과 함께 상호작용의 소중함을 아는 사회관계성 이 발달되었고, 몰입하여 표현한 작품 완성의 자기 만족을 통해 아동의 창의적 문제해결력과 함께 자신감이 상승되었다.

나이: 7세 아동 3명 | 주제: 비행기

7세 아동 3명에게 협동 작업을 한번 해 보라고 권하였다. 개인 작업 위주로만 작업하였던 아동들은 처음에는 서로 얼굴을 쳐다보며 막연해하였다. "생각 잘하는 친구들이 왜 가만있니? 서로 협의해서 평소 작업하던 것처럼 하면 되잖아. 잘할 수 있을 테니 한번 파이팅해 봐. 그리고 좋은 작품보다 함께하여 완성한 작품이 더 중요하단다."라고 격려하면서 방향을 정해 주었다. 잠시 후 아동들이 서로 모여 의견을 조율하더니 다양한 재활용품을 이용하여 작품사진과 같이 비행기를 만들었다. 단순한 재활용품의 조합인데도 불구하고 이렇게 상징이 잘된 작푿이 탄생될 줄이야! 아동의 창의성에 그저 감탄할 따름이다.
아동들은 오늘의 작품 완성으로 조형 능력이 발달하였으며 지켜진 질서 속에 작품 제작과정과 완성된 작품에서 느끼는 정서를 다른 사람에게 표현하고 나누면서 사회관계성이 향상되었다. 작품 제작과정에서 부딪치는 문제의 해결은 아동들의 창의적 사고와 함께 스스로 문제를 해결하는 능력을 길러 주었으며, 몰입하여 완성한 작품에서 얻을 수 있는 성공의 경험은 자존감을 향상하며 자아 성장에 도움을 주었다.

나이: 7세 아동 23명 | 주제: 어린이집 복도를 종이 이어 꾸미기

7세반 23명의 아동이 모두 협동하여 할 수 있는 안전한 실내작업으로 종이 이어 붙여 꾸미기를 하였다. 모든 아동이 나와서 네 파트로 나누었다. 7명은 컬러 잡지의 낱장을 일정한 간격으로 자르고 5명은 그것을 길게 이어 붙였다. 또 4명은 이어 붙인 종이를 작품화하는 곳까지 나르는 작업을 하였고 남은 7명의 아동은 이어 붙인 종이를 계단 난간에 일정한 간격으로 붙이거나 드리우면서 조형성 있게 작품화하였다. 서로 격려하면서 작업을 하니 아동들은 열심히 작업에 몰입하였다. 가끔은 소리치고 장난치는 친구들이 있었지만 다른 동생들이 수업하고 있음을 주지시켜 주니 곧 행동을 수정하였다. 함께하면서 작품을 제작하니 아동들은 기뻐하면서 연신 재잘거린다. 작품을 완성하였을 때는 아동들이 모두 모여 만세 부르고 손뼉 치면서 자축하였다. 완성된 작품은 그대로 두어 전시하기로 하였다. 어느 정도의 기간이 지나자 붙였던 종이가 떨어지고 찢어진 부분이 있어 담임 선생님이 이제 작품을 떼자고 하였더니 아동들이 안 된다고 하며 떼를 부려 보름이 더 지난 후에야 작품을 모두 뗄 수 있었다고 한다. 이렇게 함께하여 작품을 완성하는 과정에서 구성원 간의 소속감과 공동체 의식을 갖게 되고 상호소통에 의해 함께함의 즐거움을 알게 되는 사회관계성 발달도 얻을 수 있게 되었다. 또한 이곳을 다니는 많은 사람에게 칭찬을 들으니 뿌듯한 자부심과 함께 자신감도 상승되었다. 사회관계성은 아동기의 중요한 발달과업이 된다. 아동기에 자기 자신의 이해를 바탕으로 다른 사람을 이해하며 공감하는 사회성이 이루어지지 않으면 문제행동이나 열등한 학업 수행력을 일으키고 아동기 이후의 생활에 부적응을 초래할 수 있기 때문이다.

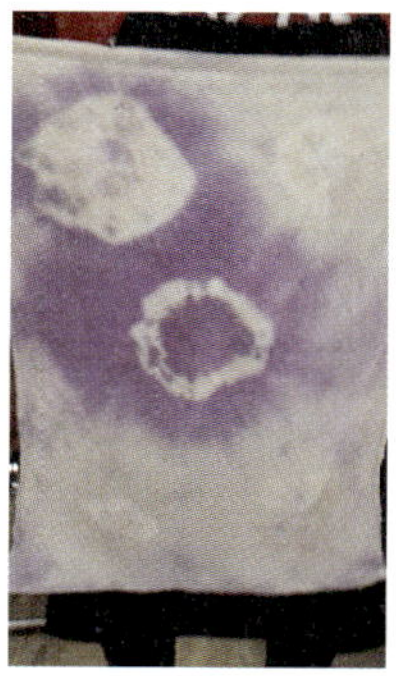

나이: 초등학교 3학년 5명 **제목: 천연염색**

아동들과 같이 포도를 나눠 먹으면서 포도 껍질을 냄비에 담았다. 조금 먹더니 아동이 이제 그만 먹는다고 한다. 교사는 "말했듯이 오늘은 천연염색을 할 건데 이 포도껍질로 해야 하니 너희들 오늘 이 포도 다 먹어야 해. 우리 옆 친구랑 가위바위보해서 이기는 사람은 세 알, 지는 사람은 다섯 알 먹기이다."라고 말하고 아동들이 가위바위보 게임을 하도록 하였다. 아동들과 게임을 하다 보니 냄비에 포도껍질이 가득 담겼다. 물을 조금 붓고 염색한 액이 물에 씻어도 빠지지 않게 하려고 매염제인 명반을 넣어서 끓였다.

얼마 후 염색액이 만들어지자 이를 식힌 후 자신이 염색하고자 하는 흰색 T 셔츠나 손수건의 부분 부분을 고무 밴드로 묶어서 천연염색액에 담갔다가 들어내 짠 후 고무줄을 제거하고 말려 천연염색 작품을 완성하였다(냄비의 포도껍질을 불로 끓이는 것은 위험하여 교사가 도와줌). 천연염색은 서로 도와야 하는 협동과 지켜야 할 규칙과 질서 속에 상호관계성을 가져가게 되며 이러한 상호관계성은 사회관계성을 향상하게 한다. 또한 자신이 표현한 작품이 생활 속에 유용하게 활용된다면 그만큼 만족도도 높아 정서적 안정 속에 자신감이 향상하게 된다.

나이: 초등학교 4학년 10명 | 주제: 하트

켄트지 전지 두 장을 연결하여 하트 그림을 크게 그리고 난 뒤 이를 20등분으로 나누어 잘랐다. 10명의 아동이 각자 두 장씩 맡아 다양한 도구로 그림 그리고 색칠하였다. 다 그린 그림을 다시 서로 합쳐 작품을 완성하였다. 만약 한 명의 아동이라도 자신이 표현한 그림을 가져오지 않게 되면 전체 작품을 완성할 수 없게 되므로 아동들은 집단 내에서 자신의 필요성을 알고 집단 내 자존감을 더 높인다. 자신이 표현한 작품에 대해 설명하고 대화를 나누면서 자기 표현력과 함께 다른 사람의 감정과 소통할 수 있는 사회관계성이 향상된다.

나이: 초등학교 5학년 어린이 2명 + 교사(글루건 접착을 도와줌) **주제: 배**

아동들이 물에 떠 있을 수 있는 배를 만든다고 하였다. 재활용품을 모아 둔 곳에서 필요하다 싶은 많은 것을 찾아와 서로 의견을 나누면서 유용한 것을 선택하여 작품을 제작하였다. 뚜껑으로 입구를 막은 페트병 여러 개를 연결하여 묶어 붙여서 배 밑창을 만들어 물에 떠 있도록 하였으며 그 위에 달걀을 담아 두는 달걀판을 붙여 배 바닥으로 하였다. 미술실 바깥에서 나무를 찾아와 잘라 글루건으로 붙여 배의 난간을 만들었으며 그 외 여러 음료수 통과 커피 통, 휴지 심 등을 이용하여 기관실을 만들었다. 이와 같이 서로의 의견 교환으로 공동의 목표를 성취한다면 아동들은 긍정적인 상호작용을 경험하게 되고 사회관계성이 향상된다. 또한 작품 완성이라는 성공의 경험은 아동의 정서발달과 함께 자신감을 높여 문제행동을 수정하고 내적 발달을 스스로 이루어 가게 된다.

가족과 함께 하는 미술놀이 '미술아 놀자'-페트병과 풍선에다 표현하기

부모 아동포함 약 100여 명이 함께하는 '미술아 놀자'라는 미술행사를 가졌다. 각 부스별로 행사를 준비하여 참여한 가족들이 다양한 경험을 할 수 있도록 하였다.

- 첫째 부스: 부부간의 고마움을 상장으로 만든 뒤 서로 상장 수여하기
- 둘째 부스: 석고로 손 본뜨기
- 셋째 부스: 뻥튀기 과자에다 다양한 모양의 작은 과자를 붙여 사람 얼굴로 표현하기
- 넷째 부스: 페트병과 풍선에다 그림을 그리거나 사진을 붙여 표현하기
- 다섯째 부스: 켄트지 전지에다 넓은 붓(백 붓)으로 가족이 그림 그리기
- 여섯째 부스: 긴 현수막에다 키즈 물감으로 손이나 발로 그림그리기

부가행사로 제기차기, 투호, 대형 윷놀이, 링 던지기, 젠가놀이 등을 진행하였고 마지막에는 레크리에이션 시간도 가졌다. 중요한 것은 행사장 입구에 들어올 때 반드시 해야 하는 부모의 선서이다.

- 부모의 선서: 하나, 자녀의 작품에 도와주거나 가르치려 하지 않는다.
- 부모의 선서 둘: 자녀의 작품을 이해하려고 노력한다.
- 부모의 선서 셋: 자녀에게 격려와 칭찬을 아끼지 않는다.

본 작품은 페트병과 풍선에 가족과 함께 그림을 그리거나 잡지 사진을 오려 붙여 표현한 후 미리 쳐 놓은 줄에 매달아 작품을 전시하였다. 이와 같은 미술놀이의 상호작용으로 가족 구성원 간의 부정적 감정을 해소하는 정서 순화로 정서안정과 정서발달에 도움을 주었으며 자기 표현력과 함께 사회관계성을 향상하였다.

가족과 함께한 미술놀이 '미술아 놀자' - 가족과 함께 자유화 그리기

부모와 아동들이 함께하는 '미술아 놀자'에서 가족과 함께 특별한 주제 없이 자유롭게 그림 그리기를 하였다. 켄트지 전지에다 넓은 붓(백 붓)에 물감을 묻혀 큼직하게 그림을 그리고 색칠하였다. 놀라운 것은 구속감 없이 그림을 그렸는데도 누가 먼저랄 것 없이 대부분 가족사랑에 대한 그림을 그렸다. 완성한 작품을 미리 쳐 놓은 줄에 매달아 모든 사람이 볼 수 있도록 전시하였다.

아동은 부모와 함께 그림 그린다는 것만으로도 최고의 순간이 되어 아동 내면의 부정적 감정을 순화하여 정서안정을 가져가며, 자신의 생각이 부모로부터 존중받음으로 인해 자기 표현력 향상과 함께 가족 사랑을 깨닫게 된다. 또한 많은 사람과 함께하면서 긍정적인 상호작용을 경험하고 소통하면서 사회관계성이 발달된다.

완성한 작품에 대해 가족 대표자가 작품에 대해 설명하고, 가족 소개를 하며, 가족이 모두 인사를 할 때, 많은 사람으로부터 박수를 받았다. 아동들에게는 부모님과 함께한 오늘의 미술활동이 좋은 기억으로, 즐거운 추억으로 오래 남을 것이라 확신한다.

가족과 함께한 미술놀이 '미술아 놀자'–가족과 함께 물감을 자동차 바퀴에 묻혀 굴리거나 손이나 발로 그림 그리기

비닐을 바닥에 깔고 그 위에 긴 현수막을 깐 뒤 중간마다 독성이 없으며 옷에 묻거나 몸에 묻어도 씻으면 잘 지워지는 키즈 물감을 듬뿍 짜서 일회용 접시에 담아 두었다. 부모와 아동들이 미리 준비한 자동차의 바퀴에 물감을 묻혀 멀리까지 달리면서 굴리거나 손가락 또는 손바닥, 발바닥에 물감을 묻혀 그리거나 찍기 하여 표현하였다. 현수막에 어느 정도 그림이 그려졌을 때 누군가가 다른 사람의 팔 또는 얼굴에 물감을 묻혔다. 이를 본 다른 아동들이 엄마, 아빠의 얼굴이나 옷에 물감을 묻히기 시작하였다. 이렇게 옷에 물감이 묻은 아빠는 엄마에게 물감을 묻히려 하고 엄마는 이를 피하려고 도망 다니고~* 한순간 부스 주변이 아수라장이 되어 버렸다. 형식과 격식, 체면, 비교, 누군가의 눈치를 볼 이유가 없어지게 되자 행사 참가자 모두는 한마음이 되어 너무나 신나고 행복한 시간을 가지게 되었다.

참고문헌

참고문헌

EBS 아기성장보고서 제작팀(2009). 아기성장보고서: EBS 특별기획 다큐멘터리. 서울: 예담.

강경래·이근매(2005). 꼴라쥬 중심의 집단미술치료가 저소득층 아동의 자아개념과 문제행동에 미치는 효과. 예술심리치료연구, 1(1), 126-154.

강영미·최명희(2009). 유아미술교육 목적과 조형활동과의 관계. 아동미술교육, 8, 129-146.

강희정(2012). 미술치료를 적용한 미술교육이 청소년의 학업과 진학스트레스에 미치는 영향. 한국예술치료학회지, 12(1), 133-151.

고현·유시덕·이정남·이연희·백현옥·이창호·정선주(2008). 매체를 활용한 유·아동미술교육과 미술치료. 서울: 창지사.

구진순(2010). 자각중심 문학치료 프로그램이 저소득층 청소년의 불안과 공격성 감소에 미치는 효과. 경북대학교대학원 석사학위논문.

김명숙(2008). 어머니의 양육태도, 유아의 기질, 정서지능과 유아의 사회성간의 관계. 목포대학교대학원 박사학위논문.

김지희(2010). 자기 주도적 미술활동 프로그램이 아동의 창의성 발달에 미치는 영향 연구. 아동미술교육, 9(1), 39-58.

김청자(1995). 동기유발에 관한 다양한 전략 효과. 교육연구, 13, 107-132.

김향숙(2010). 미술치료가 분리불안 장애아동의 정서안정에 미치는 효과. 임상미술치료학연구, 5(1), 33-41.

김형숙(2008). 미술교과를 활용한 미술치료프로그램이 한부모 가정 아동의 정서변화와 스트레스에 미치는 영향. 전주교육대학교교육대학원 석사학위논문.

남주영·김향미(2012). 창의적 문제해결 능력 향상을 위한 중등학교 미술교육에서의 디자인 프로세스 적용의 필요성. 한국과학예술포럼, 10, 204-215.

박경묵·방혜영(2006). 자기표현훈련 프로그램이 초등학생의 자기효능감 및 학교생활 적응에 미치는 효과. 초등교육학연구, 13(2), 43-64.

박은숙(2009). 창의적문제해결 기독교 학습모형 개발. 기독교교육논총, 20, 359-388.

박정애(2004). 포스트모던 미술교육론. 서울: 시공사.

백은경(2007). 미술놀이 프로그램을 통한 유아의 창의성 신장에 관한 연구. 아동미술교육, 6, 15-37.

서복희(2009). 리비도 충동의 역동성. 한중인문학연구, 26, 121-140.

송기호(2007). 창의적 문제해결 능력 신장을 위한 학교도서관 활용수업 모형. 독서문화연구, 7, 69-113.

송연숙 외(2007). 탐색, 표현, 감상의 유아 조형활동. 서울: 정민사.

송행화(2007). 아동의 인성교육을 위한 미술치료 방법의 실제. 아동미술교육, 6, 71-101.

신하나(2014). 비정형매체를 활용한 미술치료가 유아의 창의성에 미치는 영향. 석사학위논문. 가천대학교스포츠문화대학원.

양선(2012). 협동 작업 중심 집단미술치료가 시설 아동의 문제행동 감소와 또래 관계에 미치는 효과. 평택대학교사회복지대학원 석사학위논문.

오가영(2006). Theraplay 기법을 적용한 미술치료 프로그램의 효과. 전북대학교 대학원 박사학위 논문.

오정현(1989). 부모·교사를 위한 아동미술. 서울: 형설출판사.

오종은(2001). 정서장애아동의 대인관계증진을 위한 집단미술치료 사례연구. 경희대학교 석사학위논문.

유봉자(2007). 미술심리치료 기법을 활용한 유아미술교육과정 활동이 유아의 자아존중감과 정서발달에 미치는 효과. 조선대학교대학원 박사학위논문.

이경원·노용(2004). 아동의 사회성 증진을 위한 집단미술치료 프로그램 연구. 조형교육, 23, 143-171.

이미옥(2010). 아동미술교육. 경기도: 양서원.

이분숙(2006). 아이스너 사상이 아동미술교육에 미친 영향에 대한 연구. 수원대학교미술대학원 석사학위논문.

이소은·권기남(2011). 아동미술. 경기도: 양서원.

이순복·손지향(2011). 창의성 증진 교육·문화 프로그램이 저소득층 아동의 창의성 및 자아존중감과 신체적 자기효능감에 미치는 효과. 아동교육, 20(3), 33-50.

이연기(2009). 비구조적인 집단미술치료가 지적장애 청소년의 자기표현과 사회적 상호작용에 미치는 효과. 영남대학교환경보건대학원 석사학위논문.

이유미(2014). 스토리텔링 기법을 활용한 창의성증진 미술교육 프로그램 연구: 6세~7세를 중심으로. 건국대학교교육대학원 석사학위논문.

이은경(2017). 통합적 예술 활동이 유아의 창의적 문제해결 능력과 공감능력 및 인성발달에 미치는 효과. 어린이문학교육연구, 18(2), 387-415.

이혜숙(2011). 아동미술교육. 경기도: 양서원.

임유경·임성혜·채영란(2009). 영유아 발달에 대한 어머니의 관점 비교. 유아교육학논집, 13(1), 185-202.

정보람(2014). 내적 동기유발 방안이 아동미술표현에 미치는 효과 분석. 한국교원대학교

교육대학원 석사학위논문.
정현주 외(2014). 음악치료 기법과 모델. 서울: 학지사.
조영지(2002). 아동미술의 이해와 지도방법에 관한 연구. 대구가톨릭대학교디자인대학원 석사학위논문.
차미성(2005). 지시적/비지시적 집단 미술치료가 아동의 자아존중감과 사회성에 미치는 영향. 서울여자대학교대학원 석사학위논문.
천은영·김경신(2010). 그림을 통한 아동미술치료. 경기: 신광문화사.
최윤철(2004). 바람직한 아동미술교육에 대한 연구. 아동미술교육, 3, 147-165.
최재영(2004). 미술치료를 위한 창조성과 치유에 관한 고찰. 아동미술교육, 3, 127-145.
홍창호(2004). 21세기 아동미술에서의 창의성 중심 미술교육의 의미와 가능성. 아동미술교육, 3, 167-177.
황규호(2005). 아동미술에서 입체조형활동을 지도방법 연구. 홍익대학교교육대학원 석사학위논문.
황현영(2007). 아동의 창의성 향상을 위한 미술지도 연구. 제주대학교교육대학원 석사학위논문.

American Art Therapy Association 홈페이지. What is art therapy?. *http://www.arttherapy.org.*
Corsini, R. J., & Wedding, D.(2007). Current Psychotherapies. 김정희 역. 현대 심리치료 제7판. 서울: 박학사.
Doopedia 백과사전(2014). 기본적 욕구 항목. *http://www.doopedia.co.kr.*
Moon, C. H.(2010). Studio Art Therapy. 정은혜. 스튜디오 미술치료. 서울: 시그마프레스.
Rubin, J. A.(2015). Approaches to Art Therapy, Theory and Technique. 주리애. 이구동성 미술치료 2판. 서울: 학지사.
Shaftel, F. R., & Shaftel, G. A.(1982). *Role playing in the curriculum*. New Jersey: prentice Hall.
Wadeson, H.(2012). Art Psychotherapy. 장연집 외. 임상미술치료학 제2판. 서울: 시그마프레스.
Williams, F(2007). Creativity assessment packet. 조용태. 한국판 창의성 검사. 서울: 특수교육.

저자소개

김병태

- 계명대학교 미술대학 및 동대학원 회화과 석사
- 웨스트민스터신학대학원대학교 미술치료교육학 박사
- 개인 미술전시회 10회
- 중국, 일본, 필리핀, 서울, 부산, 광주, 대전 등에서 해외 교류전 다수와 초대전, 단체전 130여 회
- 경향신문미술대전, 대한민국한국화대전, 경상남도미술대전, 경상북도미술대전 등 전국공모 미술대전 운영 · 심사 35여 회
- 매일학생미술대전, 안동국제탈춤페스티벌 탈 만들기 대회 등 아동미술대회 운영 · 심사 30여 회
- 경상북도 예술상 수상, 경산시 조형물 심의위원, 삼성현 미술대전 대회장 역임
- 한국미술협회 이사, 한국미술협회 경상북도지회 이사, 한국미술협회 경산지부 회장 역임
- 대구엑스코, 서울시청 광장, 용인시청 등에서 육아상담 · 심리상담 역임
- 경북지적 장애인 복지협회, 햇살가득한 집, 정평실버복지 센터 등에서 집단 예술치료사 역임
- 수성대학교, 능력개발평생교육원, 경산시민문화센터 등에서 아동미술 강사역임
- 계명문화대학교, 대구보건대학교, 영진전문대학교, 대구미래대학교 교육역량사업 예술치료 강사 역임

현) 창의발달심리치료 연구소 운영
(사) 대한예술임상치료협회 회장

미술치료에 기초한 아동미술

초판 1쇄 인쇄 2018년 9월 10일
초판 1쇄 발행 2018년 9월 17일

지 은 이 | 김병태
펴 낸 이 | 김기섭
편 집 인 | 이초롱
펴 낸 곳 | 창지사 www.changjisa.com
08589 서울시 금천구 가산디지털 1로 83 파트너스타워 1차 9층
전화 (02)719-2211~3
팩스 (02)701-9386
등 록 | 1977년 4월 28일 · 제1-421호

ISBN 978-89-426-1146-1 (93370)

값 20,000원

이 도서의 국립중앙도서관 출판예정도서목록(CIP)은 서지정보유통 지원시스템 홈페이지(http://seoji.nl.go.kr)와 국가자료공동목록시스템(http://www.nl.go.kr/kolisnet)에서 이용하실 수 있습니다(CIP제어번호: CIP2018029698).